有句子系列

格言警句

易胜 —— 编

线装书局

图书在版编目（CIP）数据

格言警句 / 易胜编．-- 北京 ：线装书局，2023.9（2024.3）
（万有句子系列）
ISBN 978-7-5120-5530-8

Ⅰ．①格… Ⅱ．①易… Ⅲ．①汉语－格言－汇编②汉
语－警句－汇编 Ⅳ．① H136.3

中国国家版本馆 CIP 数据核字（2023）第 123677 号

格言警句
GEYAN JINGJU

作　　者：易　胜
责任编辑：林　菲
出版发行：线装书局
　　　　　地　　址：北京市丰台区方庄日月天地大厦 B 座 17 层（100078）
　　　　　电　　话：010-58077126（发行部）010-58076938（总编室）
　　　　　网　　址：www.zgxzsj.com
经　　销：新华书店
印　　制：三河市刚利印务有限公司
开　　本：880mm×1230mm　1/32
印　　张：8.25
字　　数：287 千字
版　　次：2024 年 3 月第 1 版第 2 次印刷
印　　数：5001—10000 册

定　　价：78.00 元（全二册）

线装书局官方微信

前　言

　　格言警句，是中外名人或劳动人民说的、写的、通过历史记录、口耳相传的，经过长年累月实践所得出的结论或建议，以及警世的比较著名的言语、议论。

　　格言，可以作为人们行为规范，言简意赅的语句，是世人机智的精华，众人汇成的睿智，是指导人生走向成功的法宝，时刻激励人生取得进步。

　　警句，也叫醒句，一般是一句话或一段引语，简洁而含义深刻，主要用来激励和告诉人们某些道理、启示，提醒人们在生活中时刻保持某种精神品格。格言和名言在任用上稍有不同，正如著名散文家、诗人、学者朱自清先生在《论标语口号》所说："格言偏重个人的修养，名言的作用似乎广泛些。"

　　为了使语言更具有说服力、权威性，增强文采、文化含量，如中小学写作文，机关单位职员在撰写报告、写发言稿，自媒体撰写文案，日常和朋友交谈沟通，集会场合发表演说、讲演等，这些场景下引用格言警句，可以使论据确凿充分，增强说服力，富有启发性，而且语言精练，含蓄典雅。

　　本书《格言警句》汇集古今中外格言警句约7000条，全书分为7个大类，68个小类。7个大类是人生哲理、理想励志、成长求学、品格修养、世间情感、社会素描、生活娱乐；68个小类是人生、价值、命运、生命、机遇、惜时、名誉、生死、自我、理想、信仰、爱国、真理、智慧、逆境、思考、立志、意志、希望、天才、成长、青春、奋斗、失败、事业、工作、求知、读书、诚信、正直、谦虚、自信、习惯、毅力、亲情、友情、爱情、处世、交际、财富、生活、经验、旅行等等。这些精彩绝伦、富含哲理、充满正能量的语句，不仅可以帮助中小学生提高语文素养与写作水平，也能令大众读者心胸豁然开朗。读者可以把它们置于案头，可以根据场景一秒速查，拿来就能用，快速提升日常口语表达能力和文案遣词造句水平。

富含哲理的格言警句，催人向上，激发正能量；

经典绝伦的格言警句，句句言简意深，值得分享品读；

精彩动人的格言警句，让你每天状态"满格"；

指点迷津的格言警句，让你在迷茫中看到方向……

由于编写水平有限，书中难免有不妥之处，敬请指正。

目　录

人生哲理篇

人生：人生是一次旅程

人生就是一个缓慢被锤的过程。

——王小波

人生在世，总有得失，必有失望的时候，过分沉湎人不如意之处，渐渐心胸狭隘。

——亦舒

人生短短数十载，最要紧的是满足自己，不是讨好他人。

——亦舒

大凡世上，做愚人易，做聪明人难，做小聪明易，做聪明到愚人更难。鸿雁在天上飞，麻雀也在天上飞，同样是飞，这高度是不能相比的。雨点从云中落下，冰雹也从云中落下，同样是落，这重量是不能相比的。昙花开放，月季花也开放，同是开放，这时间的长短是不能相比的。我能知道我生前是何物所托吗？我能知道我死后会变为何物吗？对着初生婴儿，你能说他将来要做伟人还是贼人吗？大河岸上，白鹭飞起，你能预料它去浪中击水呢，还是去岩头仁立？你更可以说浪中击水的才是白鹭，而仁立于岩头的不是白鹭吗？

——贾平凹

你既然期望辉煌伟大的一生，那么就应该从今天起，以毫不动摇的决心和坚定不移的信念，凭自己的智慧和毅力，去创造你和人类的快乐。

——佚名

人生的意义不在于拿一手好牌，而在于打好一手坏牌。 ——于丹

人生不是一种享乐，而是一桩十分沉重的工作。 ——列夫·托尔斯泰

生活只有在平淡无味的人看来才是空虚而平淡无味的。

——车尔尼雪夫斯基

一个人的价值，应该看他贡献什么，而不应当看他取得什么。

——爱因斯坦

人只有献身于社会，才能找出那短暂而有风险的生命的意义。

——爱因斯坦

人生如梦。生命从无到有，又从有走向无，生生死死，构成社会和世界。从人生无常这一点来说，人生有如梦幻。因此，一个人只有活得有声有色、有滋有味，才不枉到这世界上走一回。"浮生若梦""人生几何"，从生命的短暂性来说，人生的确是一场梦。因此如何提高生活的质量，怎样活得有意义，便成了人们的一个永久的话题；

"青山依旧在，几度夕阳红"，与永恒的自然相比，人生不过是一场梦。

——史铁生

人生真是一场梦，人类活像一个旅客，乘在船上，沿着永恒的时间之河驶去。在某一地方上船，在另一个地方上岸，好让其他河边等候上船的旅客。

——林语堂

我们对于人生可以抱着比较轻快随便的态度：我们不是这个尘世的永久房客，而是过路的旅客。 ——林语堂

仰不愧于天，俯不怍于人。

——孟轲

人生的跑道是固定的。大自然只给人一条路线，而这条路线也只能够跑一次。人生的各个阶段，都各自分配了适当特质：童年的软弱，青春期的鲁莽，中年的严肃，老人的阅历，都各结出自然的果实，须在它当令的时候予以储存。每个阶段都有值得人们享受爱好的事物。 ——西塞罗

要是一个家庭主妇，蒸出一碗米饭，也就值一元钱，这是最原始价值；要是一个商人，做成粽子，能卖两三元钱；要是一个企业家，经过发酵，酿成一瓶酒，那就值一二十元钱。人生就像一碗米，每个人都有自己的价值所在，关键是如何去寻找、开发、提升和放大。 ——席慕蓉

人生是残酷的，一个有着热烈的、慷慨的、天性多情的人，也许容易受他的比较聪明的同伴之愚。那些天性慷慨的人，常常因慷慨而错了主意，常常因对付仇敌过于宽大，或对于朋友过于信任，而走了失着。……人生是严酷的，热烈的心性不足以应付环境，热情必须和智勇连接起来，方能避免环境的摧残。 ——林语堂

人生就是学校。在那里，与其说好的教师是幸福，不如说好的教师是不幸。 ——海贝尔

谁若游戏人生，他就一事无成；谁不能主宰自己，便永远是一个奴隶。

——歌德

我们要把人生变成一个科学的梦，然后再把梦变成现实。 ——居里夫人

要体验人生，就要把握现实，相信现实。 ——拉蒂特

人生的长短不是以时间衡量的，而是以思想和行为去衡量。 ——佚名

人生的道路有成千上万条，每一条都要它各自的风貌。 ——佚名

人的一生是短的，但如果卑劣地过这一生，就太长了。 ——莎士比亚

路的好坏不在于崎岖多少，只在于谁能最终达到目标。 ——申宝峰

人生有两出悲剧：一是万念俱灰，另一是踌躇满志。 ——萧伯纳

人生就像弈棋，一步失误，全盘皆输。 ——弗洛伊德

人生自古谁无死，留取丹心照汗青。 ——文天祥

人固有一死，或重于泰山，或轻于鸿毛。 ——司马迁

人生在世，事业为重。——吴玉章

生，亦我所欲也；义，亦我所欲也。二者不可得兼，舍生而取义者也。
——孟轲

我能舍弃一切，但是不能舍弃党，舍弃阶级，舍弃路程事业。我有一天生命，我就应该为它们工作一天！
——方志敏

为了保存一个人的生命，而背叛了千万人的解放事业，遭到千万人唾弃，那活着还有什么意思？——王若飞

为着追求光和热，人宁愿舍弃自己的生命。生命是可爱的，但寒冷的、寂寞的生，却不如轰轰烈烈的死。
——巴金

人生如舞台，如果你单单叙述一件事情，就无法打动人心。所以你必须生动活泼地把事实编造成一种喜剧的形态，也就是以喜剧的手法来处理你的人生，使你的周围洋溢着欢欣鼓舞的气氛。
——卡耐基

不管怎样的事情，都请安静地愉快吧！这是人生。我们要依样地接受人生，勇敢地、大胆地，而且永远地微笑着。
——卢森堡

价值：什么是有意义的

人生的价值，并不是用时间，而是用深度去衡量的。——列夫·托尔斯泰

你呀你别再关心灵魂了，那是神明的事，你所能做的，是些小事情，诸如

热爱时间，思念母亲，静悄悄地做人，像早晨一样清白。
——海桑

悲剧将人生的有价值的东西毁灭给人看，喜剧将那无价值的撕破给人看。
——鲁迅

只有快乐的哲学，才是真正深湛的哲学；西方那些严肃的哲学理论，我想还不曾开始了解人生的真义哩。在我看来，哲学的唯一效用是叫我们对人生抱一种比一般商人较轻松较快乐的态度。
——林语堂

有一些人追求永恒的美，他们把无限放到他们的短暂的生命里。另外一些人胸无大志地活着。——罗曼·罗兰

我们要追求那真实的功业，要追求对宇宙人生更深远的了解；要追求永远超过狭小生活圈子之外的更有用的东西。
——罗曼·罗兰

生活不是局限于人类追求自己的实际目标所进行的日常行动，而是显示了人类参加到一种宇宙韵律中来，这种韵律以形形色色的方式证明其自身的存在。
——泰戈尔

你若要喜爱你自己的价值，你就得给世界创造价值。——歌德

我宁可做人类中有梦想和有完成梦想的愿望的、最渺小的人，而不愿做一个最伟大的、无梦想、无愿望的人。
——纪伯伦

人，就像钉子一样，一旦失去了方向，开始向阻力屈身，那么就失去了他们存在的价值。
——兰道

无论一个人的天赋如何优异，外表或内心如何美好，也必须在他的德行的光辉照耀到他人身上发生了热力，再由感受他的热力的人把那热力反射到自己身上的时候，才能体会到他本身的价值。　　　——莎士比亚

生命的长短以时间来计算，生命的价值以贡献来计算。　　——裴多菲

生无益于时，死无闻于后，是自弃也。　　　　　　——司马光

有了人生的价值，就不觉得黄金昂贵。　　　　　　——倪志兵

一个人的生命是可宝贵的，但是一代的真理更可宝贵，生命牺牲了而真理昭然于天下，这死是值得的。——鲁迅

为自己寻求庸俗乏味的生活的人，才是真正可怜而渺小的。　——约尔旦

最本质的人性价值就是人的独立性。　　　　　　——布边曼

我们最好是把自己的生命看成前人生命的延续，是现在共同生命中的一部分，同时也是后人生命的开端。
　　　　　　　　　　——佚名

人生确是无常的，不过人生的可爱处也多半就在这无常。　——李霁野

我们的人生随我们花费多少努力而具有多少价值。　　——莫利亚克

什么是生命？它并不是像冷酷的理智和我们的肉眼所见到的那个模样，而是我们幻想中的那个模样。生命的节奏是爱。
　　　　　　　——罗曼·罗兰

一个人的真正价值首先决定于他在什么程度上和在什么意义上从自我解放出来。　　　　　——爱因斯坦

我生来是为斗争的。
　　　　　　　——罗曼·罗兰

寻能使自己值得献出生命的某个东西。　　　——武者小路实笃

要探索人生的意义，体会生命的价值，就必须去追生与死，安与危，乐与苦，常常是检验人生价值观的尺度。
　　　　　　　　　　——佚名

人的一生可能燃烧也可能腐朽，我不能腐朽，我愿意燃烧起来！
　　　　　——奥斯特洛夫斯基

人生是一座富矿，有待于自身去开采。　　　　　　——崔鹤同

人生只有在斗争中才有价值。
　　　　　　　　——赫尔岑

我们一来到世间，社会就会在我们面前竖起了一个巨大的问号，你怎样度过自己的一生？我从来不把安逸和享乐看作是生活目的本身。　——爱因斯坦

捧着一颗心来，不带半根草去。
　　　　　　　　——陶行知

人是寻求意义的动物。——柏拉图

一个人对社会的价值首先取决于他的感情、思想和行动，对增进人类利益起多大作用。　　　——爱因斯坦

衡量人生的标准是看其是否有意义；而不是看其有多长。——普鲁塔克

我们应该成为历史的开创者，只有这样，才是真正有作为的人。——昂山

人生的意义就在这个过程上。你要

细细体味这过程中的每节，无论它是一节黄金或一节铁；你要认识每节的充分价值。

——傅东华

真正的价值并不在人生的舞台上，而在我们扮演的角色中。 ——席勒

对于我来说，生命的意义在于设身处地替别人着想，忧他人之忧，乐他人之乐。 ——爱因斯坦

一生中，最光辉的一天并非功成名就的那一天，而是从悲叹与绝望中产生对人生挑战与勇敢迈向意志的那一天。

——福楼拜

每个人的一生都应该给后代留下一些高尚有益的东西。 ——徐悲鸿

当争斗在一个内心中发生，他的生存就有价值了。 ——白朗宁

强者向人们提示的是确认人生的价值，弱者向人们提示的却是对人生的怀疑。 ——佚名

男儿得死所，其重如山丘。

——屈大均

如果你要知道一个人的价值，就得计算他里面有什么，而不在于他身上有什么。 ——比才

人生最美好的，就是在你停止生存时，也还能以你所创造的一切为人民服务。 ——奥斯特洛夫斯基

没有奋争，人生便寂寞难忍。

——莱蒙托夫

人生的价值不能与商品的价值混为一谈。 ——佚名

人生只有一生一死，要生得有意义，死得有价值。 ——邓中夏

我们的生命是什么？不过是长着翅膀的事实或事件的无穷的飞翔。

——爱默森

生活的主要悲剧，就是停止斗争。

——奥斯特洛夫斯基

世界的设计创造应以人为中心，而不是以谋取金钱，人并非以金钱为对象而生活，人的对象往往是人。

——普希金

只有一种成功——能以你自己的生活方式度过你的一生。

——克里斯托弗·莫利

历史不认那些专为公共谋福利从而自己也高尚起来的人物是伟大的。经验证明能使大多数人得到幸福的人，他本身也是最幸福的。 ——马克思

我评定一个人的真正的价值只有一个标准，即看他在多大程度上摆脱了"自我"，他摆脱了"自我"，又是为什么。 ——爱因斯坦

人生照例是一场值得一搏的争衡，然而它的奖品是拼斗。 ——拉尔夫·詹

幸福在于为别人生活。

——列夫·托尔斯泰

熄灭吧，熄灭吧，瞬间的灯火。人生只不过是行走着的影子。

——莎士比亚

小草也有点缀春天的价值。

——佚名

人生不得行胸怀，虽寿百年，尤为夭也。 ——何良俊

我认为人生的全部意义，在于精神、美和善的胜利。 ——库普林

自己脑子里只装满了自己，这种人正是那种最空虚的人。 ——莱惠托夫

生活中最大的满足就是意识到应尽的义务。 ——盖兹利特

一个人的意义不在于他的成就，而在于他所企求成就的东西。——纪伯伦

人生，始终充满战斗激情。
——惠特曼

人生在世，不出一番好议论，不留一番好事业，终日饱食暖衣，不所用心，何自别于禽兽。 ——苏辙

不可能存在没有真实的人生，真实恐怕就是指人生本身吧。 ——卡夫卡

每个人都应成为自身的主宰。
——佚名

人生须知负责任的苦处，才能知道有尽责的乐趣。 ——梁启超

生、死、穷达，不易其操。
——苏轼

做好事的乐趣乃是人生唯一可靠的幸福。 ——列夫·托尔斯泰

一个尝试错误的人生不但无所事事的人生更荣耀，并且有意义。
——萧伯纳

我们活在世上不是为自己而向生活索取什么，而是试图使别人生活得更幸福。 ——奥斯勃

没有斗争就没有功绩，没有功绩就没有奖赏，而没有行动就没有生活。
——别林斯基

不论人生多不幸，聪明的人总会从中获得一点利益；不论人生多幸福，愚蠢的人总觉得无限悲哀。
——拉·罗休弗克

我之所谓生存，并不是苟活，所谓温饱，不是奢侈，所谓发展，也不是放纵。 ——鲁迅

一个真正的人，应该为人民用尽自己的才智，专长和精力，再离开人间。不然，他总会感受到遗憾，浪费了有限的生命。 ——曹禺

幸福的斗争不论它是如何的艰难，它并不是一种痛苦，而是快乐，而只是喜剧。 ——车尔尼雪夫斯基

所谓活着的人，就是不断挑战的人，不断攀登命运峻峰的人。——雨果

人生的价值是由自己决定的。
——卢梭

没有比生命更宝贵的东西，生命想象不到地短暂。 ——杜·伽尔

人生最终的价值在觉醒和思考的能力，而不只在于生存。——亚里士多德

把人的价值降低为消费的实惠，无疑是创造性价值的泯灭；把生命变为待价而沽的商品，无疑是人的本质的沦丧。 ——佚名

生活的价值在于创造。——高尔基

人生最宝贵的是生命，人生最需要的是学习，人生最愉快的是工作，人生最重要的是友谊。 ——斯大林

如果人只是为了自己而劳动，他也许能成为有名的学者、绝顶的聪明人、

出色的诗人，但他绝不可能成为真正的完人和伟人。　　——马克思

要使民族自立于世界之林，就要自己看得起自己。　　——吉鸿昌

人生的光荣，不在永不失败，而在于能够屡扑屡起。　　——拿破仑

我们的生命虽然短暂而且渺小，但是伟大的一切都由人的手所造成。人生在世，意识到自己的这种崇高的任务，那就是他的无上的快乐。——屠格涅夫

至于我，生来就为公众利益而劳动，从来不想去表明自己的功绩，唯一的慰藉，就是希望在我们蜂巢里，能够看到我自己的一滴蜜。　——克雷洛夫

人生到世界上来，如果不能使别人过得好一些，反而使他们过得更坏的话，那就太糟糕了。　——艾略特

只有这样的人才配生活和自由，假如他每天为之奋斗。　　——歌德

不曾做过一番事业的人，不足以成为一个良好的顾问。　　——拿破仑

她们把自己恋爱作为终极目标，有了爱人便什么都不要了，对社会作不了贡献，人生价值最少。　　——向警予

白活等于早死。　　——歌德

假如人只能自己单独生活，只去考虑自己，他的痛苦将是难以忍受的。
　　——帕斯卡

虽然我们时常谈论人生之乐，但是我们都知道，苦日子和好日子一样，是不好过的，是充满着艰难险阻的。……一旦谁落入这种境地，他的唯一选择就是奋力前行。　　——厄斯金

三十功名尘与土。　　——岳飞

人生唯一理论的目的，是在地上建筑人间天堂。　　——希尔泰

人生的价值，即以其人对于当时代所做的工作作为尺度。　　——徐玮

一个人的价值，全决定于他自己。
　　——高尔基

往往活了一辈子，才知道应该怎样生活，这就是人生的困难所在。
　　——佚名

天生我材必有用。　　——李白

男儿世间，及壮当封侯。——岑参

人们所努力追求的庸俗的目标——财产、虚荣、奢侈的生活——我总觉得都是可鄙的。　　——爱因斯坦

活着，要有自己的价值，要作为一个强者存在于这个世界。　　——夏宁

谁为时代的伟大目标服务，并把自己的一生献给了人类兄弟而进行的斗争，谁才是不朽的。　——涅克拉索夫

人生富贵驹过隙，唯有荣名寿金石。　　——顾炎武

生活是一种绵延不绝的渴望，渴望不断上升，变得更伟大而高贵。
　　——杜·伽尔

不是一番寒彻骨，怎得梅花扑鼻香。　　——冯梦龙

我从来不知道什么是苦闷，失败了再来，前途是自己努力创造出来的。
　　——徐特立

德可以认为是达到某种目的的手

段。只要那个目的有价值，达到目的的手段才有价值。　　——休谟

愿坚晚节于岁寒。　　——杨万里

人生的价值在于创造一个有价的人生。　　——佚名

从不充分的前提中推断出充分的结论，这种艺术就是人生。　　——巴特勒

生命，如果跟时代的崇高的责任联系在一起，你就会感到它永垂不朽。
　　——车尔尼雪夫斯基

人生最重要的，不在乎增高地位，乃在乎善用自己的才能，用到最高的限度。　　——佚名

你若要喜爱自己的价值，你就得给世界创造价值。　　——歌德

人生的最大快乐，是自己的劳动得到了成果。　　——谢觉哉

人生的价值在于创造，没有创造的生活，只能叫活着。　　——佚名

事业无穷年。　　——韩愈

谁能以深刻的内容充实每个瞬间，谁就是在无限地延长自己的生命。
　　——库尔茨

如果我们选择了最能为人类福利而劳动的职业，那么，重担就不能把我们压倒，因为这是为大家而献身；那时我们所感到的就不是可怜的、有限的、自私的乐趣，我们的幸福将属于千百万人，我们的事业将默默地，但是永恒发挥作用地存在下去，而面对我们的骨灰，高尚的人们将洒下热泪。
　　——马克思

所谓恶人，无论有过多么善良的过去，也已滑向堕落的道路而消逝其善良性；所谓善人，即使有过道德上不堪提及的过去，但他还是向着善良前进的人。　　——杜威

一个人光溜溜地到这个世界来，最后光溜溜地离开这个世界而去，彻底想起来，名利都是身外物，只有尽一人的心力，使社会上他多得你的工作的裨益，是人生最愉快的事情。　　——邹韬奋

春蚕到死丝方尽，人至期颐亦不休。　　——吴玉章

人生的目的，在发展自己的生命，可是也有为发展生命必须牺牲生命的时候。　　——李大钊

但愿每次回忆，对生活都不感到内疚。　　——郭小川

人的生命恰似一部小说，其价值在于贡献而不在于短长。　　——佚名

在人生的路上，将血一滴一滴地滴过去，以饲别人，虽自觉渐渐瘦弱，也以为快乐。　　——鲁迅

应以事业而不应以寿数来衡量人的一生。　　——塞涅卡

人生价值的大小是以人们对社会贡献的大小而制定。　　——向警予

一个生命比地球还重。
　　——上田耕一朗

自己活着，就是为了使别人过得更美好。　　——雷锋

一个人应当好好地安排生活，要使每一刻的时光都有意义。　　——屠格涅夫

倘若用天平来衡量人生的价值，贡献应是天平上最重的砝码。 ——佚名

我也说不出人生在世，是不是一件容易事儿。 ——高尔斯华绥

是工作使人生有味。 ——艾约尔

生命的价值，正是在跑好自己承担的这一里程中体现出来的。人的生命虽然有限，但人用生命所创造的价值，却可以与世长存。 ——佚名

人生意义的大小，不在乎外界的变迁，而在乎内心的经验。 ——佚名

人的价值就像果子一样有它的季节。 ——拉罗什富科

光辉的人生中，一个忙迫的钟头，胜于无意义的人生的一世。 ——司各特

如果不献身给一个伟大的理想，生命就是毫无意义的。 ——何塞·黎萨尔

生命的价值在于使用生命。
——泰国谚语

人不应该像走兽那样活着，应该追求知识和美德。 ——佚名

生命力同人性一样普通；但是，生命力也和人性一样有时是相当于天才的。 ——萧伯纳

人的价值并不取决于是否掌握真理，或者自认为真理在握；决定人的价值的是追求真理的孜孜不倦的精神。
——莱辛

命运：是天生注定还是性格作祟

所谓命运，就是说，这一出"人间戏剧"需要各种各样的角色，你只能是其中之一，不可以随意调换。
——史铁生

命运就是对一个人的才能考验的偶然。 ——蓬皮杜

聪明的人造就机会多于碰到机会。
——培根

平凡的人听从命运，只有强者才是自己的主宰。 ——维尼

如果错过了太阳时你流泪了，那么你也要错过群星了。 ——泰戈尔

一个人的性格决定他的机遇。如果你喜欢保持你的性格，那么，你就无权拒绝你的机遇。 ——罗曼·罗兰

只有不愁衣食的人才有资格用时间来埋怨命运。 ——亦舒

世之初应该立即抓住第一次的战斗机会。 ——司汤达

我要扼住命运的咽喉。它决不能使我完全屈服——噢！能把生命活上千百次真是多美！ ——贝多芬

害羞是畏惧或害怕羞辱的情绪，这种情绪可以阻止人不去犯某些卑鄙的行为。 ——斯宾诺莎

应该热心地致力于照道德行事，而不要空谈道德。 ——德谟克利特

感情有着极大的鼓舞力量，因此，它是一切道德行为的重要前提。
——凯洛夫

没有伟大的品格，就没有伟大的人，甚至也没有伟大的艺术家、伟大的

行动者。　　　——罗曼·罗兰

理智要比心灵为高，思想要比感情可靠。　　　——高尔基

阴谋陷害别人的人，自己会首先遭到不幸。　　　——伊索

智者宁可防病于未然，不可治病于已发；宁可勉励克服痛苦，免得为了痛苦而追求慰藉。　——托马斯·莫尔

我们有力的道德就是通过奋斗取得物质上的成功；这种道德既适用于国家，也适用于个人。　　　——罗素

养成他们有耐劳作的体力，纯洁高尚的道德，广博自由能容纳新潮流的精神，也就是能在世界新潮流中游泳，不被淹没的力量。　　　——鲁迅

只有在不仅消灭了阶级对立，而且在实际生活中也忘却了这种对立的社会发展阶段上，超越阶级对立和超越这种对立的回忆的、真正人的道德才成为可能。　　　——恩格斯

有德行的人之所以有德行，只不过受到的诱惑不足而已；这不是因为他们生活单调刻板，就是因为他们专心一意奔向一个目标而无暇旁顾。　——邓肯

人类被赋予了一种工作，那就是精神的成长。　　——列夫·托尔斯泰

天决不助不愿作为的人。
　　　　——索福克勒斯

平凡的人听从命运，只有强者才是自己的主宰。　　　——维尼

自己的命运应由自己创造。
　　　　——契诃夫

自知者不怨人，知命者不怨天。
　　　　——荀子

命运总是宠爱勇士的。
　　　　——英国谚语

成事在天，谋事在人。
　　　　——佚名

命运不是机遇，而是选择。
　　　　——丁格

每个人都是自己的建筑师。
　　　　——克劳笛乌斯

命运压不垮一个人，只会使人坚强起来。　　　　——伯尔

我是我命运的主人，我是我心灵的主宰。　　　——英·赫里克

勇气会减轻命运的打击。
　　　　——德谟克利特

命运就是对一个人的才能考验的偶然。　　　——蓬皮杜

命运给予我们的不是失败之酒，而是机会之杯。　　　——尼克松

入世之初应该立即抓住第一次的战斗机会。　　　——司汤达

命运不是一只雄鹰，它像耗子那样爬行。　　　伊丽莎白·鲍恩

对于凌驾命运之上的人来说，信心是命运的主宰。　——海伦·凯勒

唯一的命运是不要想得太复杂，生存是义务，哪怕只有一刹那。——歌德

幸运女神也不搂抱那迟疑不决、懒惰，相信命运的懦夫。　——泰戈尔

没有所谓命运这个东西，一切无非是考验、惩罚或补偿。　——伏尔泰

命运是一个乔装打扮的人物，没有比这张脸更会欺骗人的了。　——雨果

一个人怎样把握自己的命运比他的命运是怎样更加重要。　——洪保德

上天给予人一分困难时，同时也添给人一分智力。　——雨果

当命运递给我一个酸的柠檬时，让我们设法把它制造成甜的柠檬汁。
　——雨果

凡是追逐不靠自身而依赖外界才能获得的幸福的人，命运总是和他作对。
　——莫罗阿

命运像玻璃，越明亮，越闪亮，越容易破碎。　——贺拉斯

命运的变化如月亮的阴晴圆缺，无损智者大雅。　——富兰克林

命运有点女人的特质，你越向她求爱，她越远离你。　——查理斯五世

向命运大声叫骂又有什么用？命运是个聋子。　——欧里庇得斯

征服命运的常常是那些不甘等待机会恩赐的人。　——马阿诺德

智慧和命运交锋时，如果智慧有敢为、有胆识，命运就没有机会动摇它。
　——莎士比亚

命运女神不仅自己盲目，而且还使自己所偏爱的人也变得盲目。
　——西塞罗

在厄运中勇敢坚定是堂堂男子，在厄运中达观明智是战胜命运的前提。
　——雷普利尔

自己创造自己的天堂，自己挖掘自己的坟墓，自己是自己命运的设计师。
　——万利

天命不过是脆弱的人心中的一个词语和错误的借口，强者与贤人不承认有命运。　——部尔卫

我们要掌握自己的命运。先建立目标，然后用冷静、执着、坚强、乐观来作我们的守则。　——罗兰

命运并非机遇，而是一种选择；我们不该期待命运的安排，必须凭自己的努力创造命运。　——布莱克

生命：给生命的意义定位

只有人才把怎样活着看得比活着本身更要紧，只有人在顽固地追问并要求着生存的意义。　——史铁生

生命有它的图案，我们唯有临摹。
　——张爱玲

生命之箭一经射出就永不停止，永远追逐着那逃避它的目标。
　——罗曼·罗兰

我们要赚得的不过是一份生计，付出的往往却是生命。　——亦舒

生命如流水，只有在他的急流与奔向前去的时候，才美丽，才有意义。
　——张闻天

本来，生命只有一次，对于谁都是宝贵的。　——瞿秋白

得其志，虽死犹生；不得其志，虽生犹死。　——无名氏

鱼生于水，死于水；草木生于土，

死于土；人生于道，死于道。——胡宏

了解生命而且热爱生命的人是幸福的。　　　　　　　　　　——佚名

生命不可能有两次，但是许多人连一次也不善于度过。　　——吕凯特

我的一生始终保持着这样一个信念：生命的意义在于付出，在于给予，而不是接受，也不是在于争取。

——巴金

尊重生命、尊重他人也尊重自己的生命，是生命进程中的伴随物，也是心理健康的一个条件。　　——弗洛姆

尊重生命，完全尊重生命。

——杜·伽尔

生命是唯一的财富。——拉斯基

生命不仅可以用年月计算，有时事件也是最好的日历。　　——迪斯累利

懂得生命真谛的人，可以使短促的生命延长。　　　　　　——西塞罗

有时我想，要是人们把活着的每一天都看作生命的最后一天该有多好啊！这就更能显出生命的价值。

——海伦·凯勒

能将自己的生命寄托在他人记忆中，生命仿佛就加长了一些；光荣是我们获得的新生命，其可珍可贵，实不下于天赋的生命。　　——孟德斯鸠

生命，如果跟时代的崇高的责任联系在一起，你就会感到它永垂不朽。

——车尔尼雪夫斯基

生当作人杰，死亦为鬼雄。

——李清照

生命如同寓言，其价值不在长短，而在内容。　　　　　——塞内卡

生命是一条艰险的峡谷，只有勇敢的人才能通过。　　——米歇潘

生命的意义在于付出，在于给予；而不在于接受，也不在于索取。

——巴金

生命在闪光中现出绚烂，在平凡中现出真实。　　　　　——伯克

谁能以深刻的内容充实每个瞬间，谁就是在无限地延长自己的生命。

——库尔茨

使一个人的有限的生命，更加有效，也即等于延长了人的生命。

——鲁迅

盛年不重来，一日难再晨。

——陶潜

生命，那是自然付给人类去雕琢的宝石。　　　　　　　——诺贝尔

生命不等于是呼吸，生命是活动。

——卢梭

机遇：机会是蒙面的贵人

人们常觉得准备的阶段是在浪费时间，只有当真正机会来临，而自己没有能力把握的时候，才能觉悟自己平时没有准备才是浪费了时间。

——罗曼·罗兰

你利用机会，就是在剥夺别人的机会，保证自己。　　——洛克菲勒

善于识别与把握时机是极为重要的。在一切大事业上，人在开始做事前

要像千眼神那样视察时机，而在进行时要像千手神那样抓住时机。 ——培根

踏破铁鞋无觅处，得来全不费功夫。 ——施耐庵

如果良机不来，就亲手创造吧。 ——欺迈尔斯

要留意任何可利的瞬间，机会到了，莫失之交臂，遗憾终身。 ——佚名

最明亮的欢乐火焰大概都是由意外的火花点燃的。人生道路上不时散发出芳香的花朵，也是从偶然落下的种子自然生长起来的。 ——塞缪尔·约翰逊

机会对于不能利用它的人又有什么用呢？正如风只对于能利用它的人才是动力。 ——西蒙

人生颇富机会和变化。人最得意的时候，有最大的不幸光临。 ——亚里士多德

谁若是有一刹那的胆怯，也许就放走了幸运在这一刹那间对他伸出来的香饵。 ——大仲马

善于捕捉机会者为俊杰。——歌德

机会不会上门来找；只有人去找机会。 ——狄更斯

糟蹋了机会，怨不得别人，是你自己的事。 ——佚名

在婚姻大事上，机会和命运常常良莠不分，叫人难以捉摸。 ——奥斯汀

人生成功的秘诀是当好机会来临时，立刻抓住它。 ——迪斯累利

只有愚者才等待机会，而智者则造就机会。 ——培根

世界上有许多做事有成的人，并一定是因为他比你会做，而仅仅是因为他比你敢做。 ——培根

时来天地皆同力，运去英雄不自由。 ——罗隐

仅仅天赋的某些巨大优势并不能造就英雄，还要有运气相伴。 ——拉罗什富科

一个人不论干什么事，失掉恰当的时节、有利的时机就会前功尽弃。 ——柏拉图

良机只有一次，一旦坐失，就再也得不到了。 ——勃朗宁

来而不可失者时也，蹈而不可失者机也。 ——苏轼

人不能创造时机，但是他可以抓住那些已经出现的时机。 ——雪莱

不管人们怎样夸耀自己的伟大行动，它们常常只是机遇的产物，而非一个伟大意向的结果。 ——拉罗什富科

机会是不守纪律的。 ——雨果

无数人事的变化孕育在时间的胚胎里。 ——莎士比亚

飞着的鸟总会捕到什么。——佚名

许多人浪费了整整一生去等待符合他们心愿的机会。 ——尼采

只要有所事事，有所追求，人就把握住了机运的车轮。 ——爱默生

人逢危难总是有一个成败攸关的时刻。 ——雨果

发现的历史表明，机遇起着重要的作用，但另一方面，即使在那些因机遇

而成功的发现中，机遇也仅仅起到一部分的作用。
——贝弗里奇

永恒的东西每个人都会碰到，有限的东西只有某些人才能碰到。
——皮士尔

机会是神的雅号。　　——桑弗

幸运的时机好比市场上的交易，只要你稍有延误，它就将掉价了。
——培根

我们如海鸥之与波涛相遇似的，遇见了，走近了。海鸥飞去，波涛滚滚地流开，我们也分别了。　——泰戈尔

一旦我们在世界上吸引了足够的注意，在其中扮演一个角色，我们顿时就像一个球一样滚动起来，而且从此再不停歇。　　　　　　——海涅

如果良机不来，就亲手创造吧。
——欺迈尔斯

识时务者为俊杰，味先几者非明哲。　　　　　　　——程允升

福气来了不享，福气走了别怨。
——塞万提斯

每个人当然都可以逞强，但限于在他所懂的方面。　　——歌德

不等待机会所送礼物的人，就是征服了命运。　　　　　——阿诺德

自己的命运应由自己创造，而且应该绝对排除虚伪和坏事。　——契诃夫

我不能选择那最好的。是那最好的选择我。　　　　　——泰戈尔

那专想等待良机的，无异在等待月光变为银质。　　　——罗斯乔特

人生一世，总有些片段当时看着无关紧要，而事实上却牵动了大局。
——萨克雷

乐观主义者从每一个灾难中看到机遇，而悲观主义都从每一个机遇中看到灾难。　　　　　　　　——佚名

你不要以为机会像一个到你家里来的客人，他在你门前敲着门，等待你开门把它迎接进来。恰恰相反，机会是一件不可捉摸的活宝贝，无影无形，无声无息，假如你不用苦干的精神，努力去寻求它，也许永远遇不着它。——佚名

机会每个人都有的，但许多人不知道他们碰到过它。　　——佚名

惜时：珍惜年轮里的韶光

虽然岁月如流，什么都会过去，但总有些东西发生了就不能抹杀。
——王小波

懒汉从来没有时间。
——意大利谚语

盲人无白天，醉鬼无时间。
——朝鲜谚语

眼前的瞬间是一位威力强大的女神。　　　　　　　——歌德

做事情拖泥带水是时间被偷。
——英国谚语

不晓得明天该做什么事情的人，是不幸的。　　　　　——苏联谚语

等时间的人，就是浪费时间的人。
——伊朗谚语

谁把一生的光阴虚度，便是抛下黄金未买一物。　　——伊朗谚语

少年易学老难成，一寸光阴不可轻。　　——朱熹

时间就是生命，时间就是速度，时间就是力量。　　——郭沫若

最严重的浪费就是时间的浪费。　　——布封

最浪费不起的是时间。——丁肇中

想成事业，必须宝贵时间，充分利用时间。　　——徐特立

节约时间，也就是使一个人有限的生命更加有效，也即等于延长了人的生命。　　——鲁迅

时间就是生命，时间就是速度，时间就是力量。　　——郭沫若

时间，每天得到的都是二十四小时，可是一天的时间给勤勉的人带来智慧和力量，给懒散的人只留下一片悔恨。　　——鲁迅

世界上最快而又最慢，最长而又最短，最平凡而又最珍贵，最容易被人忽视，而又最令人后悔的就是时间。　　——高尔基

吾生也有涯，而知也无涯。　　——庄子

少壮不努力，老大徒伤悲。　　——《长歌行》

时间的步伐有三种：未来姗姗来迟，现在像箭一样飞逝，过去永远静立不动。　　——席勒

时间就是生命，无端的空耗别人的时间，其实无异于谋财害命的。　　——鲁迅

一年之计在于春，一日之计在于晨。　　——萧绎

即使最无足轻重的今天和最无足轻重的昨天相比，也具有现实性这一优势。　　——叔本华

抓住现实的每一分钟，胜过想象中的一年。

在时间的大钟上，只有两个字——现在。　　——英国谚语

你热爱生命吗？那么别浪费时间，因为时间是组成生命的材料。　　——富兰克林

把活着的每一天看作生命的最后一天。　　——海伦·凯勒

一寸光阴一寸金，寸金难买寸光阴。　　——颜之推

落日无边江不尽，此身此日更须忙。　　——陈师道

在今天和明天之间，有一段很长的时间；趁你还有精神的时候，学习迅速办事。　　——歌德

莫等闲，白了少年头，空悲切。　　——岳飞

岁去弦吐箭。　　——孟郊

盛年不重来，一日难再晨。及时宜自勉，岁月不待人。　　——陶渊明

现在优于其他一切时间，它是我们自己的。　　——阿根廷谚语

严格说来，生活在现在的人很少，

但几乎没有人准备生活在别的时代。

——斯威夫特

逝者如斯夫，不舍昼夜。——孔子

人生天地之间，若白驹过隙，忽然而已。

——庄子

天可补，海可填，南山可移。日月既往，不可复追。 ——曾国藩

荒废时间等于荒废生命。

——川端康成

抛弃时间的人，时间也抛弃他。

——莎士比亚

时间就像海绵里的水，只要愿挤，总还是有的。 ——鲁迅

时间是由分秒积成的，善于利用零星时间的人，才会做出更大的成绩来。

——华罗庚

在所有的批评家中，最伟大、最正确、最天才的是时间。 ——别林斯基

要找出时间来考虑一下，一天中做了什么，是正号还是负号。

——季米特洛夫

明日复明日，明日何其多，我生待明日，万事成蹉跎。世人若被明日累，春去秋来老将至。朝看水东流，暮看日西坠。百年明日能几何，请君听我明日歌。 ——文嘉

今日复今日，今日何其少！今日又不为，此事何时了！人生百年几今日，今日不为真可惜！若言姑待明朝至，明朝又有明朝事。为君聊赋今日诗，努力请从今日始。 ——文嘉

时间是世界上一切成就的土壤。时间给空想者痛苦，给创造者幸福。

——麦金西

时间就是能力等等发展的地盘。

——马克思

忘掉今天的人将被明天忘掉。

——歌德

放弃时间的人，时间也放弃他。

——莎士比亚

辛勤的蜜蜂永没有时间的悲哀。

——布莱克

没有方法能使时钏为我敲已过去了的钟点。 ——拜伦

时间最不偏私，给任何人都是二十四小时；时间也是偏私，给任何人都不是二十四小时。 ——赫胥黎

任何节约归根到底是时间的节约。

——马克思

人的全部本领无非是耐心和时间的混合物。 ——巴尔扎克

时间给勤奋者以荣誉，给懒汉以耻辱。 ——高士其

杀了"现在"，也便杀了"将来"。——将来是子孙的时代。

——鲁迅

圣人不贵尺之璧而重寸之阴。

——《淮南子·原道训》

时间没有现在，永恒没有未来，也没有过去。 ——丁尼生

老冉冉其将至兮，恐修名之不立。

——屈原

东隅已逝，桑榆非晚。 ——王勃

惊风飘白日，光景西驰流。

——曹植

志士惜日短，愁人知夜长。

——傅玄

人寿几何？逝如朝霜。时无重至，华不再阳。 ——陆机

皇皇三十载，书剑两无成。

——孟浩然

山川满目泪沾衣，富贵荣华能几时。不见只今汾水上，唯有年年秋雁飞。 ——李峤

时而言，有初、中、后之分；日而言，有今、昨、明之称；身而言，有幼、壮、艾之期。 ——刘禹锡

勿谓寸阴短，既过难再获。勿谓一丝微，既绍难再白。 ——朱经

志士惜年，贤人惜日，圣人惜时。

——魏源

莫倚儿童轻岁月，丈人曾共尔同年。 ——窦巩

古来一切有成就的人，都很严肃地对待自己的生命，当他活着一天，总要尽量多劳动，多工作，多学习，不肯虚度年华，不让时间白白地浪费掉。

——邓拓

昨天唤不回来，明天还不确实，你能确有把握的就是今天。 ——李大钊

我认为世间最可宝贵的就是"今"，最易丧失的也是"今"。因为他最容易丧失，所以更觉得贵。

——李大钊

名誉：要淡泊名利还是名利双收

社会上崇敬名人，于是以为名人的话就是名言，却忘记了他之所以得名是那一种学问或事业 ——鲁迅

爱惜衣裳要从新的时候起，爱惜名誉要从幼小时候起。 ——普希金

把名誉从我身上拿走，我的生命也就完了。 ——莎士比亚

不管饕餮的时间怎样吞噬着一切，我们要在这一息尚存的时候，努力博取我们的声名，使时间的镰刀不能伤害我们；我们的生命可以终了，我们的名誉却要永垂万古。 ——莎士比亚

不管我们受到什么样的耻辱，我们几乎总是有能力恢复我们自己的名誉。

——拉罗什富科

不朽之名誉，独存于德。

——彼得拉克

财富就像海水：饮得越多，渴得越厉害。名望实际上也是如此。

——叔本华

穿戴朴素而有声誉，胜于自诩富有而默默无闻。 ——伊索

对名声的蔑视会导致对美德的蔑视。 ——琼森

对名誉的欲望，是一切伟大心灵的本能。 ——伯克

风流人物的声誉不会维持很久，因为潮流会过去。 ——拉布品耶尔

浮名浮利过于酒，醉得人不死

不醒。　　　　　　　——杜光庭

好名是追求名誉没有节制的欲望。

——斯宾诺沙

坚持你的主义，主义重于生命；宁愿生命消失，只要声誉能够留存。

——裴多菲

名声，你激励培养着纯洁的心灵，你是高尚者的最后一个弱点，鄙视欢乐，使人在艰苦中苦度时光。

——弥尔顿

名声是死者的太阳。——巴尔扎克

名声是一座活动的桥梁，可以令人飞渡深渊。　　　　——巴尔扎克

名声有时会产生某些无用的东西。

——托马斯·富勒

名望的滋味如此甘美，所以我们热爱自己接触到的与它有关的一切——甚至死亡。　　　　　——帕斯卡

名誉比生命宝贵。　　——莫里哀

名誉过高，实在是一种重大的负担。　　　　　　　——福尔特

名誉能有力地激发欲望。

——格雷厄姆·格林

名誉是人生的第二生命。——佚名

名誉是生命之流中的泡沫。

——泰戈尔

名誉是一件无聊的骗人的东西；得到它的人未必有什么功德，失去它的人也未必有什么过失。　——莎士比亚

名誉是一种无聊的最靠不住的随意赏赐；往往得来全不凭功德，失去又不是咎由自取。　　　　——莎士比亚

名誉虽然不是德行的真正原则和标准，但是它离德行的真正原则和标准是最近的。　　　　——约翰·洛克

名誉有如江河，它所漂起的常是轻浮之物，而不是确有真分量的实体。

——培根

慕虚名而处实祸。　　　——曹操

那些已经过去的美绩，一转眼间就会在人们的记忆里消失。只有继续不断地前进，才可以使荣名永垂不朽。

——莎士比亚

你不诋毁死者的名声，你的名声才能永存。　　　　　　——萨迪

年轻的姑娘，特别是你们，必须知道好名誉比任何修饰都来得宝贵，而且好名誉像春天的花朵一样，一阵风就能把它毁了。　　　　——克雷洛夫

宁可死掉也不能失口毁了自己的名誉。　　　　　　　——戈里蒂

人有一个好名声，就等于拥有一大笔财产。　　　　　——托·富勒

如果毁掉了你的名誉，分明也就是送掉你的性命。　　——塞万提斯

声名也会成为一种巨大的障碍：如果我们追求它，就必须投身于这样一条道路——尽量满足人们的想象，避其所憎、投其所好。　　——斯宾诺莎

一个人不应受名誉、金钱和地位的诱惑，去忽视正义和其他德行。

——柏拉图

一个人的名誉，就像他的实质财产，是他的所有。名誉比财产更重要；

它是平安和完全的守护神；苦海中的救生筏；从天堂掉下来时的降落伞；陷入流沙赖以救命的木板。　——佚名

一句谎言会毁掉一个正直的人的全部名誉。　——格拉西安

真正的名声，是在虚荣之外。

——莱昂

声誉不过是人们的唧唧细语，但它往往是腐败了的气息。　——卢梭

使人有面前之誉，不若使人无背后之毁。　——金缨

损害他人的名誉并不会给自己增添任何光彩。　——萨迪

所谓名誉者，是众人对于我的过人之处的承认；若我虽有过人之处，众人不愿意承认，则虽有过人之睡，名亦不立。　——冯友兰

太重视名誉正是一般人最常犯的错误。　——佚名

维护声誉比取得声誉更难。

——施纳贝尔

一个放弃了名誉的人就等于放弃了生命。　——阿雷蒂诺

假如你是一个穷人，你应该用你的操守来维护你的名誉；假若你是一个富翁，你应该用你的慈悲来维护你的名誉。　——米贝尔

一切名声都享有一种难以想象的威信，而不管名声从何而来。

——巴尔扎克

拥有一个好的名声比拥有金钱更显得重要。　——赛勒斯

名誉过高，实在是一种重大的负担。　——福尔特

一个人要无愧于心较容易，若要改变恶劣名声则难。　——尼采

只有善行才会为你带来声誉。

——萨迪

最可耻的，却是那些袭父祖的余荫，不知绍述先知，一味妄自尊大的人。最好的光荣应该来自我们自己的行动，而不是倚恃家门。　——莎士比亚

无瑕的名誉是世间最纯粹的珍宝。失去了名誉，人类不过是一些镀金的粪土、染色的泥块。　——莎士比亚

生死：生离死别的一线间

当一切都"开始了"以后，这世界上再没有什么可怕的事。我现在只是有点怕死。等死了以后就不怕了。

——王小波

太阳看起来好像是沉下去了，实在不是沉下去而是不断地辉耀着。

——歌德

当你解答了生命的一切奥秘，你就渴望死亡，因为它不过是生命的另一个奥秘，生和死是勇敢的两种最高贵的表现。　——纪伯伦

生和死是无法挽回的，唯有享受其间的一段时光，死亡的黑暗背景对托出生命的光彩。　——桑塔亚那

活在活着的人的心里，就是没有死去。　——坎贝尔

死并不是人生最大的损失,虽生犹死才是。　　　——卡曾斯

人不应当害怕死亡,他所应害怕的是未曾真正地生活。　——奥里利厄斯

谁怕死,谁就已经不再活着。

——左伊默

痛苦和死亡是生命的一部分,抛弃它们就是抛弃生命本身。

——哈夫洛克·埃利斯

死不是死者的不幸,而是生者的不幸。　　　　——伊壁鸠鲁

死亡使一个伟大的声音沉寂之后,他生前平淡无奇的话,都成了至理名言。　　　　　——白朗宁

死亡也许是免费的,但它是用一生换来的。　　　　——曼利厄斯

怕死比死更可怕。　——赛恩斯

以死来鄙薄自己,出卖自己,否定自己的信仰,是世间最大的刑罚,最大的罪过;宁可受世间的痛苦和灾难,也千万不要走到这个地步。

——罗曼·罗兰

懦夫在他未死之前,已身历多次死的恐怖了。　　　　——恺撒

一个老年人如果能有广泛的兴趣,学会关心他人,使自己的生活汇入到整个世界的生活中去,他就会像一滴水归入大海,慢慢地忘记了自己的存在,最终,也不会再有对死的恐惧。——罗素

以希望养生的人,会绝望而死。

——富兰克林

死亡是最大的祸害,因为它断绝了希望。　　　　　　——哈兹里特

我们的生命虽然短暂而且渺小,但是伟大的一切却正由人的手所造成。人生在世,意识到自己的这种崇高的任务,那就是他的无上的快乐;正是在死亡中,他将发现自己的生命,自己的归宿。　　　　　——屠格涅夫

视死若生者,烈士之勇也。

——庄周

自我:先打量自己,再纠正自己

人有三种根本的困境,第一,人生来只能注定是自己,人生来注定是活在无数他人中间并且是无法与他人彻底沟通。这意味着孤独。第二,人生来就有欲望,人实现欲望的能力永远赶不上他欲望的能力,这是一个永恒的距离。第三,人生来不想死,可是人生来就是在走向死,这就意味着恐惧。上帝用这三种东西来折磨我们。不过有可能我们理解错了,上帝原是要给我们三种获得欢乐的机会。　　　　——史铁生

这个世界自始至终只有两种人:一种是像我这样的人,另一种是不像我这样的人。　　　　　——王小波

自己就是主宰一切的上帝,倘若想征服全世界,就得先征服自己。

——海明威

我对自己的要求很低:我活在世上,无非想要明白些道理,遇见些有趣

的事。倘能如我愿，我的一生就算成功。　　　　　　——王小波

当你意识到自己是个谦虚的人的时候，你马上就已经不是个谦虚的人了。　　　　　——列夫·托尔斯泰

一个真认识自己的人，就没法不谦虚。谦虚使人的心缩小，像一个小石卵，虽然小，而极结实。结实才能诚实。　　　　　　——老舍

对自己的不满足，是任何真正有天才的人的根本特征之一。——契诃夫

心灵有时应该得到消遣，这样才能更好地回到思想与其本身。　　　　　——费德鲁斯

有恬静的心灵就等于把握住心灵的全部；有稳定的精神就等于能指挥自己！　　　　　　——米贝尔

感情压倒理智，这就是人间产生罪恶的原因。　　　——欧里庇得斯

在人生的前半，有享乐的能力而无享乐的机会；在人生的后半，有享乐的机会而无享乐的能力。——马克·吐温

人类通常像狗，听到远处有狗吠，自己也吠叫一番。　　——伏尔泰

你可知道，人类老是高估了自己所没有的东西之价值。　　——萧伯纳

人，在最完美的时候是动物中的佼佼者，但是，当他与法律和正义隔绝以后，他便是动物中最坏的东西。　　　　　　——亚里士多德

人有一颗产生感情的心，一个能思维的脑，一条能说话的舌。——雪莱

人类是依照改变环境的决定来塑造自己。　　　　——贺内·杜波斯

先打量自己，再纠正自己。　　　　　　　　——佚名

生命是一种创造性的历程，每一个人要了解自己创造力的来源，利用自己的创造力来创造自己的人生。——佚名

贵人而不贵己，名为挂榜圣贤。　　　　　　　　——金缨

不管你可能确信什么，你必须把握住的是你与其他人没什么两样。　　　　　　　　——佚名

一个人如果自己跟自己作对，就没有办法搭救他。　——列斯科夫

当你过于注意细节的时候，却是在一点一滴地浪费你的人生。倘若真心地做事，约莫用你的双手就够了。如果还嫌不足，无妨再加上你的双足，便会能做成了。一切要简化！简化！再简化！　　　　　　　——梭罗

发现了自己的人再也不会失去世上的任何东西；在自己心中握住了人性的人将会了解所有的人。　——佚名

谁不能主宰自己？谁将永远是一个奴隶。想左右天下的人，须先左右自己。　　　　　　——苏格拉底

胜己比胜人更加光荣。——佚名

无论在别人身上的，还是在自己身上，一切取决于你，你的力量或你的胆怯。　　　　　　——佚名

聪明人不注意自己不可能得到的东西，也不会为它们烦恼。——乔赫伯特

能约束自己的人，最有威信。

——塞涅卡

人生下来不是为了抱着锁链，而是为了解开双翼；不要再有爬行的人类。我要幼虫化成蝴蝶，我要蚯蚓变成活的花朵，而且飞舞起来。 ——雨果

人的真正伟大之处，就在于他能够认识到自己的渺小。 ——约翰·保罗

做你自己的，是你能给别人最好的建议。 ——佚名

经常谈论自己的人常受损。自责往往被人信以为真，自赞决不会受人相信。 ——蒙田

走上人生的旅途吧。前途很远，也很暗。然而不要怕，不怕的人面前才有路。 ——鲁迅

提防别人不如提防自己，最可怕的敌人就藏在自己心中。 ——斯帕克

只有那些晓得控制他们的缺点，不让这些缺点控制自己的人才是强者。

——巴尔扎克

自负是平庸性格的补偿，蠢人是自我止痛的麻醉剂。 ——佚名

只有生命神圣，但我拒绝为自己的生命而牺牲别人的生命。

——罗曼·罗兰

一个人的真正价值，首先决定于他在什么程度上和什么意义上从自我解放出来。 ——爱因斯坦

每个人都会犯错，但是，只有愚人才会执过不改。 ——西塞罗

人所能负的责任，我必能负；人所不能负的责任，我亦能负，如此，才能磨炼自己。 ——林肯

知过则改永远是不嫌迟的。

——莎士比亚

不要太在意别人怎么看，或者别人怎么想；别人如何衡量你，也全在于你自己如何衡量自己。谁怕死，谁就已经不再活着。 ——左伊默

一个人专心于本身的时候，他充其量也只能成为一个美丽、小巧的包裹而已。 ——罗斯金

唯有自爱，自识自制，指引人生，才能导出神圣的力量。 ——丁尼生

人的思想是可塑的；一个人如果每天观赏某一幅好画，阅读某部佳作中的一页，聆听一支妙曲，就会变成一个有文化修养的人——一个新人。 ——罗斯金

人应尊敬他自己，并应自视能配得上最高尚的东西。 ——黑格尔

我与自我的区别大如同我与他人之间的区别。 ——佚名

不论成功还是失败，都是系于自己。 ——朗费罗

我所能奉献的，只有热血、辛劳、汗水与眼泪。 ——丘吉尔

我此刻正在做的事，就是我一生中最大的事，不管是在指挥交响乐团或剥橘子。 ——托斯凯宁尼

人会认识宇宙，然而却不认识自我。自己比任何星球都来得遥远。

——柴斯达赖

做人要正直无欺，真实无伪，又要

温厚和平，勿太棱角峭厉。——陆陇其

世界上最大的事莫过于知道怎样将自己给自己。　　　——佚名

在获得胜利之后而能克制自己的人，获得了双重的胜利。　——培根

每人都看自己的前面，但我看自己的内部，对于我，只有自己是对象，我经常研究自己，检查自己，仔细探讨自己。　　　　　——蒙田

自己就是主宰一切的上帝，倘若你想征服全世界，你就得征服自己。
　　　　　　　　　——佚名

使心地清净是青年人最大的诫命。
　　　　　　　——莎士比亚

一般人的最大缺点，是常常觉得自己比别人高明。　——富兰克林

人不可自恕，亦不可令人恕我。
　　　　　　　　　——李惺

没有人可以改变生命施加于我们的东西。　　　　　——佚名

自己丰富才能感知世界的丰富；自己好学才能感知世界的新奇；自己善良才能感知世界的美好；自己坦荡才能逍遥地生活在天地之间。　——佚名

你越是放弃自我，相应地你也越变得伟大而又真实。　——麦尔巴哈

真正的谦虚是最高的美德，也即一切美德之母。　——丁尼生

爱，则无所不为；过于自爱，则一无所为。　　　　　——吕坤

到处游历，总无法逃避自己。
　　　　　　　　——海明威

每一次克制自己，就意味着比以前更强大。
　　　　　　　　　——高尔基

急躁没有用，后悔更没用；急躁增加罪过，后悔给你新罪过。　——歌德

只有道德上的矮子才会要求得到应有的、体面的对待。　——佚名

人之过误宜恕，而在己则不可恕，己之困辱当忍，而在人则不可忍。
　　　　　　　　　——洪应明

随着自我逐渐隐没，我的世界就逐渐扩大。　　　　——斯佩尔

我始终不愿抛弃我的奋斗的生活，一个应该避免恶行，像爱惜生命的人避免毒物一般。　——别林斯基

人活在世上，每个人都扮演一个特定的角色。　　　　——佚名

一个人切不可放任自己，他必须克制自己，光有赤裸裸的本能是不行的。
　　　　　　　　　——佚名

人生最困难的事情是认识自己。
　　　　　　　　——特莱斯

最大的过失，就是不知有错。
　　　　　　　　——卡莱尔

你应庆幸自己是世上独一无二的，应该把自己的禀赋发挥出来。经验、环境和遗传造就了你的面目，无论是好是坏，你都得耕耘自己的园地；无论是好是坏，你都得弹起生命中的琴弦。
　　　　　　　　　——卡耐基

我们的自信，可以产生对他人的信用。　　　　——拉罗斯哥

和自己的心进行斗争，是很难堪

的，但这种胜利则标志着这是深思熟虑的人。
——德谟克利特

外因会使机体完全适应生存条件。
——佚名

不应该在别人面前比在自己面前更加羞耻，而应该在一个人也看不见时和在大家都看见时一样不做坏事。毋宁在自己面前应该更知羞耻，并且把下列的箴言铭刻在自己心上：丝毫不做不适当的事。
——德谟克利特

人并不是生来解决宇宙的问题，而是要找出他要做什么，并在自己了解的范围内遏制自己。
——歌德

凡人惟能悔，然后能进德。
——陶觉

常常看到自己有不是处，学问便有进无退。
——申涵光

我要扼住命运的咽喉，它妄想使我屈服，这绝对办不到。生活这样美好，活它一辈子吧！
——贝多芬

最了解自己的人，对自己的评价最低。
——鲍恩

最有学问和最有见识的人总是很谨慎的。
——卢梭

对人来说，最最重要的就是尊严，尊严是人类灵魂中不可糟蹋的东西。
——佚名

我的确时时解剖别人，然而更多的是无情地解剖我自己。
——鲁迅

自重、自觉、自制此三者可以引致生命的崇高境域。
——丁尼生

要过得心安理得，就应该全力以赴，尽忠职守。也许你会出差错，也许你会做傻事，都要赶快把它忘掉，明天是一个崭新的日子，要尽量利用明天，心平气和地度过明天。
——爱默森

不能制约自己的人，也就不可能制约别人。
——佚名

不能制约自己的人，不能称他为自由人。
——毕达哥拉斯

人受到震动有种种不同，有的是在脊椎骨上，有的是在神经上，有的是在道德的感官上，而最强烈、最持久的则是在个人尊严上。
——佚名

人人须日日改过，一旦无过可改，即一日无步可过矣。
——陶觉

能够反躬自省的人，就一定不是庸俗的人。
——布朗宁

我想，人有两个肩膀，应该同时发挥作用，我要用一个肩挑着送货上门的担子，把科学知识和科学工具送到工人师傅手里；另一个肩膀可以做人梯，让青年们踏着攀登科学的更高一层山峰。
——华罗庚

人生的白纸全凭自己的笔去描绘。每个人都用自己的经历填写人生价值的档案。
——佚名

看清别人容易，看清自己困难。
——彼得巴勒

当我历数了人类在艺术上和文学上所发明的那种神妙的创造，然后再回顾一下我的知识，我觉得自己简直是浅陋至极。
——伽利略

君子博学而日参省乎己，则智明而

无过矣!　　　　　　　——荀况

永远不要因承认错误而感到羞耻，因为承认错误也可以解释作你今天更聪敏。　　　　　　　　——马罗

只有气度小的人，才会处处维护自己的尊严。　　　　　　——巴纳特

人的一生，或多或少，总是难免有浮沉。不会永远如旭日东升，也不会永远痛苦潦倒。反复地一浮一沉，对于一个人来说，正是磨炼。——松下幸之助

你的命运藏在你自己的胸里。　　　　　　　　　　　——席勒

先知道自己糊涂，才能有转成聪明的希望；先知道自己卑鄙，才会有化为清高的可能。　　　　　——佚名

真正的学者就像田野上的麦穗。麦穗空瘪的时候，它总是长得很挺，高傲地昂着头；麦穗饱满而成熟的时候，它总是表现得温顺的样子，低垂着脑袋。　　　　　　　　　　　——蒙田

在这个世界上最坚强的人是孤独地、只靠自己站着的人。　——易卜生

任何生命都是把保护自己当作至高无上的目的，这是生命世界里的原则。　　　　　　　——池田大作

人只有在紧张的心理节奏中，才会体验到生活的意义。　　　——佚名

我宁愿靠自己的力量打开我的前途，而不愿求有力者的垂青。青云得志的道路是很多的，如果我用阿谀逢迎的办法换取有力者的提拔，我早该得志了。但是，这不是我的道路。——雨果

一个人不是生下来就是他现在这样的，而是逐渐地成为他现在这样的。　　　　　　　　　——爱尔维修

也许人类最真实的尊严就是能够轻视自我。　　　　　　——桑塔亚那

一个人要帮助弱者，应当自己成为强者，而不是和他们一样也变作弱者。　　　　　　　　　　——佚名

只见人之过而不知己之失，乃愚昧的天性。　　　　　——西塞罗

人生是场无休、无歇、无情的战斗，凡是要做个够得上称为人的人，都得时时刻刻向无情的敌人作战，本能中那些使你自行毁灭的念头，都是这一类的顽敌。　　　　——罗曼·罗兰

一切美德都包括在自己的信赖里。　　　　　　　　　　——佚名

一个人应该：活泼而守纪律，天真而不幼稚，勇敢而不鲁莽，倔强而有原则，热情而不冲动，乐观而不盲目。　　　　　　　　　　——马克思

我是孤独的，我是自由的，我就是自己的帝王。　　　　　——康德

自我征服是最大的胜利。　　　　　　　　　　——柏拉图

要有所行动，然后认识你自己。　　　　　　　　　　——蒙田

知道事物应该是什么样，说明你是聪明人；知道事物实际上是什么样，说明你是有经验的人；知道怎样使事物变得更好，说明你是有才能的人。　　　　　　　　　　——狄德罗

人，不但与别人各异，有时候甚至跟原来的自己，也迥然不同。

——巴斯卡

只有在苦难中，才能认识自我。

——希尔蒂

当我们局限于我们自己的专业领域时，便固执；当我们超出我们自己的专业领域时，便无知。　　——歌德

你要做你们自己的主宰，切莫操心自己比邻居说多或说少。——艾涅斯库

在朝目标进击中，自己是萤火，就不必发火炬的光。所留的足迹即使光色微弱，也同样值得赞美。　　——佚名

一个目光敏锐，见识深刻的人，倘又能承认自己有局限性，那他离完人就不远了。　　——歌德

处不如意之事，遇不如意之人，惟益反躬自责，静气平心，以求一至是无非之道；舍此而别生角抵之计，无益有害。　　——陈宏谋

无论何时，只要可能，你都应"模仿"你自己，成为你自己。

——马克斯韦尔·莫尔兹

我是我自己最大的敌人，也是我自己不幸命运的起因。　　——拿破仑

人都有两面，一面是自尊，一面是自卑，这两面永远矛盾地存在人的心灵深处，人活着可以逃避许多东西，但是无法逃避自己。　　——佚名

认识你自己吧。　　——苏格拉底

只要你发现自己是站在多数人的一边，那就是该停下来反省一下的时候了。　　——马克·瓦恩

生活中，谅解可以产生奇迹，谅解可以挽回感情上的损失，谅解犹如一个火把，能照亮由焦躁、怨恨和复仇心理铺就的道路。　　——纳素夫

从某种意义上讲，人生的坎坷是人的精神财富。　　——郝联联

当我们胆敢作恶，来满足卑下的希冀，我们就迷失了本性，不再是我们自己。　　——莎士比亚

你期盼世人对你有好的评论吗？如是这样，你就别说自己的好话。

——帕斯卡

"自我"是随时会把灵魂束缚起来的牢狱。　　——韦思·戴克

理想励志篇

理想：仰望星空，脚踏实地

理想是指路明灯。没有理想，就没有坚定的方向；没有方向，就失去前进的力量。　　　——列夫·托尔斯泰

只有向自己提出伟大理想，并以自己全部的力量为之奋斗的人，才是最幸福的。　　　——加里宁

走得最慢的人，只要他不丧失理想，就比漫无目的混日子的人走得要快。　　　——莱辛

理想是人生的太阳。　　——德莱塞

生活的理想，就是为了理想的生活。　　　——张闻天

生活中没有理想的人，是可怜的人。　　　——屠格涅夫

世上最快乐的事，莫过于为理想而奋斗。　　　——苏格拉底

现实是此岸，理想是彼岸。中间隔着湍急的河流，行动则是架在川上的桥梁。　　　——克雷洛夫

人的理想永远忽隐忽现，却不离不弃，在沮丧失望的时候，理想会来鼓励他，但理想虚无缥缈，无从捉摸。

　　　——亦舒

我的理想生活是，天天可以睡到自然醒，不做什么，不负啥责任，同我爱的，以及爱我的人，一起坐着说话，笑着看日落。　　　——亦舒

理想对我来说，具有一种非凡的魅力。我的理想……总是充满着生活和泥土气息。我从来都不去空想那些不可能实现的事情。　　——奥斯特洛夫斯基

有理想的人，生活总是火热的。

　　　——斯大林

一个没有远大理想和崇高生活目的的人，就像一只没有翅膀的鸟，一台没有马达的机器，一盏没有钨丝的灯泡。

　　　——张华

理想不抛弃苦心追求的人，只要不停止追求，你们会沐浴在理想的光辉之中。　　　——巴金

每个人的生命都是一只小船，理想是小船的风帆。　　——张海迪

人有了物质才能生存，人有了理想才谈得上生活。你要了解生存与生活的不同吗？动物生存，而人则生活。

　　　——雨果

缺乏理想的现实主义是毫无意义的，脱离现实的理想主义是没有生命的。　　　——罗曼·罗兰

没有理想，即没有某种美好的愿望，也就永远不会有美好的现实。

——陀思妥耶夫斯基

当大自然剥夺了人类用四肢爬行的能力时，又给了他一根拐杖，这就是理想！

——高尔基

暂时的是现实，永生的是理想。

——罗曼·罗兰

人的理想粉碎迷信，而人的感情也将摧毁利己主义。

——海涅

我相信我们应该在一种理想主义中去寻找精神上的力量，这种理想主义既要能不使我们骄傲，又能使我们把希望和梦想放得很高。

——居里夫人

人的活动如果没有理想的鼓舞，就会变得空虚而渺小。

——车尔尼雪夫斯基

闪射理想之光吧，心灵之星！把光流注入未来的暮霭之中。——泰戈尔

人生最高之理想，再求达于真。

——李大钊

每个人都有一定的理想，这种理想决定着他的努力和判断的方向。

——爱因斯坦

每个人在他生活中都经历过不幸和痛苦。有些人在苦难中只想到自己，他就悲观、消极，发出绝望的哀号；有些人在苦难中还想到别人，想到集体，想到祖先和子孙，想到祖国和全人类，他就得到乐观和自信。——冼星海

没有崇高的生活理想的人，像大海里的一叶小舟一样，它时刻都会被狂风巨浪袭击而沉没海底。但一个人有了共产主义的理想，并无限地忠诚于这个理想，他就能经受任何风雨和困难的考验。

——吴运铎

一个精神生活很充实的人，一定是一个很有理想的人，一定是一个很高尚的人，一定是一个只做物质的主人而不做物质的奴隶的人。——陶铸

如果能追随理想而生活，本着正直自由的精神、勇往直前的毅力、诚实不自欺的思想而行，则定能臻于至美至善的境地。

——居里夫人

有理想充满社会利益的，具有明确目的的生活是世界上最美好和最有意义的生活。

——加里宁

要是一个人，能充满信心地朝他理想的方向去做，下定决心过他所想过的生活，他就一定会得到意外的成功。

——卡耐基

不同的生活理想，不同的生活态度，决定一个人在战斗中站的位置。

——吴运铎

一个人的理想越崇高，生活越纯洁。

——伏尼契

人致力于一个目标，一种观念……是人在生活过程中追求完整之需要的一种表现。

——罗曼·罗兰

追求理想是一个人进行自我教育的最初的动力，而没有自我教育就不能想象会有完美的精神生活。我认为，教会学生自己教育自己，这是一种最高级的技巧和艺术。

——苏霍姆林斯基

要有生活目标，一辈子的目标，一段时期的目标，一个阶段的目标，一年的目标，一个月的目标，一个星期的目标，一天的目标，一个小时的目标，一分钟的目标。　　——托尔斯泰

道德教育成功的"秘诀"在于，当一个人还在少年时代的时候，就应该在宏伟的社会生活背景上给他展示整个世界、个人生活的前景。

——苏霍姆林斯基

每个人都有一定的理想，这种理想决定着他的努力和判断的方向。就在这个意义上，我从来不把安逸和快乐看作生活目的的本身——这种伦理基础，我叫它猪栏的理想。　　——爱因斯坦

信仰：就像一道光，照亮这世界

没有信仰，则没有名副其实的品行和生命；没有信仰，则没有名副其实的国土。　　　　　　——惠特曼

信仰，是人们所必需的。什么也不信的人不会有幸福。　　——雨果

我了解你们的种族。它是由绵羊组成的。他们给少数人统治着，很少或者从来没给多数人统治过。他们压抑了自己的感情和信仰，跟随着一小撮拼命喊叫的人。有时候那喊叫的人是对的，有时候是错；可是那没关系，大伙儿总是因为你们永远并且始终是少数人的奴隶。从来没有一个国家，在那里大多

数地为心坎里是忠于任何这种制度的。

——马克·吐温

年轻时代是培养习惯、希望及信仰的一段时光。　　　　——罗斯金

无限相信书籍的力量，是我的教育信仰的真谛之一。　——苏霍姆林斯基

信仰是心中的绿洲。　——纪伯伦

支配战士的行动的是信仰。他能够忍受一切艰难痛苦，而达到他所选定的目标。　　　　　　　——巴金

忠诚可以简练地定义为对不可能的情况的一种不合逻辑的信仰。——门肯

推崇真理的能力是点燃信仰的火花。　　　　——苏霍姆林斯基

年轻时代是培养希望及信仰的一段时光。　　　　　　——拉斯金

敌人只能砍下我们的头颅，决不能动摇我们的信仰！因为我们信仰的主义，乃是宇宙的真理！——方志敏

当喉咙发干时，会有连大海也可一饮而尽的气概——这便是信仰；一等到喝时，至多只能喝两杯——这才是科学。　　　　　　——契诃夫

爱情是种宗教，信奉这个宗教比信奉旁的宗教代价高得多；并且很快就会消失，信仰过去的时候像一个顽皮的孩子，还得到处闯些祸。——巴尔扎克

享有特权而无力量的人是废物。受过教育而无影响的人是一堆一文不值的垃圾。有些人在知识道德宗教信仰方面受过教养，但没有成为社会上行善的积极力量，这些人就对不起为培育和供

养他们而花费的代价。如果他们也算是基督徒，他们就犯了因伪装而受尊敬的罪。他们本应成为世上的盐，而盐的首要责任应当有盐味。

——亨利·范·戴克

以死来鄙薄自己，出卖自己，否定自己的信仰，是世间最大的刑罚、最大的罪过。宁可受尽世间的痛苦和灾难，也千万不要走到这个地步。

——罗曼·罗兰

理智本身是一种信仰。它是一种确定自己思想和现实之间关系的信仰。

——切斯特顿

没有了希望，一个人就不能维持他的信仰，保守他的精神，或保全他的内心纯洁。

——巴尔扎克

当信仰丧失了，荣誉也失去了的时候，这人等于死了。

——惠蒂尔

英雄主义是在于为信仰和真理而牺牲自己。

——托尔斯泰

痛苦，在人的成长过程中是多么崇高而又神秘莫测呀！没有痛苦就没有诗歌，每一首诗几乎都是由一份高兴、一份希望和两份痛苦所组成的！只有痛苦才能在生命中给你留下深深的印象。那萌发出冷气的祈祷的、湿润的泪痕就是人们称之为信仰，希望和仁慈这三个高尚姊妹的母亲。啊，痛苦，让诗人都赞美你吧！

——大仲马

没有哪个胜利者信仰机遇。

——尼采

五花八门的粉饰，滔滔不绝的雄辩，不过是冒充强烈信仰的无动于衷的卖弄辞藻而已。

——司汤达

除了知识和学问之外，世上没有任何其他力量能在人的精神和心灵中，在人的思想想象见解和信仰中建立起统治和权威。

——培根

信仰有异于迷信，若坚信信仰甚至于迷信，则无异于破坏信仰。

——帕斯卡

信仰和迷信是截然不同的东西。

——帕斯卡

我愿意在我最困难的地方锤炼我的信仰；因为相信那些寻常和可见的对象并非信仰，只是劝告。

——布朗

怀疑与信仰，两者都是必需的。怀疑能把昨天的信仰摧毁，替明天的信仰开路。

——罗曼·罗兰

信仰是个鸟儿，黎明还是黝黑时，就触着曙光而讴歌了。

——泰戈尔

信仰不是一种学问。信仰是一种行为，它只被实践的时候才有意义。

——罗曼·罗兰

人是为了某种信仰而活着。

——克莱尔

以死来鄙薄自己、出卖自己、否定自己的信仰，是世间最大的刑罚、最大的罪过。宁可受世间的痛苦和灾难，也千万不要走到这个地步。

——罗曼·罗兰

对于我们来说，生活中必须有也应该有某种人生信仰。它偶尔用一句话、一场梦、一种表情或一个事件向我们传递一种令人振奋的消息。

——蒙哥马利

信仰是没有国土和语言界限的，凡是拥护真理的人，就是兄弟和朋友。

——亨利希·曼

你有信仰就年轻，疑惑就年老；有自信就年轻，畏惧就年老；有希望就年轻，绝望就年老；岁月使你皮肤起皱，但是失去了热忱，就损伤了灵魂。

——卡耐基

支配战士的行动的是信仰。他能够忍受一切艰难、痛苦，而达到他所选定的目标。

——巴金

在理论的政治的认识上，站稳着脚步，才不至于随时为某些现象或谣言而动摇自己的革命信仰！

——方志敏

人活着，总得有个坚定的信仰，不光是为了自己的衣食住行，还要对社会有所贡献。

——张志新

创造力来源于不同事物的意外组合。使差异最显著的最佳方法是把不同年龄、有不同文化和不同信仰的人掺杂在一起。

——尼古拉·尼葛洛庞帝

强烈的信仰会赢取坚强的人，然后又使他们更坚强。

——佚名

相信就是强大，怀疑只会抑制能力，而信仰就是力量。

——佚名

爱国：一颗爱国心，一颗忠诚胆

要永远觉得祖国的土地是稳固地在你脚下，要与集体一起生活，要记住，是集体教育了你。哪一天你若和集体脱离，那便是末路的开始。

——奥斯特洛夫斯基

一个人对人民的服务不一定要站在大会上讲演或是做什么惊天动地的大事业，随时随地，点点滴滴地把自己知道的想到的告诉人家，无形中就是替国家播种垦殖。

——傅雷

窃以为天地之所以不息，国之所以立，贤人之德业之所以可大可久，皆诚为之也。

——曾国藩

我们深信教育是国家万年根本大计。

——陶行知

幸福，就在于创造新的生活，就在于改造和重新教育那个已经成了国家主人的、社会主义时代的伟大的智慧的人而奋斗。

——奥斯特洛夫斯基

只有由受过教育的人民组成的国家才能保持自由。

——杰斐逊

爱国主义就是千百年来巩固起来的对自己的祖国的一种最深厚的感情。

——列宁

教育是国家的主要防御力量。

——伯克

青年人的教育是国家的基石。

——富兰克林

教育工作中的百分之一的废品，就会使国家遭受严重的损失。

——马卡连柯

外国人不需要中国人，中国人也不需要外国人，在这一点上，我任何时候都是和义和团站在一起的。义和团是爱国者。他们爱自己的国家胜过爱别的民族的国家。我祝愿他们成功。义和团主张把我们赶出他们的国家。我也是义和团。因为我也主张把他们赶出我们的国家。

——马克·吐温

愿得此身长报国，何须生入玉门关。

——戴叔伦

一个国家如果纲纪不正，其国风一定颓败。

——塞内加

爱国主义也和其他道德感与信念一样，使人趋于高尚，使他越来越能了解并爱好真正美丽的东西，从对于美丽东西的知觉中体验到快乐，并且用尽一切方法使美丽的东西体现在行动中。

——凯洛夫

一个人只要热爱自己的祖国，有一颗爱国之心，就什么事情都能解决。什么苦楚、什么冤屈都受得了。

——冰心

人类第一个国王乃是一名成功的士兵，国家的功臣无须有荣耀的祖先。

——伏尔泰

我们有力的道德就是通过奋斗取得物质上的成功；这种道德既适用于国家，也适用于个人。 ——罗素

这样说无论如何都不过分，那就是，法律的目的不是废除和限制自由，而是保护和扩大自由。就真正意义上的法律而言，不管在哪个国家中，哪儿没有法律，哪儿就没有自由。自由使我们免于他人的强制和暴力，而这在没有法律的地方是不可想象的。 ——哈耶克

在我们这样自由制度的国家，任何人只要高兴，只要肯花钱，就能自己毒害自己。

——马克·吐温

一个人的绝对自由是疯狂，一个国家的绝对自由是混乱。——罗曼·罗兰

青年人首先要树雄心，立大志，其次就要决心为国家、人民做一个有用的人才。为此就要选择一个奋斗的目标来努力学习和实践。

——吴玉章

青年人的教育是国家的基石。

——富兰克林

青年人啊，热爱理想吧，崇敬理想吧。理想是上帝的语言。高于一切国家和全人类的，是精神的王国，是灵魂的故乡。

——马志尼

国家用人，当以德为本，才艺为末。康熙江山代有才人出，各领风骚数百年。

——赵翼

伟大的品质是与生俱来的，它不仅具有直接的，而且具有一种持续的、不断发展和永不消失的力量。即使具有这种品质的人去世了或他所生活的时代过去了，这种力量还会继续存在下去，它的生命力也许比他的国家和他所操的语言更强。

——埃弗雷特

夫令名、德之舆也。德，国家之基也。

——左丘明

有一道，大足以守天下，中足以守国家，小足以守其身：谦之谓也。

——刘向

欲安其家，先安其国。——武则天

国正天心顺，官清民自安。

——冯梦龙

世界上还有些国家更重要的，那便是人类的良心。

——罗曼·罗兰

国家兴亡，我的责任。——高震东

所谓爱国心，是指你身为这个国家的国民，对于这个国家，应当比对其他一切的国家感情更深厚。 ——萧伯纳

为祖国而死，那是最美的命运啊！

——大仲马

只有热爱祖国，痛心祖国所受的严重苦难，憎恨敌人，这才给了我们参加斗争和取得胜利的力量。

——阿·托尔斯泰

我们波兰人，当国家遭到奴役的时候，是无权离开自己祖国的。

——居里夫人

爱国心再和对敌人的仇恨用乘法乘起来——只有这样的爱国心才能导向胜利。 ——奥斯特洛夫斯基

热爱自己的祖国是理所当然的事。

——海涅

爱国主义的力量多么伟大呀！在它面前，人的爱生之念、畏苦之情，算得是什么呢！在它面前，人本身也算得了什么呢！ ——车尔尼雪夫斯基

科学没有国界，科学家却有国界。

——巴甫洛夫

祖国，我永远忠于你，为你献身，用我的琴声永远为你歌唱和战斗。

——肖邦

我无论做什么，始终在想着，只要我的精力允许我的话，我就要首先为我的祖国服务。 ——巴甫洛夫

为了国家的利益，使自己的一生变为有用的一生，纵然只能效绵薄之力，我也会热血沸腾。 ——果戈理

真理：少数服从多数 & 少数人掌握真理

梦具有一种荒诞的真实性，而真实有一种真实的荒诞性。 ——王小波

即使一个智慧的地狱，也比一个愚昧的天堂好些。 ——雨果

真理往往从谬误中产生。——佚名

是真金不怕火炼，是真理不怕邪恶。 ——佚名

有知识的人不认为自己比别人聪明，只有愚蠢的人永远把自己的判断看成真理。 ——佚名

尊重人不应该胜于尊重真理。

——柏拉图

首先要学会做科学的苦工。其次要谦虚。最后要有热情。记住，科学需要人的全部生命。 ——巴甫洛夫

谁接受纯粹的经验并且按照它去行动，谁就有足够的真理。就这个意义上说，正在成长中的孩子是聪明的。

——歌德

真理诚然是一个崇高的字眼，然而更是一桩崇高的业绩。如果人的心灵与情感依然健康，则其心潮必将为之激荡不已。 ——黑格尔

热爱真理的确实特征，是对任何一个命题的接受绝不超过其证据所显示的程度。

——洛克

真理才是生命之光，斗争才是和平之母。

——郭小川

逆境是达到真理的一条通路。

——拜伦

永恒的献身是生命的真理。它的完美就是我们生命的完美。

——泰戈尔

真理常常藏在事物的深底。

——席勒

我们探索真理，在一切事件中，获得真理是最高的快慰。

——桑塔亚那

智慧就在于说出真理，按照自然行事，倾听自然的话。

——赫拉克利特

只要再多走一小步，即使是向同一方向迈的一小步，真理便会变成错误。

——列宁

向真理弯腰的人，一旦挺起胸来，将顶天立地。

——沈舜福

不应是为了自己的需要，而应是为了真理而活着。

——列夫·托尔斯泰

世上只有一个真理，便是忠实于人生，并且爱它。

——罗曼·罗兰

真理是永远蒙蔽不了的。

——莎士比亚

许多真理都是以笑话的形式讲出来。

——尼采

一个人如能在心中充满对人类的博爱，行为遵循崇高的道德律，永远围绕着真理的枢轴而转动，那么他虽在人间也就等于生活在天堂中了。

——培根

我不知道世上的人对我怎样评价。我却这样认为：我好像是在海上玩耍，时而发现了一个光滑的石子儿，时而发现一个美丽的贝壳而为之高兴的孩子。尽管如此，那真理的海洋还神秘地展现在我们面前。

——牛顿

一个人追求的目标越高，他的才力就发展得越快，对社会就越有益。我确信这也是一个真理。

——高尔基

掩饰真理是卑鄙，因害怕真理而撒谎是怯懦。

——奥格辽夫

能聪明地充实闲暇时间是人类文明最新成果。

——伯·罗素

真理比太阳还亮，比箭还直。

——佚名

人生最高之理想，在求达于真理。

——李大钊

真理永远压过谎言，就像油永远在水面上一样。

——拉丁美洲谚语

包含着某些真理因素的谬误是最危险的。

——亚当·斯密

读书时，我愿在每一个美好思想的面前停留，就像在每一条真理面前停留一样。

——爱默生

如果真理是名贵的珍珠，那么实践就是产生珍珠的大海。

——佚名

土地是以它的肥沃和收获而被估价的；才能也是土地，不过它生产的不是粮食，而是真理。如果只能滋生冥想和幻想的话，即使再大的才能也只是砂地或盐池，那上面连小草也长不出来的。

——别林斯基

寻求真理的时候，人也进两步，退一步。痛苦啦、错误啦、对生活的厌倦啦，把他们抛回来，可是寻求真理的热望和固执的毅力会促使他们不断地前进。　　　　　——契诃夫

真理唯一可靠的标准就是永远自相符合。　　　　　　　　——欧文

逆境是通往真理的第一条道路。
　　　　　　　　　　——拜伦

真理的苦味比蜜糖的甜味好得多。
　　　　　　　　——非洲谚语

寻求真理的只能是独自探索的人，和那些并不真心热爱真理的人毫不相干。　　　　——帕斯捷尔纳克

坚持我们誓守的唯一真理——神圣的个人操守。　　　——李奥贝纳

不要想象自己说的每句话，都是真理，但要保证自己说的每句话都是真话。　　　　　　　——张杰

凡在小事上对真理持轻率态度的人，在大事上也是不可信任的。
　　　　　　　　——爱因斯坦

真理是时间的好孩子，不是权威的孙子。　　　　　——布莱希特

尊重人不应该胜过尊重真理。
　　　　　　　　　　——柏拉图

如果痛苦换来的是结识真理坚持真理，就应自觉地欣然承受，那时，也只有那时，痛苦才将化为幸福。
　　　　　　　　　　——张志新

真理之川从他的错误的沟渠中流过。　　　　　　　——泰戈尔

真理喜欢批评，因为经过批评，真理就会取胜；谬误害怕批评，因为经过批评，谬误就要失败。　——狄德罗

真理照亮真理。　——卢克莱修

真理的大海，让未发现的一切事物躺卧在我的眼前，任我去探寻。
　　　　　　　　　　——牛顿

人的价值并不取决于是否掌握真理，或者自认为真理在握；决定人的价值的是追求真理的孜孜不倦的精神。
　　　　　　　　　　——莱辛

创造靠智慧，处世靠常识；有常识而无智慧，谓之平庸，有智慧而无常识，谓之笨拙。智慧是一切力量中最强大的力量，是世界上唯一自觉活着的力量。　　　　　——高尔基

真理的小小钻石是多么罕见难得，但一经开采琢磨，便能经久、坚硬而晶亮。　　　　——贝弗里奇

时间的锐齿能啮尽一切，只是对真理无能为力。　　　　——佚名

渔网遮不住阳光，谎言骗不过众人。　　　　　　——古巴谚语

争强与好胜之心在思想的碰撞中可以激活智慧而集思广益，但也是偏见向真理低头的死敌。　——王润生

需要证明的只是一半真理。
　　　　　　　　　　——纪伯伦

信奉真理的人，必受天佑。
　　　　　　　　——富兰克林

人当活在真理和自我奉献里。
　　　　　　　　——庞陀彼丹

通过自己的努力即使知道一半真理，也比人云亦云地知道全部真理要好得多。 ——罗曼·罗兰

当人们自由地追求真理时，真理就会被发现。 ——罗斯福

没有真理的人叫喊得最响。 ——罗马尼亚谚语

科学的真理不应在古代圣人的蒙着灰尘的书上去找，而应该在实验中和以实验为基础的理论中去找。真正的哲学是写在那本经常在我们眼前打开着的最伟大的书里面的。这本书就是宇宙，就是自然本身，人们必须去读它。 ——伽利略

最好把真理比作燧石，它受到的敲打越厉害、发射出的光辉就越灿烂。 ——佚名

关键在于要有一颗爱真理的心，随时随地地碰见真理，并把它吸收进来。 ——歌德

真理不需要喋喋不休的誓言。 ——土耳其谚语

我们对于真理必须经常反复地说，因为错误也有人在反复地宣传，并且不是个别的人而是有大批的人宣传。 ——歌德

逆境是到达真理的一条道路。 ——拜伦

诡计总要穿衣服，真理却喜欢裸露着。 ——佚名

真理绝不因为有人不承认它而感到苦恼。 ——席勒

真金不怕火炼，真理不怕诡辩。 ——越南谚语

真理只在需求孔亟的时候才发扬；是时间而不是人发现它。 ——佚名

科学尊重事实，服从真理，而不会屈服于任何压力。 ——童第周

为真理而斗争是人生的最大乐趣。 ——意大利谚语

谬误只能从门缝里进来，真理站在门前。 ——拉丁美洲谚语

在人类历史的长河中，真理因为像黄金一样重，总是沉于河底而很难被人发现，相反地，那些牛粪一样轻的谬误倒漂浮在上面到处泛滥。 ——培根

真理不存在于丑化了的现实里。 ——乔治·桑

不要侮蔑你不知道的真理，否则你将以生命补偿你的过失。 ——莎士比亚

真理尽管苦涩，然而鲜明。 ——普托里尼

人类所抱有的疑念，就是科学的萌芽。 ——爱默生

真理的旅行，是不用入境证的。 ——约里奥·居里

谁不经过失败挫折，谁就找不到真理。 ——佚名

哪里有思想，哪里就有威力。 ——雨果

深刻的思想就像铁钉，一旦钉在脑子里，什么东西也没法把它拔出来。 ——狄德罗

人会长久停留在一个思想上，因而

他也就有可能被束缚住手脚。

——哈里法克斯

人的正确思想总是紊乱的思想和生病的肌体一样是不可能健全的。

——西塞罗

理性一手拿着自己的原理，一手拿着根据那个原理研究出来的实验，奔赴自然。

——康德

你不能同时思想和打球。——贝拉

当一个伟大的思想作为一种福音降临这个世界时，它对于受陈规陋习羁绊的大众会成为一种冒犯，而在那些读书不少但学识不深的人看来，却是一桩蠢事。

——歌德

科学的真理不应该在古代圣人的蒙着灰尘的书上去找，而应该在实验中和以实验为基础的理论中去找。真正的哲学是写在那本经常在我们眼前打开着的最伟大的书里面的，这本书就是宇宙，就是自然界本身，人们必须去读它。

——伽利略

真理之川，从它的错误之沟渠中流过。

——泰戈尔

真理不一定都是顺耳的。

——英国谚语

空谈使真理黯然失色，实践使真理增添光辉。——欧洲谚语

对真理而言，信服比流言更危险。

——尼采

阴险的友谊虽然允许你得到一些微不足道的小惠，却要剥夺掉你的珍宝——独立思考和对真理纯洁的爱！

——别林斯基

真理只有一个，它不在宗教中，而是在科学中。——达·芬奇

谎言跑得再快，也追不上真理。

——佚名

逆境是达到真理的一条通道。

——英国谚语

真理决不会因为有人不承认它而感到苦恼。——德国谚语

我大胆地走着正直的道路，绝不有损于正义与真理而谄媚和敷衍任何人。

——卢梭

推崇真理的能力是点燃信仰的火花。——苏霍姆林斯基

在我们讲的一切中，我只是探求真理，这并不是仅仅为了博得说出真理的荣誉，而是因为真理于人有益。

——爱尔维修

时间是真理的挚友。——科尔顿

如果把所有的错误都关在门外的话，真理也要被关在门外了。

——泰戈尔

真理通常是刺耳的，就像针灸无不打在穴位上。——佚名

谦虚的学生珍视真理，不关心对自己个人的颂扬；不谦虚的学生首先想到的是炫耀个人得到的赞誉，对真理漠不关心。思想史上载明，谦虚几乎总是和学生的才能成正比，不谦虚则成反比。

——普列汉诺夫

最好是把真理比作燧石，——它受

到的敲打越厉害，发射出的光辉就越灿烂。　　　　　　——马克思

过去的错误的学说不宜忘掉不谈，因为各种真理都要在和错误斗争之中，才能维持他们的生命。　——克罗齐

即使是叫人不高兴的真理，也远胜过叫人高兴的谎言。　　　——佚名

问题不在于告诉他一个真理，而在于教他怎样去发现真理。　——卢梭

一个人要发现卓有成效的真理，需要千百万个人在失败的探索和悲惨的错误中毁掉自己的生命。　——门捷列夫

一个人的生命是可宝贵的，但一代的真理更可宝贵，生命牺牲了而真理昭然于天下，这死是值得的。　——鲁迅

要坚持真理——不论在哪里也不要动摇。　　　　　　　——赫尔岑

真理走到极端便成谬误。
　　　　　　　　——拉丁谚语

真理有三部分：考察，即求取它；认识，即它已存在；信心，即运用它。
　　　　　　　　——苏格拉底

许多伟大的真理开始的时候都被认为是亵渎行为。　　——萧伯纳

真理有时可能变得黯淡，但它永不会熄灭。　　　　——意大利谚语

如果真理是名贵的珍珠，那么实践说是产生珍珠的大海。——亚洲谚语

科学赐予人类最大的礼物是什么呢？是使人类相信真理的力量。
　　　　　　　　——康普顿

真理只可能对于目光短浅的个别的

人才显得狰狞可怖的，本身却是永恒的美和永恒的幸福。　——别林斯基

使人们宁愿相信谬误，而不愿热爱真理的原因，不仅由于探索真理是艰苦的，而且是由于谬误更能迎合人类某些恶劣的天性。　　　　　——培根

我能想象到的人的最高尚行为，就是传播真理，就是公开放弃错误。
　　　　　　　　——利斯特

早晨认识真理，晚上死也无怨。
　　　　　　　　——日本谚语

说真话不应当是艰难的事情。我所谓真话不是指真理，也不是指正确的话。自己想什么就讲什么；自己怎么想就怎么说这就是说真话。　——巴金

科学是一种强大的智慧的力量，它致力于破除禁锢着我的神秘的桎梏。
　　　　　　　　——高尔基

问号是开启任何一门科学的钥匙。
　　　　　　　　——巴尔扎克

尊重真理就是聪明睿智的开端。
　　　　　　　　——赫尔岑

人的天职在于探求真理。——佚名

真理的光辉时常受到遮掩，但它决不熄灭。　　　　　　——李维

呵，青年人理想多么崇高，立志追求真理，无论是生还是死，呵！莫回首，莫泄气。　——罗·布里奇斯

应当热爱科学，因为人类没有什么力量是比科学更强大、更所向无敌的了。　　　　　　　——高尔基

真理不是一种铸币，现成地摆在那

里，可以拿来藏在衣袋里。　——莱辛

在科学的入口处，正像在地狱的入口处一样，必须提出这样的要求：这里必须根绝一切犹豫；这里任何怯懦都无济于事。　——马克思

真理谬论只差一步。人发怒时好把真理说成谬论，人高兴时又好把谬误说成真理。　——佚名

真理虽然好，但不是在任何时候任何地方听上去都顺耳的。有人迷恋它，但也有人觉得它刺耳。　——谢德林

每个人都希望真理站在他那一边，但却不是每个人都诚恳地愿意站到真理的那一边。　——高尔基

逆境是通向真理的第一条道路。
　——拜伦

实践是思想的真理。
　——车尔尼雪夫斯基

英雄主义是在于为信仰和真理而牺牲自己。　——托尔斯泰

真理像太阳，手掌遮不住。
　——非洲谚语

以真理为灯火，以真理为支柱，不要以别的东西为支柱。　——释迦牟尼

正如光既暴露了自身，又暴露了周围的黑暗一样，真理既是自身的标准，又是虚假的标准。　——斯宾诺莎

在科学的世界里，谬误如同泡沫，很快就会消失，真理则是永存的。
　——寺田寅彦

即使为了国王宝座，也永远不要欺骗、违背真理。　——德国谚语

一个社会，只有当他把真理公之于众时，才会强而有力。　——左拉

追求真理比占有真理更加难能可贵。　——爱因斯坦

经过费力才得到的东西要比不费力就得到的东西能令人喜爱。一目了然的真理不费力就可以懂，懂了也感到暂时的愉快，但是很快就被遗忘了。
　——薄伽丘

无论真理在何时受到伤害，都应去捍卫它。　——爱默生

一句真理，胜过百句谎言。
　——非洲谚语

真理反对真理，并且为捍卫它自己的正当主张，不仅必须反对非正义，而且还反对其他真理的正义主张。
　——卡尔·雅斯贝尔斯

一旦真理降临，她的妹妹——自由，也就不远了。　——佚名

人类的食粮大半是谎言，真理只有极少的一点。人的精神非常软弱，担当不起纯粹的真理；必须由他的宗教、道德、政治、诗人、艺术家，在真理之外包上一层谎言。　——佚名

我们只崇敬真理，自由的、无限的、不分国界的真理，毫无种族歧视或偏见的真理。
　——罗曼·罗兰

如果善良的情感没有在童年形成，那么无论什么时候你也培养不出这种感情来。因为人的这种真挚的感情的形成，是与最初接触的最重要的真理的理解，以及对祖国的语言最细腻之处的体

验和感受联系在一起的。

——苏霍姆林斯基

实实在在的真理，顶天立地的品格，比什么爵位都高。 ——彭斯

人们说得好，真理是时间的女儿，不是权威的女儿。 ——培根

科学地探求真理，要求我们的理智永远不要狂热地坚持某种假设。

——莫洛亚

凡事都要脚踏实地去做，不驰于空想，不骛于虚声，而唯以求真的态度作踏实的工夫。以此态度求学，则真理可明，以此态度做事，则功业可就。

——李大钊

真理的精神和自由的精神是社会的支柱。 ——佚名

真理是平凡的，真理是跟平凡的事物和平凡的群众分不开的。 ——冯定

把真理用在那些其存在对谁都不重要的，认识它又一无用处，无谓事情上，那就是对真理这个神圣的名词的亵渎。真理，如果毫无用处，就不是一件必须具有的东西。 ——卢梭

当你看到不可理解的现象，感到迷惑时，真理可能已经披着面纱悄悄地站在你的面前。 ——巴尔扎克

我们今日所唾弃的谬误，很久以来却是真理。 ——惠蒂尔

正义战无不胜，真理高于一切。

——罗马尼亚谚语

我们只愿在真理的圣坛之前低头，不愿在一切物质权威之前拜倒。

——郭沫若

我们对真理所能表示的最大崇拜，就是要脚踏实地去履行它。

——爱默生

钢铁可以弯曲，真理驳不倒。

——朝鲜谚语

谁也不能将阳光装进自己的口袋，谁也不能将真理霸占。——普列汉诺夫

我爱我的老师，但我更爱真理。

——亚里士多德

要追求真理，认识真理，更要依赖真理，这是人性中的最高品德。

——培根

科学给予人类最大的礼物是什么？是使人类相信真理的力量。——昆布顿

相信谎言的人必将在真理之前毁灭。 ——赫尔巴特

向他的头脑中灌输真理，只是为了保证他不在心中装填谬误。 ——卢梭

我服从理性，有必要时，我可以为它牺牲我的友谊、我的憎恶，以及我的生命。 ——罗曼·罗兰

没有思想自由，就没有科学，没有真理。 ——勒南

真理是严酷的，我喜爱这个严酷，它永不欺骗。 ——泰戈尔

任何一个可信的道理都是真理的一种形象。 ——布莱克

因为真理是灿烂的，只要有一个罅隙，就能照亮整个田野。 ——赫尔岑

真理不存在于丑化了的现实里。

——乔治·桑

一切出色的东西都是朴素的，它们之令人倾倒，正是由于自己的富有智慧的朴素。

——高尔基

在真理和认识方面，任何以权威者自居的人，必将在上帝的嬉笑中垮台！

——爱因斯坦

真理是时间的孩子，不是权威的孩子。

——布莱希特

寻求真理的只能是独自探索的人，和那些并不真心热爱真理的人毫不相干。

——帕斯捷尔纳克

尊重人不应该胜于尊重真理。

——柏拉图

真理，哪怕只见到一线，我们也不能让它的光辉变得暗淡。 ——李四光

关键在于要有一颗爱真理的心灵，随时随地碰见真理，就把它吸收进来。

——歌德

必须有勇气正视无情的真理。

——列宁

人的天职在勇于探索真理。

——哥白尼

坚持真理的人是伟大的。 ——雨果

越是接近真理，便愈加发现真理的迷人。

——拉美特利

如果你想独占真理，真理就要嘲笑你了。

——罗曼·罗兰

一个人只要肯深入到事物表面以下去探索，哪怕他自己也许看得不对，却为旁人扫清了道路，甚至能使他的错误

也终于为真理的事业服务。 ——博克

不用相当的独立功夫，不论在哪个严重的问题上都不能找出真理；谁怕用功夫，谁就无法找到真理。 ——列宁

我们探求真理，在一切事件中，获得真理是最高的快慰。 ——桑塔亚那

一时强弱在于力，千秋胜负在于理。

——曹禺

真理就是具备这样的力量，你越是想要攻击它，你的攻击就愈加充实了和证明了它。

——伽利略

真理尽管苦涩，然而鲜明。

——普托里尼

错误经不起失败，但是真理却不怕失败。

——泰戈尔

一个训练有素的思想家的主要特点在于，他不在佐证不足的情况下轻易做出结论。

——贝弗里奇

事莫名于有效，论莫定于有证。

——王充

马克思认为理论的符合于现实是理论的唯一标准。

——列宁

科学所以叫作科学，正是因为它不承认偶像，不怕推翻过时的旧事物，很仔细地倾听实践和经验的呼声。

——斯大林

人类用认识的活动去了解事物，用实践的活动去改变事物；用前者去掌握宇宙，用后者去创造宇宙。——克罗齐

真理之所以为真理，只是因为它是和谬误以及虚伪对立的。

——车尔尼雪夫斯基

遇到有承认自己错误的机会，我是最为愿意抓住的，我认为这样一种回到真理和理性的精神，比具有最正确无误的判断还要光荣。 ——休谟

人们还往往把真理和错误混在一起去教人，而坚持的却是错误。 ——歌德

向他的头脑中灌输真理，只是为了保证他不在心中装填谬误。 ——卢梭

共产主义革命就是同传统的所有制关系实行最彻底的决裂。
——马克思、恩格斯

只要在多走一小步，仿佛是向同一方向迈的一小步，真理便会变成错误。
——列宁

过去的错误的学说不宜忘掉不谈，因为各种真理都要在和错误斗争之中，才能维持他们的生命。 ——克罗齐

只有在斗争中无所畏惧，才能在追求真理的过程中把自己雕塑成器。
——张志新

亦余心之所善兮，虽九死其犹未悔。 ——屈原

我生为真理生，死为真理死，除了真理，没有我自己的东西。——王若飞

理直气壮，永远不怕真理，勇敢地拥护真理，把真理告诉别人，为真理而战斗。 ——刘少奇

为寻求真理的努力所付出的代价，总是比不担风险地占有它要高昂得多。
——莱辛

我们对于真理必须经常反复地说，因为错误也有人在反复地宣传，并且不是有个别的人而是有大批的人宣传。
——歌德

英雄——就是这样一个人，他在决定性关头做了为人类社会的利益所需要做的事。 ——伏契克

既异想天开，又实事求是，这是科学工作者特有的风格，让我们在无穷的宇宙长河中去探索无穷的真理吧！
——郭沫若

人们还往往把真理和错误混在一起去教人，而坚持的却是错误。 ——歌德

真理只能和永久的服役甚至与有力的牺牲相接近。 ——屠格涅夫

凡是谈到真理的人，都反而损害了它；凡是企图证明它的人，都反而伤残歪曲了它；凡是替它加上一个标识和定出一个思想派别的人，都反而杀害了它；而凡是自称为信仰它的人，都埋葬了它。所以一个真理，等到被树立成为一个系统时，它已死了三次，并被埋葬了三次了。 ——林语堂

智慧：不是拾人牙慧而是成就自我

智慧之书的第一章，也是最后一章，就是天下没有白吃的午餐。
——洛克菲勒

一个有智慧的人，才是真正一个无量无边的人。 ——巴尔扎克

智慧一定具有更神圣的品质，这是永不会丧失它的效能的；可是，由于它

的方向不同，于是或为有用与有益，或为无用与有害。要迫使那些禀赋好的人去得到我们认为最伟大的知识，使其能够看到"善"，帮助他们不断前进。

——柏拉图

命运而言，休论公道。那么，一切不幸命运的救赎之路在哪里呢？设若智慧的悟性可以引领我们去找到救赎之路，难道所有的人都能够获得这样的智慧和悟性。——史铁生

凡勇敢、克制、公正，比诸真德皆唯依智慧而立。——柏拉图

过去的一切都是智慧的镜子。

——克·罗塞蒂

当智慧骄傲到不肯哭泣，庄严到不肯欢乐，自满到不肯看人的时候，就不成为智慧了。——纪伯伦

在智慧提供给整个人生的一切幸福之中，以获得友谊最为重要。

——伊壁鸠鲁

机会先把前额的头发给你捉而你不捉之后，就要把秃头给你捉了；或者至少它先把瓶子的把儿给你拿，如果你不拿，它就要把瓶子滚圆的身子给你，而那是很难捉住的。在开端起始时善用时机，再没有比这种智慧更大的了。

——培根

真正的美德不可没有实用的智慧，而实用的智慧也不可没有美德。

——亚里士多德

哲人的智慧，加上孩子的天真，或者就能成个好作家了。——老舍

一个人的智慧不够用，两个人的智慧用不完。——佚名

谋无主则困，事无备则废。

——庄周

简洁是智慧的灵魂，冗长是肤浅的藻饰。——莎士比亚

好人之所以好是因为他是有智慧的，坏人之所以坏是因为人是愚蠢的。

——柏拉图

团结就有力量和智慧，没有诚意实行平等或平等不充分，就不可能有持久而真诚的团结。——欧文

从伟大的认知能力和无私的心情结合之中最易于产生出思想智慧来。

——罗素

没有智慧的头脑，就像没有蜡烛的灯笼。——佚名

要热爱书，它会使你的生活轻松：它会友爱地来帮助你了解纷繁复杂的思想情感和事件：它会教导你尊重别人和你自己：它以热爱世界热爱人类的情感来鼓舞智慧和心灵。——高尔基

幽默是多么艳丽的服饰，又是何等忠诚的卫士！它永远胜过诗人和作家的智慧；它本身就是才华，它能杜绝愚昧。——司各特

由智慧所养成的习惯能成为第二本性。——培根

一个有智慧的人，才是真正一个无量无边的人。——巴尔扎克

精神像乳汁一样可以养育人，智慧便是一只乳房。——雨果

人们将永远赖以自立的是他的智慧、良心、人的尊严。

——苏霍姆林斯基

智慧表现在下一次该怎么做，美德则表现在行为本身。　——约尔旦

德可以分为两种：一种是智慧的德；另一种是行为的德，前者是从学习中得来的，后者是从实践中得来的。

——亚里士多德

有些女子的见识就寓于容貌之中，她们所有智慧在眸子里闪动。

——爱·扬格

智慧之于灵魂犹如健康之于身体。

——拉罗什富科

智慧存在于真理之外。

——德国谚语

读书对于智慧，就像体操对于身体一样。　——英国谚语

书籍鼓舞了我的智慧和心灵，它帮助我从腐臭的泥潭中脱身出来，如果没有它们，我就会溺死在那里面，会被愚笨和鄙陋的东西呛住。　——高尔基

缺乏智慧的幻想会产生怪物，与智慧结合的幻想是艺术之母和奇迹之源。

——戈雅

人在智慧上应当是明朗的，道德上应该是清白的，身体上应该是洁净的。

——契诃夫

创造靠智慧，处世靠常识；有常识而无智慧，谓之平庸，有智慧而无常识，谓之笨拙。智慧是一切力量中最强大的力量，是世界上唯一自觉活着

力量。

——高尔基

智慧是命运的一部分，一个人所遭遇的外界环境是会影响他的头脑的。

——莎士比亚

智慧愿我们——勇敢、无忧、矜高、刚强，她是一个女人，永远只爱着战士。　——尼采

适度，不是中庸，而是一种明智的生活态度。沉默是一种美德，沉默是一种智慧，沉默是一种魅力，沉默是一种含蓄，沉默是一种力量，一种质气，更是一种风度。　——佚名

愚人通过不幸而得到智慧。

——德谟克利特

智者的智慧是一种不平常的常识。

——拉尔夫·英

智慧不属于恶毒的心灵，没有良心的科学只是灵魂的毁灭。　——拉伯雷

即使是一个智慧的地狱，也比一个愚昧的天堂好些。　——雨果

因为财富就是势力，所以一切势力都必然会以这样的那样的手段攫取财富。　——埃·柏克

笔墨是智慧的犁铧。

——约翰·克拉克

财富就像海水，饮得越多，渴得越厉害；名望实际上也是如此。

——叔本华

如果我的生命中没有智慧，它仅仅会黯然失色；如果我的生命中没有爱情，它就会毁灭。

——亨利·德·蒙泰朗

书籍并不是没有生命的东西，它包藏着一种生命的潜力，与作者同样地活跃。不仅如此，它还像一个宝瓶，把作者生机勃勃的智慧中最纯净的精华保存起来。

——弥尔顿

靠智慧能赢得财产，但没人能用财产换来智慧。

——贝·泰勒

坚定不移的智慧是最宝贵的东西，胜过其余的一切。

——德谟克利特

自满是求知的拦路虎，自谦是智慧的引路人。

——壮族谚语

我不应把我的作品全归功于自己的智慧，还应归功于我以外向我提供素材的成千成万的事情和人物。

——歌德

智慧和德行，有如一辆车的两个轮子。

——佚名

思想和智慧是高尚的美德。

——海塞

即使在最聪明的人身上，本能也一定先于智慧。对于人来说，本能有时也许是更为理想的向导。

——乔·李洛

洒脱是一种智慧、一种境界、一种博大和练达，一种建立在良好气度、风度和分寸上的处世态度和风格。

——佚名

塑成一个雕像，把生命赋给这个雕像，这是美丽的；创造一个有智慧的人，把真理灌输给他，这就更美丽。

——雨果

智慧、友爱，这是照明我们的黑夜的光亮。

——罗曼·罗兰

一钱谨慎胜过一磅智慧。

——德国谚语

挫折可以增长经验，经验能够丰富智慧。

——英国谚语

智慧是不会枯竭的，思想和思想相碰，就会迸溅无数火花。

——马尔克林斯基

懒惰没有牙齿，但可以吞噬人的智慧。

——亚洲谚语

为了达到目标，暂时走一走与理想背驰的路，有时却正是智慧的表现。

——佚名

凡过于把幸运之事归功于自己的聪明和智慧的人多半结局是不幸的。

——培根

智慧属于成人，单纯属于儿童。

——蒲柏

智慧之子使父亲欢乐，愚昧之子使母亲蒙羞。

——所罗门

哲学家是忠于智慧和健全理智的，因而是坏蛋贼骗子。社会应该使仇恨教会的人受火刑。这些恶棍竟提醒人们当心：在尘世，不要两眼朝天被掏走钱袋。

——霍尔巴赫

一个人的智慧不是一个器具，等待老师去填满；而是一块可以燃烧的煤，有待于老师去点燃。

——考留达克

智慧最后的结论是：生活也好，自由也好，都要天天去赢取，这才有资格去享有它。

——歌德

科学是人类的共同财富，而真正的科学家的任务就是丰富这个令人类都能

受益的知识宝库。 ——科尔莫戈罗夫

青年人对于社会的要求也高，失望也快，却很少注意到，一个成功的中年人或老年人的背后，往往有着许多辛酸血泪的故事。这尚不够，那份持续的认真与努力，也是一个成功者必然的付出。这以上说得又不完全，智慧才是一个人成功最大的条件之一，缺了它，什么也不成。 ——三毛

书是传播智慧的工具。
——夸美纽斯

打破常规的道路指向智慧之宫。
——布莱克

智慧，不是死的默念，而是生的沉思。 ——斯宾诺莎

智慧的艺术就是懂得该宽容什么的艺术。 ——威廉·詹姆斯

这真是一个大城市，在这里真可享受一番权势和财富的滋味。
——贝纳勉特

赢得友谊要靠智慧，保持友谊要靠美德，这两者是同等重要的。
——威·佩因特

人的智慧不用就会枯萎。
——达·芬奇

理想的书籍是智慧的钥匙。
——托尔斯泰

智慧是经验之女。 ——达·芬奇

时间的犁，在勤奋者的额头，开出无数条智慧之渠。 ——佚名

勇气是智慧和一定程度教养的必然结果。 ——列夫·托尔斯泰

人们在一起可以做出单独一个人所不能做出的事业；智慧、双手、力量结合在一起，几乎是万能的。
——韦伯斯特

生活的智慧大概就在于逢事都问个为什么。 ——巴尔扎克

人的智慧掌握着三把钥匙，一把开启数字，一把开启字母，一把开启音符。知识、思想、幻想就在其中。
——雨果

智慧有三果：一是思考周到；二是语言得当；三是行为公正。
——德谟克利特

智慧是对一切事物产生这些事物的原因的领悟。 ——西塞罗

智慧意味着以最佳的方式追求最高的目标。 ——大哈奇森

争强与好胜之心在思想的碰撞中可以激活智慧而集思广益，但也是偏见向真理低头的死敌。 ——王润生

书籍一面启示我的智慧和心灵，一面帮着我在一片烂泥塘里站了起来，如果不是书籍的话，我就沉没在这片泥塘里，我就要被愚蠢和下流淹死。
——高尔基

智慧不是自然的恩赐，而是经验的结果。 ——日本谚语

时间给勤勉的人留下智慧的力量，给懒惰的人留下空虚和悔恨。——佚名

理智是经验阅历的成果，它潜在人身内部，如同火藏在石块内部，两块石头相撞，就迸出火花。人的经验越多，

理智就越多。　　——伊本·穆加发

真理是智慧的太阳。——沅韦纳戈

由智慧养成的习惯成为第二天性。

　　　　　　　　　　——培根

我们有望得到的唯一的智慧，是谦卑的智慧：虚怀若谷。　——T.S.艾略特

智慧、勤劳和天才，高于显贵和富有。　　　　　　　　——贝多芬

记忆力并不是智慧；但没有记忆力还成什么智慧呢?　　　　——哈柏

谨慎和自制是智慧的源泉。

　　　　　　　　　——罗·彭斯

一个人如果不是真正有道德，就不可能真正有智慧。精明和智慧是非常不同的两件事。精明的人是精细考虑他自己利益的人；智慧的人是精细考虑他人利益的人。　　　　　　——雪莱

酒能够淹没人的智慧。

　　　　　　　　　——大普林尼

狡猾的小聪明并非真正的明智。他们虽然能登堂却不能入室，虽能取巧并无大智。靠这些小术要得逞于世，最终还是行不通的。　　　　——培根

劳动是有神奇力量的民间教育学，给我们开辟了教育智慧的新源泉。这种源泉是书本教育理论所不知道的。我们深信，只有通过有汗水、有老茧和疲乏人的劳动，人的心灵才会变得敏感、温柔。通过劳动，人才具有用心灵去认识周围世界的能力。——苏霍姆林斯基

诚实是智慧之书的第一章。

　　　　　　　　　——杰弗逊

愤怒中看出智慧，贫困中看出朋友。　　　　　　——毛南族谚语

商人的兴趣就在那些能找到财富的地方。　　　　　　　——埃伯克

单单一个有智慧的人的友谊，要比所有愚蠢的人的友谊还更有价值。

　　　　　　　　——德谟克利特

光有外表的美是不够的，言谈、智慧、表演、甜蜜的笑语都胜过自然创造的单纯的美。一切艺术手段都是美的调料。　　　　　——佩特罗尼乌斯

人类的全部历史都告诫有智慧的人，不要笃信时运，而应坚信思想。

　　　　　　　　　　——爱默生

我爱有某种丑的美，我爱优雅曼妙的风姿，我爱胜过滔滔雄辩的沉默。我宁可一天十次看到丑。只要其中有闪光、新意和智慧，而不愿在一个月里看见一次灵魂空虚的渺小的美。

　　　　　　　　　　——雷哈尼

幽雅之于体态，犹如判断力之于智慧。　　　　　　——拉罗什富科

充满智慧的人迈入生活的门槛时，他的思想一尝试着展开翅膀，就会用目光抚摩着诗意，用眼睛孵育着诗意。可是一碰到常见的坚硬的障碍，这诗意的卵就破碎了。对于几乎所有的人来说，现实生活的脚一落地，便踩在这几乎永不破壳出雏的神秘的卵上了。

　　　　　　　　　　——巴尔扎克

要有天大智慧，不要有黄豆大的骄傲。　　　　　——哈萨克族谚语

当教师把每一个学生都理解为他是一个具有个人特点的、具有自己的志向、自己的智慧和性格结构的人的时候，这样的理解才能有助于教师去热爱儿童和尊重儿童。

——赞科夫

得到智慧的唯一办法，就是用青春去买。

——杰克·伦敦

健康是智慧的条件，是愉快的标志。

——爱默生

决定问题，需要智慧，贯彻执行时则需要耐心。

——荷马

身强力壮的，固然是幸福；然而聪明智慧的，还要幸福数倍！

——克雷洛夫

没有人会因学问而成为智者。学问或许能由勤奋得来，而机智与智慧却有赖于天赋。

——约翰·塞尔登

愉快中有眼泪，狂喜也有尽止，只有希望像一剂猛烈但却无害的兴奋剂；它能使我们的心马上鼓舞而沉着起来，又不需要我们为快乐而付出智慧作代价。

——杨格

智慧的可靠标志就是能够在平凡中发现奇迹。

——爱默生

为将者的首要条件是"勇气"。没有勇气，其他条件都没有多大价值，因为没有勇气，其他条件都无法发挥作用。第二是"智慧"，要聪明过人和随机应变。第三是"健康"。——萨克斯

真正高明的人，就是能够借重别人的智慧，来使自己不受蒙蔽的人。

——苏格拉底

智力取消了命运，只要能思考，他就是自主的。

——爱默生

幽默来自智慧，恶语来自无能。

——松林

缺乏智慧的灵魂是僵死的灵魂，若以学问来加以充实，它就能恢复生气，犹如雨水浇灌荒芜的土地一样。

——阿·法伊斯巴哈尼

在男人身上，智慧和教养最要紧，漂亮不漂亮，对他来说倒算不了什么！要是你头脑里没有教养和智慧，那你哪怕是美男子，也还是一钱不值。

——契诃夫

男人，女人，甚至最骄傲的人都有某种"自卑感"。漂亮的人怀疑自己的智慧，强有力的人怀疑自己的魅力。

——安德烈莫洛亚

青春是有限的，智慧是无穷的，趁短的青春，去学习无穷的智慧。

——高尔基

遇事做最坏的打算的人，是具有最高智慧的人。

——纳·科顿

谁希望成为一个具有智慧的人，谁就没有时间去淘气胡闹；淘气胡闹是应该自行消灭的。

——果戈理

美貌和智慧很少结合在一起。

——佩特罗尼乌斯

人的智慧就像一面凹凸不平的镜子，它把自己的本性掺杂在事物的本性中，所以它反映出生活中最重要的是礼貌，它比最高的智慧，比一切学识都重要。

——赫尔岑

幽雅是上帝的礼物，而智慧则是天赐的机遇。
——兰格伦

一切出色的东西都是朴素的，它们之令人倾倒，正是由于自己的富有智慧的朴素。
——高尔基

一切背离了公正的知识都应叫作狡诈，而不应称为智慧。
——柏拉图

大自然和智慧在任何事物上都不存在分歧。
——玉外纳

把所有的愚昧淘尽，会看到沉在最底下的智慧。
——贝尔纳

智慧表现在下一次该怎么做，美德则表现在行为本身。
——约尔旦

人类的智慧就是快乐的源泉。
——薄伽丘

科学还不只在智慧训练上是最好的，在首选训练上也是一样。
——斯宾塞

智慧不仅是创造文化、获得幸福的原动力，同时也切不可忘记它又是产生破坏、把人推向悲惨和苦恼的深渊的原动力。
——池田大作

书籍是培植智慧的工具。
——夸美纽斯

无知会使智慧因缺乏食粮而萎缩。
——爱尔维修

智慧仅仅是一种相对的品质，它不可能只有单一定义。
——哈利法克斯

身体的有力和美是青年的好处，至于智慧的美则是老年所特有的财产。
——德谟克利特

没有智慧的蛮力是没有什么价值的。
——克雷洛夫

智慧是宝石，如果用谦虚镶边，就会更加灿烂夺目。
——高尔基

智慧不能创造素材，素材是自然或机遇的赠予，而智慧的骄傲在于利用了它们。
——埃德蒙·伯克

智育只能是德育的辅助品，学问只能作为辅佐品德之用，对于心地良好的人来说，学问对于德行与智慧都有帮助；对于心地不是良好的人来说，学问就会使他们变得更坏。
——洛克

智慧能使人写作，但创造历史的是热。
——费尔巴哈

白发并不等于是智慧。——米南德

智慧的最大成就，也许要归功于激情。
——沃韦纳戈

在智慧提供给整个人生的一切幸福之中，以获得友谊为最重要。
——伊壁鸠鲁

没有人给我们智慧，我们必须自己找到它。——马塞尔·普钽鲁斯特

适当的悲哀可以表示感情的深切，过度的伤心却可以证明智慧的欠缺。
——莎士比亚

智慧，不是死的默念，而是生的深思。——斯宾诺莎

智慧就在于说出真理。
——赫拉克利特

谁没有耐心，谁就没有智慧。
——萨迪

勤奋是智慧的双胞胎，懒惰是愚蠢的亲兄弟。——佚名

智慧只在于一件事，就是认识那善于驾驭一切的思想。 ——赫拉克利特

智慧与教育之间的区别是，智慧会让你过上舒适的生活。 ——佚名

理想的社会状态不是财富均分，而是每个人按其贡献的大小，从社会的总财富中提取它应得的报酬。

——亨·乔治

极端的命运是对智慧的真正检验，谁最能经得起这种考验，谁就是大智大慧。 ——坎伯兰

所谓智，便是指人们的聪明智慧，所谓谋，便是指人们对问题的计议和对事情策划。智是谋之本，有智才有谋，所以智比谋更重要。 ——邓拓

心灵与自然相结合才能产生智慧，才能产生想象力。 ——梭洛

智慧因为用得过度而毁坏的不多，大多都是因为不用才生锈。 ——鲍乌维

智慧就在于说出真理，按照自然行事，倾听自然的话。 ——赫拉克利特

一切事物，无论是神界的或是俗世的美德，名望和荣誉都是"财富"的奴隶。 ——贺拉斯

黄金和财富是战争的主要根源。

——塔西佗

喂，你可曾听说才思也许能在青春年少时获得，智慧也许会在腐朽前成熟？ ——爱默生

有人天生有智慧；但他们，就像生来富有的人们，由于忽视对财富的培植增益，由于欠上债务，最后可以变成乞丐；而且失去他们的名声。 ——扬格

对一个人的评价，不可视其财富出身，更不可视其学问的高下，而是要看他的真实的品格。 ——培根

心之需要智慧，甚于身体之需要饮食。

——阿卜·日

趁年轻少壮去探求知识吧！它将弥补老年带来的亏损。智慧乃是老年的精神的养料，所以年轻时应该努力，这样年老时才不致空虚。 ——达·芬奇

与智慧相伴的是真理，智慧只存在于真理中。 ——培根

智慧本身就是好的。有一天我们都会死去，追求智慧的道路还会有人在走着。死掉以后的事我看不到。但在我活着的时候，想到这件事，心里就很高兴。

——王小波

逆境：破釜沉舟还是苦其心志

活下去的诀窍是：保持愚蠢，又不能知道自己有多蠢。 ——王小波

能使愚蠢的人学会一点东西的，并不是言辞，而是厄运。 ——德谟克利特

在命运的颠沛中，最容易看出一个人的气节。

——莎士比亚

怜悯是一个人遭受厄运而引起的，恐惧是这个遭受厄运的人与我们相似而引起的。 ——亚里士多德

卓越的人的一大优点是：在不利和艰难的遭遇里百折不挠。 ——贝多芬

每一种挫折或不利的突变，是带着

同样或较大的有利的种子。——爱默生

灾难是真理的第一程。——拜伦

奇迹多是在厄运中出现的。
　　　　　　　　　　——培根

逆运不就是性格的试金石吗?
　　　　　　　　　——巴尔扎克

并不是每一种灾难都是祸,早临的逆境往往是福。——夏普

顺境使我们的精力闲散无用,使我们感觉不到自己的力量,但是障碍却唤醒这种力量而加以运用。——休谟

对着困难摇头,就无权在胜利面前点头微笑。——伏尔泰

困难,是动摇者和懦夫掉队回头的便桥;但也是勇敢者前进的脚踏石。
　　　　　　　　　　——爱默生

生命是建立在痛苦之上的,整个生活贯穿着痛苦。——罗曼·罗兰

使人们对受苦真正感到愤怒的,不是受苦本身,而是在于没有意义地受苦。——尼采

即使我们幸运地远离了痛苦,我们便靠近厌倦,若远离了厌倦,我们便又会靠近痛苦。——叔本华

有了精神上的痛苦,肉体的痛苦变得不足道了;但因为精神的痛苦是肉眼看不见的,倒反不容易得到人家同情。
　　　　　　　　　　——爱默生

有困难是坏事也是好事,困难会逼着人想办法,困难环境能锻炼出人才来。——徐特立

没有哪一个聪明人会否认痛苦与忧愁的锻炼的价值。——赫胥黎

思考:理智的萌芽,行动的指挥

大多数人最烦恼的苦事,就是苦思冥想。——詹姆斯·布莱斯

思考是人类最大的乐趣之一。
　　　　　　　　　——布莱希特

理智本身是一种信仰。它是一种确定自己思想和现实之间关系的信仰。
　　　　　　　　　——切斯特顿

过分冷静的思考、缺乏感情的冲动,也必然使人的心理变态。
　　　　　　　　　——瓦西列夫

应该信赖自己的理智,从生活的合乎情理的现象出发。——马卡连科

人每违背一次理智,就会受到理智的一次惩罚。——托·霍布斯

没有理智决不会有理性的生活。
　　　　　　　　　——斯宾诺莎

理智不能用大小或高低来衡量,而应该用原则来衡量。——爱比克泰德

人的理智就好像一面不平的镜子,由于不规则地接受光线,因而把事物的性质和自己的性质搅混在一起,使事物的性质受到了歪曲,改变了颜色。
　　　　　　　　　　——培根

要真正做到多思,我们必须甘心忍受并延续那种疑惑的状态,这是对彻底探究的动力,这样就不至于在获示充足理由之前接受某一设想或肯定某一

信念。　　　　　——约翰·杜威

不善思索的有才能的人，必定以悲剧收场。　　　　　——甘必大

理智可以说是生命的光和灯。

——西塞罗

理智是天神赋予凡人最有价值的财宝。　　　　——索福克勒斯

人类在道德文化方面最高级的阶段，就是当我们认识到应当用理智控制思想时。　　——查尔斯·达尔文

能进行客观思考的能力就是理智，以理智为基础的感情是谦恭。我们只有摆脱了童年时代妄图得到全知全能的幻想，才能有客观性和运用自己的理智。

——弗洛姆

一个有理智的人恋爱时，可能像一个狂人，但他决不会像一个傻子。

——罗休夫柯

成功的条件在于勇气和自信，而勇气和自信乃是由健全的思想和健康的体魄而来。　　　　　——科伦

问心的道德胜于问理的道德，所以情感的生活胜于理智的生活。

——朱光潜

理应始终引导人类前进的理智很少为我们引路；而感情与脆弱却总是篡夺其位，代替它来指挥。

——切斯特菲尔德

人凭借思考而能变成神。

——拉马丁

智力取消了命运，只要一个人在思考，他就是自主的。　　——爱默生

只能通过劳动，思想才能变得健全；只有通过思想，劳动才能变得愉快，两者是不能分割的。　——罗斯金

没有引发任何行动的思想都不是思想而是梦想。　　　　——马丁

沉思就是劳动，思考就是行动。

——雨果

一个人完全系于他终日所思。

——爱默生

冷酷无情的理智是一把除了捣毁之外毫无用处的锤子。它有时就像冷酷的心一样有害和可恨。　——诺贝尔

完全是理智的心，恰如一柄全是锋刃的刀。它叫使用它的人手上流血。

——泰戈尔

克服自己消极的、钻牛角尖的扭曲的思想方式，便能增加效率，提高自尊心。　　　　　——伯恩斯

大多数思想家写得拙劣，因为他们不仅要传达自己的思想，而且要传达思考的过程。　　　　　——尼采

上帝所做的、胜过一切想象中的幸福行为，莫过于纯粹的思考，而人的行为中最接近这种幸福的东西，也许是与思考最密切的活动。　——亚里士多德

没有任何权宜之计可以让人逃避真正的劳动——思考。　　——爱迪生

谁有用脑子去思考，到头来他除了感觉之外将一无所有。　　——歌德

一个人思虑太多，就会失却做人的乐趣。　　　　　——莎士比亚

思想以自己的言语喂养它自己，而

成长起来。　　　　　——泰戈尔

理智可以制定法律来约束感情，可是热情激动起来，就会把冷酷的法令蔑弃不顾。　　　　　——莎士比亚

当感情支配一切的时候，理智就显得无能为力。　　　　——约·德莱顿

人的思想，必定重于前世、现世或来世的某一方，无法从站在历史时点的"自己的思想"的领域超脱出来。
　　　　　——三岛由纪夫

我们要敢于思考"不可想象的事情"，因为如果事情变得不可想象，思考就停止，行动就变得无意识。
　　　　　——富布赖特

凡善于考虑的人，一定是能根据其思考而追求可以通过行动取得最有益于人类东西的人。　——亚里士多德

一分钟的思考抵得过一小时的唠叨。　　　　——托马斯·胡德

忧患始于思考。　　　——佚名

假如你说不出你想些什么，那么很快你就会说出你不考虑的东西。
　　　　　——西奥多·帕克

躯体总是以惹人厌烦告终。除思想以外，没有什么优美和有意思的东西留下来，因为思想就是生命。——萧伯纳

你可以从别人那里得来思想，你的思想方法，即熔铸思想的模子却必须是你自己的。　　　　——拉姆

往往并不是我们的思想决定乐观还是悲观，而是我们生理和病理引起的乐观或者悲观意识形成自己的思想。
　　　　　——乌纳穆诺

思想是天空中的鸟，在语言的笼里，也许会展翼，却不会飞翔。
　　　　　——纪伯伦

一个专心致志思索的人并不是在虚度光阴。虽然有些劳动是有形的，但也有一种劳动是无形的。　——雨果

每一个人都必须按照他自己的方式去思考；因为他在自己的道路上，就会发现能帮助他度过一生的一条或者一种真理。但是他切不可放任自己；他必须克制自己，光有赤裸裸的本能是不行的。　　　　　——歌德

理智的人使自己适应这个世界；不理智的人却硬要世界适应自己。
　　　　　——萧伯纳

人类最大的不幸是他没有像眼睑制动器那样器官，使他能在需要时遮住或阻遏一种思想或所有的思想。
　　　　　——瓦莱里

我们的生活所需的思想，也许在三千年前就思维殆尽。我们只需要在老柴上加新火就行了。　——芥川龙之介

我们可不可以说，人只是在他无法把正在想的东西想清楚的时候，才是在思考？　　　　　——歌德

世上最艰难的工作是什么？思想。凡是值得思想的事情，没有不是人思考过的；我们必须做的只是试图重新加以思考而已。　　　　——歌德

思想必须以极端的方法才能进步，

然而又必须以中庸之道才能延续。

——瓦莱里

思索，不愿意钻研和深入理解，自满或满足于微不足道的知识，都是智力贫乏的原因。这种贫乏用一个词来称呼，就是"愚蠢"。 ——高尔基

扼杀思想的人，是最大的谋杀犯。

——罗曼·罗兰

一切重要的决定，几乎都得先经过沉思，凡有确切的目标的沉思是没有危险的。危险的是，对于受到的损失，遭遇的伤害，听到的流言，总而言之对于一切无可补救的事情，加以反复不已的咀嚼。 ——莫洛亚

科学地探求真理，要求我们的理智永远不要狂热地坚持某种假设。

——莫洛亚

干精神工作的人而让自己守全从思想掉入梦想，必遭不幸！他自以为进得去便随时出得来，并认为这两者之间没有什么区别，他想错了！ ——雨果

知识，百科全书可以代替，可是考虑出的新思想、新方案，却是任何东西也代替不了的。 ——川上正光

知识，只有当它靠积极的思维得来，而不是凭记忆得来的时候，才是真正的知识。 ——列夫·托尔斯泰

若是一个人的思想不能比飞鸟上升得更高，那就是一种卑微不足道的思想。 ——莎士比亚

人的面孔常常反映他的内心世界，

以为思想没有色彩，那是错误的。

——雨果

我们必须作为思索的人而行动，作为行动的人而思索。 ——柏格森

你可以从别人那里汲取某些思想，但必须用你自己的方式加以思考，——在你的模子里铸成你思想的砂型。

——兰姆

所谓思考，有两种类型：一种是始终以叙述的态度，与思考的对象保持一定的距离，从而对思考的对象进行分析；另一种则是像追求理想那样，尽可能缩小与对象的距离，努力争取使自己的人格成长为与其贴近甚至一致。关于爱的哲学必须是后种类型，即通过进行思考来唤起人格的成长。——今道友信

思考，就是暂时地摒除细枝末节。

——布克明斯·福勒

狂热者的脑袋里没有理智的地盘。

——拿破仑

完全按照逻辑方式进行思维，就好像是一把两面都有利刃而没有把柄的钢刀，会割伤使用者的手。 ——泰戈尔

如果要想在众多的书籍中发现思想，结果就会大失所望，思想存在于河川、海洋、丘陵和森林、日光和天然的风之中。 ——杰弗利斯

伟大的思想只有付诸行动才能成为壮举。 ——威武赫兹里

人是为了思考才被创造出来的。

——帕斯卡

疯子并不是失去理智的人，而是除

了理智其他一切都丢失的人。

——切斯特顿

思想的动摇并非正确与错误之间左右不定，而是一种理智与非理智之间徘徊。

——荣格

精神的高雅在于思考那些善良和优美的事物。

——拉罗什富科

思考与实用的结合，就能产生明确的概念，就能找到一些简便方法，这些方法的发现激励着自尊心，而方法的准确性又能使智力得到满足，原来枯燥无味的工作，有了简便方法，就令人感到兴趣了。

——卢梭

思想是比任何东西都坚固的城墙，因为它绝不会倒塌，也不会交到敌人手中去。

——安提斯德内

思想的伟大不在于能否容纳琐碎小事，而在于能否用自己的影响使小事变成大事。对小事漠不关心的人也不会对大事真正感兴趣。

——罗斯金

理智是一切力量中最强大的力量，是世界上唯一的自觉活动着的力量。

——高尔基

你可以靠思想上的隔音器隔绝喧闹声。

——罗斯

任何东西都没有像大胆的幻想那样能促进未来的创立。今天的空想，就是明天的现实。

——雨果

思索，继续不断的思索，以待天曙，渐近乃见光明。

——牛顿

一次深思熟虑，胜过百次草率行动。

——佚名

任何人都可能犯错误，除蠢人外，谁也不想坚持错误。谚语说，重新考虑最好。

——茨威格

学而不思则罔，思而不学则殆。

——孔子

思想上的错误会引起语言上的错误，言论上的错误会引起行动上的错误。

——皮萨列夫

"思考"应当走到众人前面去，"愿望"不妨留在后面。——富兰克林

人总是逃避艰苦的思索。不下决心艰苦思索的人，便失去了生活中最大的乐趣。

——爱迪生

不能只想到开始，也要想到发展，而尤其是不能不想到结局。——茨威格

人不过是芦苇，性质极脆弱，但人是能思考的芦苇。

——佚名

应该坚信，思想和内容不是通过没头没脑的感伤，而是通过思考而得到的。

——车尔尼雪夫斯基

在创作家的事业中，每一步都要深思而后行，而不是盲目瞎碰。

——米丘林

恐怕你们不常想吧。在一年中想两三次的人已经不多。我每星期总想一两次，所以名闻天下。 ——萧伯纳

你们要学习思考，然后再来写作。

——布瓦罗

宁可受苦而保持清醒，宁可忍受痛苦而思维，也胜似不进行思维。

——茨威格

没有引发任何行动的思想都不是思

想，而是梦想。　　——马丁

苟学而不思，此理终无由而得。
　　　　　　　　——罗钦顺

心之官则思，思则得之，不思则不得也。　　　　　　——孟轲

善于思考的人思想急速转变，不会思考的人晕头转向。——克柳夫斯基

意志、悟性、想象力以及感觉上的一切作用，全由思维而来。——笛卡尔

应该在肩膀上长着自己的脑袋。
　　　　　　　　　　——列宁

思想寓于躯体，但尽管如此，身体最健壮的人不一定就是杰出的思想家。
　　　　　　　　——伏尔泰

事前的思考是简单的，事后的回想是多种多样的。心要常操，身要常劳。
　　　　　　　　　　——佚名

独立思考和独立判断的一般能力，应当始终放在首位。　——爱因斯坦

多思、寡言、少写。——萧伯纳

在我看来，思路清晰的主要标志是一个人独自在一处徘徊的能力。
　　　　　　　　——塞内加

既有强壮的身体又有健全的思想是难能可贵的。　　　——玉外纳

信念的固定性不仅可能反映思维的一贯性，而且还可能反映思想的惰性。
　　　　　　　——克留切夫斯基

脑力心力，要放在适当的地方，莫贪多而纷乱，要常常集中思想。
　　　　　　　　——裴斯泰洛齐

好奇的目光常常可以看到比他所希望看到的东西更多。　　——莱辛

没有思想的人生，就像没有舵的船。　　　　　　　　——佚名

用思想去战斗，而不应受思想的束缚而裹足不前。每人都有其独特的思维方式。　　　　　　——菲德鲁斯

幻想的天性富有永远年轻的秘密。
　　　　　　　　——茨威格

与其不透彻地理解许多事，不如理解的事不多，但都能彻底。——法朗士

可以断定，思想和身体一样，稍有过度的安逸，便会如染瘟病。
　　　　　　　　——狄更斯

别的动物也都具有智力、热情，理性只有人类才有。　——毕达哥拉斯

人的幸运不在于可见的财产的富足，而在于内在的不可见的思想的完美与丰富。　　　　——阿纳卡西斯

思考的意思是：亲近自己。
　　　　　　　　——乌纳木诺

缺乏幻想的学者只能是一个好的流动图书馆和活的参考书，他只掌握知识，但不会创造。　　——莱辛

形式是一只金瓶，思想之花插入其内，便可流芳百世。　——法朗士

人人都抱怨缺乏记忆力，但没有一个人抱怨缺乏健全的思想。
　　　　　　　——拉罗什富科

如果说我对世界有些微贡献的话，那不是由于别的，只是由于我的辛勤耐久的思索所致。　　　——牛顿

思想的价值和思想的影响力是成正

比的。　　　　　——布尔沃—利

人的思想如一口钟，容易停摆，需要经常上紧发条。　——威赫兹里特

要记着，幸福并不是依存于你是什么人或拥有什么，它只取决于你想的是什么？　　　　　　　——卡内基

许多思想是从一定的文化修养上产生出来的，就如同幼芽是长在绿枝上一样。　　　　　　　　——歌德

思想像胡须，不成熟就不可能长出来。　　　　　　——伏尔泰

你所说的一切，都应符合你的思想，否则就是恶意欺骗。　——蒙田

我思故我在。　　　——笛卡尔

有两种容易悄悄过生活的方法，就是相信一切或怀疑一切。两种方法都使我们省却思考。——科齐布斯基

有许多人玩乐致死。有许多人大吃大喝致死，没有人思考致死。——海特

不能不考虑自己走的路是否合适，就不假思索地沿着这条路走下去，而应该考虑自己的才能和志趣，并按照这种才能和志趣改变自己的道路。——哈代

怀疑一切与信任一切是同样的错误，能得乎其中方为正道。　——乔叟

想象，这是种特质。没有它，一个人既不能成为诗人，也不能成为哲学家、有机智的人、有理性的生物，也就不成其为人。　　　　——狄德罗

人类的心灵，也许能和含有人类青年时期觉得不合脾胃的那种凄凉随苍的世界景物越来越调协。将来总有一天，

整个的自然界里，只有山海原野那种幽淡无华的卓绝之处，才能和那些更有思想的人的心情绝对地和谐。这种时候即便还没真正来到，却也好像并不很远了。　　　　　　　——哈代

想象是灵魂的眼睛。　——茹贝尔

回忆过去和展望将来的做法，会使过去成为伤感的同义语，使将来成为审慎的代名词。　　　　　——哈代

在严格求实的探索已山穷水尽之处，却可以让想象展开翱翔的翅膀，发挥有益的，在某种意义上说来也是可靠的作用。　　　　　　——茨威格

并非语言本身有多么正确，有力，或者优美，而在于它所体现出来的思想的力量。　　　　　　　——歌德

立志：未来是光明而美丽的

立志是读书人最要紧的一件事。
　　　　　　　　——孙中山

燕雀安知鸿鹄之志哉！　——陈涉

人生的价值，即以其人对于当代所做的工作为尺度。　　——徐玮

路是脚踏出来的，历史是人写出来的。人的每一步行动都在书写自己的历史。　　　　　　——吉鸿昌

但愿每次回忆，对生活都不感到负疚　　　　　　——郭小川

生活真像这杯浓酒，不经三番五次的提炼啊，就不会这样可口！
　　　　　　　　——郭小川

沉沉的黑夜都是白天的前奏。

——郭小川

你若要喜爱你自己的价值，你就得给世界创造价值。 ——歌德

男儿志在守，可杀不可苟。

——梅尧臣

社会犹如一条船，每个人都要有掌舵的准备。 ——易卜生

人生不是一种享乐，而是一桩十分沉重的工作。 ——列夫·托尔斯泰

人生的价值，并不是用时间，而是用深度去衡量的。 ——列夫·托尔斯泰

生活只有在平淡无味的人看来才是空虚而平淡无味的。

——车尔尼雪夫斯基

一个人的价值，应该看他贡献什么，而不应当看他取得什么。

——爱因斯坦

人只有献身于社会，才能找出那短暂而有风险的生命的意义。

——爱因斯坦

芸芸众生，孰不爱生？爱生至极，进而爱群。 ——秋瑾

充满着欢乐与斗争精神的人们，永远带着欢乐，欢迎雷霆与阳光。

——赫胥黎

生活就是战斗。 ——柯罗连科

为了生活中努力发挥自己的作用，热爱人生吧。 ——罗丹

希望是附丽于存在的，有存在，便有希望，有希望，便是光明。——鲁迅

当一个人用工作去迎接光明，光明很快就会来照耀着他。 ——冯学峰

君子喻于义，小人喻于利。

——孔子

会当凌绝顶，一览众山小。

——杜甫

不戚戚于贫贱，不汲汲于富贵。

——陶渊明

立志欲坚不欲锐，成功在久不在速。 ——张孝祥

盛年不重来，一日难再晨。及时当勉励，岁月不待人。 ——陶渊明

富贵不淫贫贱乐，男儿到此是豪雄。 ——程颢

清贫，洁白朴素的生活，正是我们革命者能够战胜许多困难的地方！

——方志敏

志不强者智不达。 ——墨翟

宝剑锋从磨砺出，梅花香自苦寒来。 ——无名

老骥伏枥，志在千里；烈士暮年，壮心不已。 ——曹操

燕雀戏藩柴，安识鸿鹄游。

——曹植

穷且益坚，不坠青云之志。

——王勃

大鹏一日同风起，扶摇直上九万里。 ——李白

古之立大事者，不唯有超世之才，亦必有坚忍不拔之志。——苏轼

生当作人杰，死亦为鬼雄。至今思项羽，不肯过江东。 ——李清照

苦心人，天不负，卧薪尝胆，三千越甲可吞吴。
——蒲松龄

坚其志，苦其心，劳其力，事无大小，必有所成。
——曾国藩

人须立志，志立则功就。天下古今之人，未有无志而建功。
——朱棣

黑发不知勤学早，白首方悔读书迟。
——颜真卿

非学无以广才，非志无以成学。
——诸葛亮

志当存高远。
——诸葛亮

夫君子之行，静以修身，俭以养德，非淡泊无以明志，非宁静无以致远。
——诸葛亮

选择一个目标并坚持下去，这一步路，就将改变一切。
——斯科特里德

平凡的人听从命运，只有强者才是自己的主宰。
——维尼

不参加变革社会的斗争，理想永远是一种幻影。
——吴运铎

你要了解革命是什么吗？称它为进步就是了。你要了解进步是什么吗？管它叫明天就是。明天一往无前地做它的工作，并且从今天就已经开始做了，尽管变幻离奇，它从来不会不到目的。
——雨果

过去属于死神，未来属于你自己。
——雪莱

未来是光明而美丽的，爱它吧，向它突进，为它工作，迎接它，尽可能地使它变成为现实吧！
——车尔尼雪夫斯基

千磨万击还坚劲，任尔东西南北风。
——郑板桥

你们所多的是生力，遇见深林，可以辟成平地的，遇见旷野，可以栽种树木，遇见沙漠，可以开掘井泉的。
——鲁迅

我觉得坦途在前，人又何必因了一点小障碍而不走路呢？
——鲁迅

什么是路？就是从没路的地方践踏出来的，从只有荆棘的地方开辟出来的。
——鲁迅

我们必须以现实做出发点，我们既不能像孙行者的摇身一变，脱离这个现实的世界，翻个筋斗到天空里去，那么我们只有向前干的态度，只有排除万难向前奋斗的一个态度……现实就根本是有缺憾的，必然是不完全的，必然是有着许多不满意的，甚至必然是不着许多令人痛心疾首的，我们既不能逃避现实，就不能逃避这种种，就只有设法来对付这种种；一个人或少数人来对付不够，就只有设法造成集体的力量来对付。
——邹韬奋

大海越是布满着暗礁，越是以险恶出名，我越觉得通过重重危难去寻求不朽是一件赏心乐事。
——拉美特里

要意志坚强，要勤奋，要探索，要发现，并且永远不屈服，珍惜在我们前进道路上降临的善，忍受我们之中和周围的恶，并下决心消除它。
——赫胥黎

没有哪一个聪明人会否定痛苦与忧愁的锻炼价值。
——赫胥黎

耐心和持久胜过激烈和狂热。

——拉·封丹

一切真正美好的东西都是从斗争和牺牲中获得的，而美好的将来也要以同样的方法来获取。——车尔尼雪夫斯基

历史的道路不是涅瓦大街上的人行道，它完全是在田野中前进的，有时穿过尘埃，有时穿过泥泞，有时横渡沼泽，有时行经丛林。

——车尔尼雪夫斯基

世界上没有任何悬崖，没有任何高塔，是一个有两只脚的人所不能攀登上去的。同样地，在世界上没有这样的科学高峰，是人类所不能达到的。

——郭敏斯基

所有坚韧不拔的努力迟早会取得报酬的。——安格尔

夫志当存高远。——诸葛亮

意志：立定意志，迈进成功的大门

饱暖则气昏志惰，饥寒则神紧骨坚。——王永彬

毫无理想而又优柔寡断是一种可悲的心理。——培根

生活的理想，就是为了理想的生活。——张闻天

一个人追求的目标越高，他的才力就发展得越快，对社会就越有益。

——高尔基

有很多人是用青春的幸福作成功代价的。——莫扎特

要成就一件大事业，必须从小事做起。——列宁

神圣的工作在每个人的日常事务里，理想的前途在于一点一滴做起。

——谢觉哉

一个不注意小事情的人，永远不会成功大事业。——卡耐基

只有满怀自信的人，才能在任何地方都怀有自信沉浸在生活中，并实现自己的意志。——高尔基

少说些漂亮话，多做些日常平凡的事情。——列宁

决定一个人的一生，以及整个命运的，只是一瞬之间。——歌德

立志是事业的大门，工作是登门入室的旅途。——巴斯德

伟大的事业，需要决心、能力、组织和责任感。——易卜生

只有经过长时间完成其发展的艰苦工作，并长期埋头沉浸于其中的任务，方可望有所成就。——黑格尔

坚强的信心，能使平凡的人做出惊人的事业。——马尔顿

立志、工作、成功，是人类活动的三大要素。——巴斯德

我不如起个磨刀石的作用，能使钢刀锋利，虽然它自己切不动什么。

——贺拉斯

意志的出现不是对愿望的否定，而是把愿望合并和提升到一个更高的意识水平上。——罗洛·梅

故立志者，为学之心也；为学者，立志之事也。 ——王阳明

贫不足羞，可羞是贫而无志。 ——吕坤

艺术的大道上荆棘丛生，这也是好事，常人望而却步，只有意志坚强的人例外。 ——雨果

古今中外，凡成就事业，对人类有作为的无一不是脚踏实地、艰苦攀登的结果。 ——钱三强

理想的书籍是智慧的钥匙。 ——托尔斯泰

一个人要帮助弱者，应当自己成为强者，而不是和他们一样变成弱者。 ——罗曼·罗兰

上帝的恩惠像一支蜡烛，人的意志像制蜡烛的蜡，人要登上炼狱山顶的地上乐园，也缺少不得自己的意志。 ——但丁

人的意志并不总是万能的，因为笑声和泪水会随着那产生这些东西的激情接踵而来，最真诚的人最不能控制它们。 ——但丁

意志是自由自在的，人实现了他的意志，也等于实现了他自己，而这种自我实现对个人来说是一种最大的满足。 ——弗洛姆

物理学教给了我们严峻的一课：人的意志是受到某些决定性的限制。 ——艾尔·巴比

在没有开始履行自己的使命以前，要有钢铁般的意志和耐心，不要害怕险峻、漫长的几乎没有尽头的阶梯…… ——果戈理

没有伟大的意志力，就不可能有雄才大略。 ——巴尔扎克

意志薄弱的人不可能真诚。 ——拉罗什富科

道足以忘物之得春，志足以一气之盛衰。 ——苏轼

滴水穿石，不是因其力量，而是因其坚韧不拔、锲而不舍。 ——拉蒂默

人总是要犯错误、受挫折、伤脑筋的，不过决不能停滞不前；应该完成的任务，即使为它牺牲生命，也要完成。社会之河的圣水就是因为被一股永不停滞的激流推动向前才得以保持洁净。这意味着河岸偶尔也会被冲垮，短时间造成损失，可是如果怕河堤溃决，便设法永远堵死这股激流，那只会招致停滞和死亡。 ——泰戈尔

按照自己的意志去做，不要听那些闲言碎语，你就一定会成功。 ——纳斯雷丹·霍查

要记住！情况越严重、越困难，就越需要坚定、积极、果敢，而越无为就越有害。 ——列夫·托尔斯泰

把你的精力集中到一个焦点上试试，就像透镜一样。 ——法布尔

意志是一个强壮的盲人，倚靠在明眼的跛子肩上。 ——叔本华

请记住，环境越艰难困苦，就越需要坚定毅力和信心，而且，懈怠的害处也就越大。 ——列夫·托尔斯泰

没有伟大的愿望，就没有伟大的天才。　　——巴尔扎克

壮心未与年俱老，死去犹能作鬼雄。　　　　　——陆游

对一个人来说，所期望的不是别的，而仅仅是他能全力以赴和献身于一种美好事业。　——爱因斯坦

未来是光明而美丽的，爱它吧，向它突进，为它工作，迎接它，尽可能地使它成为现实吧！——车尔尼雪夫斯基

天才是由于对事业的热爱而发展起来的，简直可以说天才，就其本质来论只不过是对事业、对工作过程的热爱而已。　　　　——高尔基

人生有世，事业为重。一息尚存，绝不松劲。东风得势，时代更新，趁此机，奋勇前进。　——吴玉章

一切真正伟大的人物（无论是古人、今人，只要是其英名永铭于人类记忆中的），没有一个因爱情而发狂的人：因为伟大的事业抑制了这种软弱的感情。　　　　　——培根

应该记住，我们的事业，需要的是手，而不是嘴。　——童第周

为人类的幸福而劳动，这是多么壮丽的事业，这个目的有多么伟大！
　　　　　　　——圣西门

一个不注意小事情的人，永远不会成功大事业。　　——卡耐基

事业常成于坚忍，毁于急躁。
　　　　　　　——萨迪

伟人只在事业上惊天动地，他时常

不声不响地深思熟虑。　——克雷洛夫

我们必须有恒心，尤其要有自信力！我们必须相信我们的天赋是要用来做某种事情的，无论代价多么大，这种事情必须做到。　　——居里夫人

一个人应当一次只想一件东西，并持之以恒，这样便有希望得到它。但是我却什么都想，结果是什么也抓不着。每次我都发现，当一个所追求的东西唾手可得时，我正在追求别的东西。太晚了。　　　——安德鲁·加德

追上未来，抓住它的本质，把未来转变为现在。　——车尔尼雪夫斯基

共同的事业，共同的斗争，可以使人们产生忍受一切的力量。
　　　　　　——奥斯特洛夫斯基

科学家的天职叫我们应当继续奋斗，彻底揭露自然界的奥秘，掌握这些奥秘便能在将来造福人类。
　　　　　　——约里奥·居里

伟大的事业是根源于坚韧不断的工作，以全副的精神去从事，不避艰苦。
　　　　　　　——罗素

哗啦哗啦把自己的事业讲给大家听的人，他的价值一定是毫不足道的。切实苦干的人往往不是高谈阔论的，他们惊天动地的事业显示了他们的伟大，可是在筹划重大事业的时候，他们是默不作声的。　　　——黑格尔

自强为天下健，志刚为大君之道。
　　　　　　　——康有为

在任何地方，人的灵魂都站在光明

与黑暗两个半球之间，处在必要与自由意志两处永远敌对的帝国的边界上。

——卡莱尔

机智是一种光彩夺目的东西，每个人都赞美它，大多数人都立志得到它，所有的人都怕它，但是几乎没有人爱它，除了他们本身的机智。

——切斯特菲尔德

无志无息地了却一生是平庸的。

——荷马

教育并不仅仅用于装点记忆力和启发理解力，它的主要职责应该是引导意志力。

——儒贝尔

书不记，熟读可记；义不精，细思可精；惟有志不立，直是无着力处。

——朱熹

既然我已经踏上这条道路，那么，任何东西都不应妨碍我沿着这条路走下去。

——康德

坚强的信念能赢得强者的心，并使他们变得更坚强。——白哲特

立志不坚，终不济事。——朱熹

富贵不能淫，贫贱不能移，威武不能屈。

——孟子

意志目标不在自然中存在，而在生命中蕴藏。——武者小路实笃

意志若是屈从，不论程度如何，它都帮助了暴力。——但丁

只要有坚强的意志力，就自然而然地会有能耐、机灵和知识。

——陀思妥耶夫斯基

能够岿然不动，坚持正见，渡过难关的人是不多的。

——雨果

立志用功如种树然，方其根芽，犹未有干；及其有干，尚未有枝；枝而后叶，叶而后花。

——王守仁

谁有历尽千辛万苦的意志，谁就能达到任何目的。

——米南德

不做什么决定的意志不是现实的意志；无性格的人从来不做出决定。

——黑格尔

执着追求并从中得到最大快乐的人，才是成功者。——梭罗

有了坚定的意志，就等于给双脚添了一对翅膀。——乔·贝利

有百折不挠的信念的所支持的人的意志，比那些似乎是无敌的物质力量有更强大的威力。——爱因斯坦

意志的出现不是对愿望的否定，而是把愿望合并和提升到一个更高的意识水平上。

——罗洛·梅

疼痛的强度，同自然赋予人类的意志和刚度成正比。 ——武者小路实笃

有志者事竟成。——佚名

永远没有人力可以击退一个坚决强毅的希望。——金斯莱

您得相信，有志者事竟成。古人告诫说："天国是努力进入的。"只有当勉为其难地一步步向它走去的时候，才必须勉为其难地一步步走下去，才必须勉为其难地去达到它。——果戈理

一个崇高的目标，只要不渝地追求，就会居为壮举；在它纯洁的目光里，一切美德必将胜利。——华兹华斯

发现者，尤其是一个初出茅庐的年轻发现者，需要勇气才能无视他人的冷漠和怀疑，才能坚持自己发现的意志，并把研究继续下去。 ——贝弗里奇

生活的道路一旦选定，就要勇敢地走到底，决不回头。 ——左拉

一个有决心的人，将会找到他的道路。 ——佚名

意志坚强，就会战胜厄运。 ——佚名

钢是在烈火和急剧冷却里锻炼出来的，所以才能坚硬和什么也不怕。我们的一代也是这样地在斗争中和可怕的考验中锻炼出来的，学习了不在生活面前屈服。 ——奥斯特洛夫斯基

事业常成于坚忍，毁于急躁。我在沙漠中曾亲眼看见，匆忙的旅人落在从容的后边；疾驰的骏马落在后头，缓步的骆驼继续向前。 ——萨迪

天行健，君子以自强不息。 ——文天祥

生命里最重要的事情是要有个远大的目标，并借助才能与坚毅来完成它。 ——歌德

即使在把眼睛盯着大地的时候，那超群的目光仍然保持着凝视太阳的能力。 ——雨果

卓越的人的一大优点是：在不利和艰难的遭遇里百折不挠。 ——贝多芬

成大事不在于力量的大小，而在于能坚持多久。 ——约翰逊

告诉你使我达到目标的奥秘吧，我唯一的力量就是我的坚持精神。 ——巴斯德

即使遇到了不幸的灾难，已经开始了的事情决不放弃。 ——佚名

我的本质不是我的意志的结果，相反，我的意志是我的本质的结果，因为我先有存在，后有意志，存在可以没有意志，但是没有存在就没有意志。 ——费尔巴哈

你们应该培养对自己、对自己的力量的信心，这种信心是靠克服障碍、培养意志和锻炼意志而获得的。 ——高尔基

意大利有一句谚语：对一个歌手的要求，首先是嗓子、嗓子和嗓子……我现在按照这一公式拙劣地模仿为：对一个要成为不负于高尔基所声称的那种"人"的要求，首先是意志、意志和意志。 ——奥斯特洛夫斯基

思想的形成，首先是意志的形成。 ——莫洛亚

只有刚强的人，才有神圣的意志，凡是战斗的人，才能取得胜利。 ——歌德

无论大事还是小事，只要自己是认为办得好的，就坚定地去办，这就是性格。 ——歌德

事情是很简单的人，全部秘诀只有两句话：不屈不挠，坚持到底。 ——陀思妥耶夫斯基

要做到坚韧不拔，最要紧的是坚持到底。 ——陀思妥耶夫斯基

生活里没有做不到的事，但需要有强烈的愿望，必要时应该不惜生命。

——列·列昂诺夫

要是一个人，能充满信心地朝他理想的方向去做，下定决心过他所想过的生活，他就一定会得到意外的成功。

——卡耐基

在重大事件中不丧失勇气的人不得不算是一个好战士。即使没有事干也不感到烦闷，遇到随便什么事情都能够忍受，不管你要他怎么样，他总是坚持自己的主张，这才算得上是一个好战士呢。

——果戈理

万事皆由人的意志创造。

——普拉图斯

从不为艰难岁月哀叹，从不为自己命运悲伤的人，的确是伟人。

——塞内加

人在意志力和斗争性方面的长处或短处，往往是导致他们成功或失败的重要原因之一。 ——哈代

意志——这不单纯是欲望和欲望的满足，同时也是欲望和制止、欲望和放弃。假如你的孩子仅仅受到实现自己的愿望的训练，他是不会有最大的意志的。 ——马卡连柯

在人类行为中表现的意志，如同所有其他外界事物一样，受普遍的自然法则所决定。 ——黑格尔

如果意志要想具有法的权能，它就必须在理性发号施令时受理性的节制。

——阿奎那

一个人要开化一个最闭塞的地方，有了钱还不行，他还得有知识；而且知识，正直，爱国心，如果没有坚定的意志，把个人的利益丢掉，献身于一种社会的理想，那也是白费。——巴尔扎克

只要有一种无穷的自信充满了心灵，再凭着坚强的意志和独立不羁的才智，总有一天会成功的。 ——莫泊桑

任凭怎样脆弱的人，只要把全部的精力倾注在唯一的目的上，必能使之有所成就。

——西塞罗

人的思想是了不起的，只要专注于某一项事业，就一定会做出使自己感到吃惊的成绩。 ——马克·吐温

经验和毅力，是成功的双足。

——佚名

意志是独一无二的个体所拥有的、以纠正自己的自动性的力量。

——劳伦斯

不要灰心，不要绝望，对一切都要乐观……需要有决心——这是最要紧的，有了决心一切困难的事都会变得容易。 ——果戈理

能赢得普遍尊敬的人，并不是由于他显赫的地位，而是由于始终如一的言行和不屈不挠的精神。

——列夫·托尔斯泰

喜欢社会中一小群志同道合的朋友，这是人的社会属性的基本原则。

——埃德蒙·伯克

志合者，不以山海为远；道乖者，不以咫尺为近。 ——葛洪

饮酒莫教饮大醉，大醉伤神损心志。
——佚名

志量恢宏纳百川，遨游四海结英贤。
——马致远

心志要苦，意趣要乐，气度要宏，言动要谨。
——金缨

志大量小无勋业可为。
——《太平御览》

人生各有志。——王粲

丈夫志气薄，儿女安得知？
——吕温

莫为一身之谋，而有天下之志。
——金缨

儿童有无抱负，这无关紧要，可成年人则不可胸无大志。
——乔·吉·霍兰

立志难也，不在胜人，在自胜。
——韩非子

有志不在年高，无志空长百岁。
——石玉昆

人之所以异于禽者，唯志而已矣！
——王夫之

胸无大志，枉活一世。——佚名

志不立，如无舵之舟，无衔之马，飘荡奔逸，终亦何所底乎。——王守仁

治天下者必先立其志。——程颢

志当存高远。——诸葛亮

人无志向，和迷途的盲人一样。
——朝鲜谚语

一个人如果胸无大志，即使再有壮丽的举动也称不上是伟人。
——拉罗什富科

男儿不展同云志，空负天生八尺躯。
——冯梦龙

男子千年志，吾生未有涯。
——文天祥

心随朗月高，志与秋霜洁。
——李世民

丈夫志不大，何以佐乾坤。
——邵谒

沧海可填山可移，男儿志气当如斯。——刘过

胸有凌云志，无高不可攀。
——佚名

强行者有志。——老子

古之立大事者，不惟有超世之才，亦必有坚忍不拔之志。——苏轼

丈夫四海志，万里犹比邻。
——曹植

才自清明志自高。——曹雪芹

雄心志四海，万里望风尘。
——傅玄

志，气之帅也。——孟子

石看纹理山看脉，人看志气树看材
——佚名

志之所向，金石为开，谁能御之？
——曾国藩

志坚者，功名之柱也。登山不以艰险而止，则必臻乎峻岭。——葛洪

一人立志，万夫莫敌。——冯梦龙

人惟患无志，有志无有不成者。
——陆九渊

志不立，天下无可成之事。
——王守仁

志正则众邪不生。——《三国志》

鸟贵有翼，人贵有志。 ——佚名

立志是事业的大门，工作是登门入室的旅程。 ——法国谚语

志不真则心不热，心不热则功不贤。 ——颜元

把意念沉潜得下，何理不可得，把志气奋发得起，何事不可做。——吕坤

有志者，事竟成。 ——范晔

人生志气立，所贵功业昌。

——陶瀚

人若有志，万事可为。

——斯迈尔斯

并非神仙才能烧陶器，有志的人总可以学得精手艺。 ——俄罗斯谚语

有志者能使石头长出青草来。

——朝鲜谚语

有志者自有千方百计，无志者只感千难万难。 ——印度尼西亚谚语

有志登山顶，无志站山脚。

——佚名

有志的人战天斗地，无志的人怨天恨地。 ——佚名

无志愁压头，有志能搬山。

——佚名

千难万难，有了志向不难；千易万易，没有决心不易。 ——佚名

有志始知蓬莱近，无为总觉咫尺远。 ——佚名

雄心壮志是茫茫黑夜中的北斗星。

——罗·勃朗宁

志之所趋，无远勿届，穷山复海不能限也；志之所向，无坚不入，锐兵精甲不能御也。 ——金缨

不怕路远，就怕志短。 ——佚名

志高山峰矮，路从脚下伸。

——佚名

对没志气的人，路程显得远；对没有银钱的人，城镇显得远。

——蒙古族谚语

不为穷变节，不为贱易志。

——桓宽

褴褛衣内可藏志。 ——托·富勒

志气和贫困是患难兄弟，世人常见他们伴在一起。 ——托·富勒

灰发乃年龄之标志，而非智慧之标记。 ——希腊谚语

志不强者，智不达；言不行者，行不果。 ——墨子

学足以辅其志，志足以御其气。

——黄涤

想，要壮志凌云；干，要脚踏实地。 ——缅甸谚语

志愿不过是记忆的奴隶，总是有始无终、虎头蛇尾，像未熟果子密布树梢，一朝红烂就会离去枝条。

——莎士比亚

懒惰是意志薄弱者的隐藏所。

——英国谚语

红颜与壮志，叹息此流年。

——沈佺期

感情有着极大的鼓舞力量，因此，它是一切道德行为的重要前提，谁要是没有强烈的志向，也就不能够热烈地把

这个志向体现于事业中。 ——凯洛夫

不强迫某些人接受别人的意志，也就是说没有权威，就不可能有任何的一致行动。 ——恩格斯

壮志和热情是伟业的辅翼。

——德国谚语

热情和灵感是不为意志所左右的，是不由钟表来调节的，是不会依照预定的日子和钟点迸发出来的。

——费尔巴哈

仁义之道，守之而不失；俭约之志，始终不渝。 ——吴兢

人，实则一切有理性者，所以存在，是由于自身是个目的，并不是只供这个或那个意志利用的工具。——康德

使意志获得自由的唯一途径，就是让意志摆脱任性。 ——黑尔

胆越大而心越细，志越圆而行越方。 ——佚名

一个人的面孔通常会比他的舌头说出更多有趣的事，因为面孔是他所说一切的概要，是他思想和志向的缩写，舌头只能表达一个人的思想，而面孔却能表达他的本性。 ——叔本华

人贵有志，学贵有恒。 ——佚名

志士惜年，贤人惜日，圣人惜时。

——魏源

或寄以骋纵横之志，或托以散郁结之怀。虽至贵不能抑其高，虽妙算不能量其力 ——张怀瑾

后皇嘉树，橘徕服兮。受命不迁，生南国兮。深固难徙，更壹志兮。

——屈原

在所谓圣徒们的生活中，诸如意志、理性那样的精神因素是充足的，但这种过分的充足反而证明了智力的相对贫乏。 ——威廉·詹姆斯

什么是伟大的一生？少年时的志愿在寿终前得以实现就是伟大的一生。

——维尼

唯君子为能通天下之志。——周易

不可居心发财，想做大官；要立志牺牲，想做大事。 ——孙中山

不以文章害辞，不以辞害志。

——孟子

志者诗之本也。 ——朱熹

志高则言浩，志大则辞宏，志远则旨永。 ——叶燮

诗言志，歌咏言。 ——《尚书》

在心为志，发言为诗。 ——朱熹

事之博者其辞盛，志之大者其感深。 ——梁肃

言者志之苗，行者文之根。

——白居易

志足而言文，情信而辞巧。

——刘勰

辞家壮志凭孤剑，报国先声震两河。 ——彭定求

讲出前人未讲过的话，这才是诗人的标志和特征。 ——爱默生

男儿四方志，岂久困泥沙。

——石友

男儿志兮天下事，但有进步不有

止，言志已酬便无志。 ——梁启超

大丈夫必有四方之志。 ——李白

男儿不展风云志，空负天生八尺躯。 ——冯梦龙

业无高卑志当坚，男儿有求安得闲？ ——张耒

按一个人的意志生活，就会造成所有人的悲剧。 ——理·胡克

有卓越智力作用指导的胆量是英雄的标志。 ——克劳塞维茨

男儿堕地志四方，裹尸以革固其常。 ——陆游

丈夫志气直如铁，无曲心中道自真。 ——寒山

希望：旧希望欺骗了我们的地方

希望是附丽于存在的，有存在，便有希望，有希望，便有光明。——鲁迅

我的希望是想确定因为我生活在这个世界上，才使这个世界变得好了一些。 ——林肯

冬天已经到来，春天还会远吗？ ——雪莱

假如生活欺骗了你，不要忧郁，也不要愤慨！相信吧，快乐的日子就会到来。心永远憧憬未来。 ——普希金

把希望建筑在意欲和心愿上面的人们，二十次中有十九次都会失望。 ——大仲马

希望是坚韧的拐杖，忍耐是旅行袋，携带它们，人可以登上永恒之旅。 ——罗素

幸运的不是始终去做你所希望做的事而是始终希望达到你所做的事情的目的。 ——列夫·托尔斯泰

幸运并非没有许多的恐惧与烦恼；厄运也并非没有许多的安慰与希望。 ——培根

希望与忧虑是分不开的，从来没有无希望的忧虑，也没有无忧虑的希望。 ——拉罗什富科

寄托有时便是断送。 ——雨果

黑夜无论怎样悠长，白昼总会到来。 ——莎士比亚

永远没有人力可以击退一个坚决强毅的希望。 ——金斯莱

要学孩子们，他们从不怀疑未来的希望。 ——泰戈尔

每朵乌云背后都有阳光。 ——吉伯特

旧希望欺骗了我们的地方，就存在着希望。 ——莫里兹

幼稚的眼睛常常看不清楚。小鸟怀着热烈的希望展翅向天空飞去，但一下子就碰着铁丝网落了下来。 ——巴金

人生的意义不在于他所达到的，毋宁在于他所希望达到的。 ——纪伯伦

如果你希望现在与过去不同，请研究过去。 ——斯宾诺沙

幻想多么希望把世界引入迷途，而判断需缓慢而又清醒地选择它的路。 ——乔·克雷布

最有希望的成功者，并不是才干出众的人，而是那些善于利用每一时机去发掘开拓的人。 ——苏格拉底

希望你们青年一代，也能像蜡烛为人照明那样，有一分热，发一分光。
——法拉第

科学既是人类智慧的最高成果，又是最有希望的物质福利的源泉。
——贝尔纳

盼着牛角尖开花，分明没有希望。
——维吾尔族谚语

有健康即有希望，有希望即有一切。 ——阿拉伯谚语

明确地告诉人们自己所希望的事项，然后放手让其自由发挥。
——葛瑞德·杜雷尔

爱情、希望、恐惧和信仰构成了人性，它们是人性的标志和特征。
——罗·勃朗宁

你被人谈到的机会越多，你就越希望被人谈到。 ——伯特兰·罗素

世上四分之三的要求都是不切实际的，是建筑在幻想、唯心、希望和感情的基础上的。 ——罗斯金

对那些需要战争的人来说，战争是正义的；对那些失去一切希望的人来说，战争是合理的。 ——李维

女人的希望是用阳光织成，阴影就能使它们破灭。 ——艾略特

只有希望而没有行动的人，只能靠做梦来收获所得。 ——佚名

如果你没法做希望做的事，就应当希望做你能够做的事。 ——欧洲谚语

由于你不可能做到你所希望的一切，因此你就应当做到你能够做到的一切。 ——泰伦底乌斯

懒人总希望有所作为。
——沃维纳格

为什么在我们年轻时面前的生命之路总是显得无比漫长？因为我们不得不寻空间塞满我们无限的希望。
——叔本华

狐狸发表演说，离不开希望鸡群把它当善良。 ——阿尔巴尼亚谚语

我死后希望人们这样议论："他虽然罪恶昭彰，但他的作品还值得一读。"
——贝罗克

泥土和天才比，当然是不足齿数的，然而不是坚苦卓绝者，也怕不容易做；不过事在人为，比空等天赋的天才有把握。这一点，是泥土的伟大的地方，也是反有大希望的地方。——鲁迅

正义是苦难者的希望和犯罪者的畏惧之所在。
——惠蒂尔

民主党好像骡子一样，既无值得夸耀的祖先也无繁殖后代的希望。
——斯托尔斯

人到中年还试图实现青年时代的希望和心愿，那一定是在欺骗自己。人一生中的每一个十年都有它自己的幸运、希望和渴求。 ——歌德

宗教希望和恐惧的女儿向无知解释的不可知性。 ——安·比尔斯

爱国主义怎么会和悲观主义一样

呢？爱国主义的支柱是希望。

——劳合·乔治

不要把所有特别合意的希望都放在未来。——法国谚语

生活于愿望之中而没有希望，是人生最大的悲哀。——但丁

历史是这样创造的，最终的结果总是从许多单个的意志相互冲突中产生出来的……而最后出现的结果就是谁都没有希望过的事物……每个意志都对合力有所贡献，因而包括在这个合力里面的。——恩格斯

有牺牲精神才能有成功的希望。

——日本谚语

拥抱希望是穷人的粮食。

——赫伯特

希望是贫者的面包。——赫尔巴特

只要有生命就有希望。

——塞万提斯

人生活在希望之中。——莫泊桑

希望是人生的乳母。——科策布

幸福的人由希望援助。——米南德

强烈的希望，比任何一种已实现的快乐，对人生具有更大的激奋作用。

——尼采

人在必然世界里有一个有限之极，在希望世界里则有一个无限之极。

——泰戈尔

希望是不幸者的唯一药饵。

——莎士比亚

希望是厄运的忠实姐妹。

——普希金

天才：百分之一的灵感催化剂

哪里有天才，我是把别人喝咖啡的工夫都用在工作上的。——鲁迅

天才免不了有障碍，因为障碍会创造天才。——罗曼·罗兰

天才，百分之一是灵感，百分之九十九是汗水。但那百分之一的灵感是最重要的，甚至比那百分之九十九的汗水都要重要。——爱迪生

人应尊敬他自己，并应自视能配得上最高尚的东西。——黑格尔

天才是由于对事业的热爱感而发展起来的，简直可以说，天才就其本质而论作者：只不过是对事业、对工作过程的热爱而已。——高尔基

开创伟大事业的是天才，完成伟大事业的是辛苦。勉之期不止，多获由力耘。——欧阳修

志向是天才的幼苗，经过热爱劳动的双手培育，在肥田沃土里将成长为粗壮的大树。不热爱劳动，不进行自我教育，志向这棵幼苗也会连根枯死。确定个人志向，选好专业，这是幸福的源泉。——苏霍姆林斯基

没有伟大的愿望，就没有伟大的天才。——巴尔扎克

精神的浩瀚，想象的活跃，心灵的勤奋，就是天才。——狄德罗

如果没有系统的知识的帮助，先天的才能是无力的。直观能解决很多事，

但不是一切。天才和科学结合后才能得到最高的成功。 ——斯宾塞

目标的坚定是性格中最必要的力量源泉之一，也是成功的利器之一。没有它，天才也会在矛盾无定的迷径中徒劳无功。 ——佚名

即使你很成功地模仿了一个有天才的人，你也缺乏他的独创精神。

——佚名

在任何一个成功的后面都有着十五年到二十年的生活经验，都有着丰富的生活经验，要是没有这些经验，任何才思敏捷恐怕也不会有，而且在这里，恐怕任何天才都无济于事。

——巴甫连柯

天才只有和科学相结合，才能结出最大的果实。 ——斯宾塞

有的人不敢提到裸体，有的人死命地钻进心理分析，有的人一定要"对人类有热烈的态度"；有的人故意大段地描写自心要做中产阶级，有的人却要做贵族等等。那些书中有的是成见谨慎狡猾；可是既没有自由，也没有要写什么就写什么的勇气，因此也就谈不上创造天才。 ——契诃夫

如果不让心灵成为自己的先知，不让它经过一个孤独的检验的自我恢复的过程，便让它接受别的心灵找到的真理，那么，无论那真理多么光辉，它也会造成致命的伤害。天才若对别人的天才影响过度便足以永远成为天才的大敌，我的说法每个民族的文学都可以做

证。英国的诗剧家已经跟着莎士比亚亦步亦趋两百多年了。 ——爱默生

要在人前庄重而在丈夫面前妖冶，只有天才办得到，而这等妇女是不多的。这是夫妇之间长期恩爱的秘诀；在一些缺乏那种双重奇才的女子，只觉得长期恩爱是一个不可解的谜。

——巴尔扎克

无论哪一行，都需要职业的技能。天才总应该伴随着那种导向一个目标的有头脑的不间断的练习，没有这一点，甚至连最幸运的才能，也会无影无踪地消失。 ——德拉克洛瓦

他有着天才的火花！你知道这是什么意思？那就是勇敢开阔的思想，远大的眼光……他种下一棵树，他就已经看见了千百年的结果，已经憧憬到人类的幸福。这种人是少有的，要爱就爱这种人。 ——契诃夫

人才进行工作，而天才进行创造。

——舒曼

只有有天才的人才能发现天才的幼芽。发展这些幼芽，并善意地给予他们以必要的帮助。 ——圣西门

天才就是最强有力的牛，他们一刻不停地，一天要工作二十四小时。

——于尔·勒纳

最大的天才尽管朝朝暮暮躺在青草地上，让微风吹来，眼望着天空，温柔的灵感也始终不光顾他。 ——黑格尔

天才是各个时代都有的；可是，除非待有非常的事变发生，激动群众，是

有天才的人出现，否则赋有天才的人就会僵化。
　　　　　　　　　——狄德罗

必须让有天才的人独立，而人类应当深刻地掌握一条真理，即人类要使有天才的人成为火炬，而不要让他们放弃真正的使命。
　　　　　　　　　——圣西门

聪明在于学习，天才在于积累。……所谓天才，实际上是依靠学习。
　　　　　　　　　——华罗庚

让我们学习如何接受自己——接受以下的事实：我们在某方面很行，在别人方面则有极限；天才稀有，而平凡几乎是所有人的命运，但是善用自己技能的仓库，便能丰富我们平凡的生活。让我们接受自己感情上的脆弱，了解人人心中都有某种恐惧潜在，而正常人则是愿意快乐而勇敢地接受生命的极限与机会的人。
　　　　　　　　　——佚名

天才不能使人不必工作，不能代替劳动。要发展天才，必须长时间地学习和高度紧张地工作。人越有天才，他面临的任务也就越复杂、越重要。
　　　　　　　——阿·斯米尔诺夫

人的天才只是火花，要想使它成熊熊火焰，那就只有学习！学习！
　　　　　　　　　——高尔基

我们全都要从前辈和同辈学习到一些东西。就连最大的天才，如果想单凭他所特有的内在自我去对付一切，他也决不会有多大成就。　　——歌德

谁若认为自己是圣人，是埋没了的天才，谁若与集体脱离，谁的命运就会悲哀。集体什么时候都能提高你，并且使你两脚站得稳。——奥斯特洛夫斯基

外交家——一个具备劝说天才的人，他能说服你心甘情愿地下地狱，并能使你跃跃欲试，巴不得立刻上路。
　　　　　　　　　——安比尔斯

在公务员当中和在艺术家那里一样，流产远远超过产儿。这就应了布封的警句："忍耐即天才。"
　　　　　　　　　——巴尔扎克

不知道他自己的人的尊严，他就完全不能尊重别人的尊严。　　——席勒

人的天赋就像火花，它既可以熄灭，也可以燃烧起来。而逼使它燃烧成熊熊大火的方法只有一个，就是劳动，再劳动。
　　　　　　　　　——高尔基

人能尽其才则百事兴。——孙中山

一年之计，莫如树谷：十年之计，莫如树木；终身之计，莫如树人。
　　　　　　　　　——管仲

长才靡入用，大厦失巨楹。
　　　　　　　　　——邵谒

古人相马不相皮，瘦马虽瘦骨法奇；世无伯乐良可嘘，千金市马惟市肥。
　　　　　　　　　——欧阳修

国家用人，当以德为本，才艺为末。——康熙江山代有才人出，各领风骚数百年。
　　　　　　　　　——赵翼

致天下之治者在人才，成天下之才者在教化。　　——胡瑗

我劝天公重抖擞，不拘一格降人才。
　　　　　　　　　——龚自珍

人才那得如金铜，长在泥沙不速朽。愿公爱士如爱尊，毋使埋渣嗟不偶。　　——袁枚

人既尽其才，则百事俱举；百事举矣，则富强不足谋也。　　——孙中山

人才难得又难知，就要爱惜人才，就要用人不疑。　　——周扬

要使山谷肥沃，就得时常栽树。我们应该注意培养人才。

——约里奥·居里

人才虽高，不务学问，不能致圣。
——刘向十日画一水，五日画一石。

——杜甫

形成天才的决定因素应该是勤奋。……有几分勤学苦练是成正比例的。

——郭沫若

我是个拙笨的学艺者，没有充分的天才，全凭苦学。　　——梅兰芳

有些人天资颇高而成就则平凡，他们好比有大本钱而没有做出大生意，也有些人天资并不特异而成就则斐然可观，他们好比拿小本钱而做大生意。这中间的差别就在努力与不努力了。

——朱光潜

对作家来说，写得少是这样的有害，就跟医生缺乏诊病的机会一样。

——苏格拉底

有人问：写一首好诗，是靠天才呢，还是靠艺术？我的看法是：苦学而没有丰富的天才，有天才而没有训练，都归无用；两者应该相互为用、相互结合。　　——亚里士多德

精神的浩瀚、想象的活跃、心灵的勤奋：就是天才。　　——狄德罗

我的箴言始终是：无日不动笔；如果我有时让艺术之神瞌睡，也只为要使它醒后更兴奋。　　——贝多芬

写作的人像画家不应该停止画笔一样，也是不应该停止笔头的。随便他写什么，必须每天写，要紧的是叫手学会完全服从思想。　　——果戈理

最大的天才尽管朝朝暮暮躺在青草地上，让微风吹来，眼望着天空，温柔的灵感也始终不光顾他。　　——黑格尔

我们全都要从前辈和同辈学习到一些东西。就连最大的天才，如果想单凭他所特有的内在自我去对付一切，他也决不会有多大成就。　　——歌德

天才的作品是用眼泪灌溉的。

——巴尔扎克

有了天才不用，天才一定会衰退的，而且会在慢性的腐朽中归于消灭。

——克雷洛夫

作为一个科学家来说，我的成功……最主要的是：爱科学——在长期思索任何问题上的无限耐心——在观察和搜集事实上的勤勉——相当的发明能力和常识。　　——达尔文

"天才就是勤奋"，曾经有人这样说过。如果这话不完全正确，那至少在很大程度上是正确的。——李卜克内西

我是一个古怪的女孩，从小被视为天才，除了发展我的天才别无生存目标。然而，当童年的狂想逐渐褪色的时

候，我发现我除了天才梦之外一无所有——所有的只是天才的怪僻的缺点。世人原谅瓦格涅的疏狂，可是他们不会原谅我。

——张爱玲

天才是永恒的耐心。

——米开朗琪罗

独立性是天才的基本特征。

——歌德

我们这批女人，应该崇天才，应该把他们当作一出戏那样欣赏，可是千万不要和他们共同生活！和天才一起生活，就等于不坐在包厢里欣赏那扣人的歌剧，却跑到后台去看那布景的机关。

——巴尔扎克

许多天才因缺乏勇气而在这世界消失。每天，默默无闻的人们被送入坟墓，他们由于胆怯，从未尝试着努力过；他们若能接受诱导起步，就很有可能功成名就。

——席巴·史密斯

勇敢里面有天才、力量和魔法。

——歌德

如果艺术家不是没头没脑地埋在他的作品里，像罗马传说中的哥多斯冲入火山的裂口，像兵士不假思索地冲入堡垒；如果艺术家在火山口内不像地层崩陷而被埋的矿工一般工作；如果他对着困难待着出神，而不是一个一个地去克服，像那些童话中的以理服人，为了要得到他们的公主，把层出不穷的妖法魔道如数破尽；那么，作品就无法完成，只能搁在工场里腐烂，生产不可能了，

艺术家唯有眼看自己的天才夭折。

——巴尔扎克

天才者，或数十年而一出，或数百年而一出，而又须济之以学问，助之以德行，始能产真正之大文学。此屈子、渊明、子美、子瞻等所以旷世而不一遇也。

——王国维

天才是不足恃的，聪明是不可靠的，要想顺手捡来的伟大科学发明是不可想象的。

——华罗庚

不应嫉妒天才人物，就像不应该嫉妒太阳一样。

——尤里·邦达列夫

天才的十分之一是灵感，十分之九是血汗。

——列夫·托尔斯泰

在天才和勤奋之间，我毫不迟疑地选择勤奋，它几乎是世界上一切成就的催生婆。

——爱因斯坦

敏感从来不是伟大天才的优良品质，伟大天才所喜爱的是准确。

——狄德罗

修凿可以使道路平直，但只有崎岖的未经修凿的道路，才是天才的道路。

——布莱克

历史早已证明，伟大的革命斗争会造就伟大人物，使过去不可能发挥的天才发挥出来。

——列宁

没有加倍的勤奋，就既没有才能，也没有天才。

——门捷列夫

轻易地完成别人难以完成的工作是才能；完成有才能的人力所不能及的工作是天才。

——阿米尔

书籍是天才留给人类的遗产，世代

相传，更是给予那些尚未出世的人的礼物。 ——爱迪生

所谓天才，那就是假话，勤奋的工作才是实在的。 ——爱迪生

天才，就是百分之二的灵感加上百分之九十八的汗水。 ——爱迪生

在日常生活中，靠天才能做到的事，靠勤奋同样能做到；靠天才做不到的，靠勤奋也能做到。 ——佚名

让我们学习如何接受自己——接受以下的事实：我们在某方面很行，在别人方面则有极限；天才稀有，而平凡几乎是所有人的命运，但是善用自己技能的仓库，便能丰富我们平凡的生活。让我们接受自己感情上的脆弱，了解人心中都有某种恐惧潜在，而正常人则是愿意快乐而勇敢地接受生命的极限与机会的人。 ——佚名

一个人要伟大，不能不付代价。天才的作品是用眼泪灌溉的。凡具有生命的东西，同一切生物一样有它多灾多病的童年。 ——巴尔扎克

一切真正的天才，都能够蔑视诽谤；他们天生的特长，使批评家不能信口开河。 ——克雷洛夫

所谓天才，不过是最大的毅力而已。 ——布封

真诚与朴实是天才的宝贵品质。 ——斯坦尼斯拉夫斯基

没有非常的精力和工作能力便不可能成为天才。既没有精力也没有工作能力的所谓天才，不过是一个漂亮的肥皂泡或者是一张只能到达月球上去兑现的支票而已。但是，哪里有超乎常人的精力与工作能力，哪里就有天才。 ——李卜克内西

所谓天才人物，指的就是具有毅力的人、勤奋的人、入迷的人和忘我的人。 ——木村久一

人生所有的欢乐是创造的欢乐：爱情天才行动全靠创造这一团烈火迸射出来的。 ——罗曼·罗兰

春天的特色只有在冬天才能认清，在火炉背后，才能吟出最好的五月诗篇。 ——海涅

我慢慢懂得，即使呆子也能写个烂广告；但是，要弄出点好东西，就真需要个天才。 ——李奥贝纳

一个具有天才的人——具有超人的性格，绝不遵循通常人的思想和途径。 ——司汤达

所谓天才，就是比任何人都先抵挡痛苦的经验本领。 ——卡莱尔

规章与模范会毁灭天才与艺术。 ——赫兹里特

天才与凡人只有一步之隔，这一步就是勤奋。 ——佚名

劣才不能制成美器。 ——斯威夫特

驱使或者说激励天才工作的，并不是什么新的思想，萦绕在他们脑中的那些已被人阐述过却又阐述得不够充分的思想。 ——德拉克洛瓦

对自己不满足，是任何真正有天才的人的根本特征。 ——契诃夫

天才就是无止境刻苦勤奋的能力。

——卡莱尔

苦难对于天才是一块垫脚石。……对能干的人是一笔财富，对弱者是一个万丈深渊。

——巴尔扎克

敢于冲撞命运才是天才。——雨果

哦，朋友，这就是我的肺腑之言。因为有了你，蓝天才广阔无垠；因为有了你，玫瑰才火红艳丽。 ——爱默生

天才的悲剧在于被小而舒适的名望所束缚。

——芥川龙之介

所谓天才，就是努力的力量。

——德怀特

破坏的人和建设的人，两者都是意志的现象：一个是准备工作，另一个是完成工作；前者好像是一个恶的天才，后者似乎是一个善的天才；对这一个给予光荣，对另一个给予忘却。恶者哇啦哇啦，把庸俗的人们从梦里惊醒，对他佩服得五体投地，可是善者却一直默不作声。

——巴尔扎克

人才者，求之者越出，置之则越匮。

——魏源

感情等于才分。感受是了解的对手，正如行动是思维的抗衡。一个有天才的朋友可以通过友情、领会，和他并驾齐驱。一个常人有感情作基础，就可以比倒最伟大的艺术家。这说明女人为什么爱着一些"蠢材"。——巴尔扎克

把我带到沙漠深处，脱得我仅存一条内裤，只要有一支驼队从我身边经过，一年后，我照样可以成为亿万富翁！

——比尔·盖茨

一般人依靠他们的弱点，总比聪明人依靠他们的才气占到更多便宜。一个大人物和命运挣扎，大家是袖手旁观的；快要破产的杂货商却有人争着垫本。你我知道为什么？因为你庇护一个傻瓜，你会觉得自己了不起；只能和一个天才并肩，你就会不高兴。

——巴尔扎克

真实与朴实是天才的宝贵品质。

——斯坦尼斯拉夫斯基

可是，如果您落到一个伪善的天才手里，落到一个什么都不在乎的人手里，他写的书极其忧郁凄凉，过的生活却如同持续不断的狂欢节一般，那么您这唐突的举动，结局很可能是遇到一个心怀恶意的人，剧场后台的常客，或者是小酒馆里的英雄！您在仙人草绿廊下思考着诗歌的问题时，是闻不到手稿失去诗意的雪茄烟味道的。——巴尔扎克

圣人不是如同蘑菇，经一阵雷雨之后，就能从山土里钻出来的。也不是可以经一班门徒或一系一派一党的人，于短促的时间所能捧起来的。圣人纵有超凡脱俗的个性，有出众超群的天才，有勤勉刻苦的修养，有博古通今的学识，有富贵不能淫，贫贱不能移，威武不能屈的道德与精神。又须一些志同道合的信徒的辅佐与继承之力。 ——老宣

"神童"和"天才"，如果没有适当的环境和不断努力，就不能成才，甚至堕落为庸人。

——维纳

在这个世界上，良心应该更大于天才。巴尔扎克说：良心比天才更难得。良心是我们自己对自己的反应。

——弗洛姆

孤独就是空虚，精神和肉体对此感受到同样的恐惧。天才用精神世界的产物思想来填补孤独的空虚，注视着上帝善行的人可以在孤独中得到上帝的光明，听到上帝的气息，只是这两种人才能忍受孤独的生活。除了这两种离天堂近在咫尺的人之外，孤独对精神的折磨如刑罚对肉体折磨一样。孤独和刑罚之间的区别，犹如精神病和外科病之间的区别。这是增加到无限性的痛苦。肉体通过神经系统达到无限，好似精神通过思想达到无限。 ——巴尔扎克

外交家——一个具备劝说天才的人，他能说服你心甘情愿的下地狱，并能使你跃跃欲试，巴不得立刻上路。

——安比尔斯

天才并不是自生自长在深林荒野里的怪物，是由可以使天才生长的民众产生、长育出来的，所以没有这种民众，就没有天才。 ——鲁迅

天才这个字本来含义极其暧昧，它的定义，绝不是所谓"生而知之，不学而能"的。天地间生而知之的人没有。不学而能的人也没有。天才多半由于努力养成。天才多半由于细心养成。

——郭沫若

身为总司令的人，是倚他们自己的经验或天才行事的。工兵和炮兵军官

战术与科学，或许可以从书本中学到，但是将才的养成，却只有通过经验和对历代名将作战的钻研才能做到。

——拿破仑

千载一圣，犹旦暮也；五百年一贤，犹比也。 ——颜之推

在热情的激昂中，灵魂的火焰才有足够的力量把造成天才的各种材料熔冶于一炉。 ——司汤达

她们希望你总是伟大，总是漂亮。她们根本不会想到，天才总是病态的。

——巴尔扎克

你不久就可以知道那些庸俗的人对天才的人所发动的可怕的、无休止的战争。……如果你集中优势兵力来对付这些侏儒，你的最好的朋友便要叫嚷，说你想鲸吞一切，说你有意横行霸道，压制别人。总之，你的优点都会变成缺点，你的缺点变成罪恶，而你的德行都成了犯罪。 ——巴尔扎克

一个有真正天才能的人却在工作过程中感到最高度的快乐。 ——歌德

生命力同人性一样普通；但是，生命力也和人性一样有时是相当于天才的…… ——萧伯纳

任何天才不能在孤独的状态中发展。 ——席勒

我愿意以天才比美德，以学问比财富。如美德越少的人，越需要财富，天才越低的人，越需要学问。 ——扬格

灵感，是天才的女神。她并不步履蹒跚地走过，而是在空中像乌鸦那么警

觉地飞过的，她没有什么飘带给诗人抓握，她的头是一团烈火，她溜得快，像那些白里带红的鹤，教猎人见了无可奈何。
——巴尔扎克

天才与美女，都注定要放出灿烂的光芒引人注目，惹人妒羡，招人毁谤的。
——巴尔扎克

首先和最后要求于天才的事，就是热爱真理。
——歌德

忧患激发天才。
——霍勒斯

天才不过是不断的思索，凡是有脑子的人，都有天才。
——莫泊桑

只有天才和科学结了婚才能得到最好的结果。
——斯宾塞

划分天才和勤勉之别的界限迄今尚未能确定——以后也没法确定。
——贝多芬

他素来善于说俏皮话，谈吐不凡，批评中肯。……显然，天才之火是有的，然而被各式俗务埋没了。
——契诃夫

天才就是回避艰苦工作的能力。
——埃·哈伯德

诗人艺术家演员音乐家等等的穷，还穷得轻松，因为艺术家天生爱寻快乐，也有得过且过、满不在乎的脾气，就是使天才们慢慢地变成孤独的那种脾气。
——巴尔扎克

勤能补拙是良训，一分辛劳一分才。
——华罗庚

成长求学篇

成长：蜕茧成蝶的飞跃过程

人生最终的价值在于觉醒和思考的能力，而不只在于生存。

——亚里士多德

人生是各种不同的变故、循环不已的痛苦和欢乐组成的。那种永远不变的蓝天只存在于心灵中间，向现实的人生去要求未免是奢望。 ——巴尔扎克

过去属于死神，未来属于你自己。

——雪莱

青年时期是豁达的时期，应该利用这个时期养成自己豁达的性格。

——罗素

青年的敏感和独创精神，一经与成熟科学家丰富的知识和经验相结合，就能相得益彰。 ——贝弗里奇

青年是我们的未来，是我们的希望。 ——斯大林

在人生的任何场合都要站在第一线战士的行列里。 ——奥斯特洛夫斯基

我不应把我的作品全归功于自己的智慧，还应归功于我以外向我提供素材的成千成万的事情和人物。 ——歌德

只有在集体中，个人才能获得全面发展其才能的手段，也就是说，只有在集体中才可能有个人自由。

——马克思、恩格斯

创造的失败比模仿的成功更强。

——梅尔维尔

在科学上没有平坦的大道，只有不畏劳苦沿着陡峭山路攀登的人，才有希望达到光辉的顶点。 ——马克思

在今天和明天之间，有一段很长的时间；趁你还有精神的时候，学习迅速办事。 ——歌德

人只有为自己同时代人的完善，为他们的幸福而工作，他才能达到自身的完善。 ——马克思

生活就像海洋，只有意志坚强的人，才能到达彼岸。 ——马克思

人的价值蕴藏在人的才能之中。

——马克思

浪费别人的时间是谋财害命，浪费自己的时间是慢性自杀。 ——列宁

把语言化为行动，比把行动化为语言困难得多。 ——高尔基

不知道并不可怕和有害。任何人都不可能什么都知道，可怕的和有害的是不知道而伪装知道。 ——托尔斯泰

读一切好的书，就是和许多高尚的

人说话。　　　　　——笛卡尔

对一切来说，只有热爱才是最好的老师，它远远胜过责任感。
　　　　　——爱因斯坦

对自己不满是任何真正有才能的人的根本特征之一。　　——契诃夫

发明家全靠一股了不起的信心支持，才有勇气在不可知的天地中前进。
　　　　　——巴尔扎克

凡在小事上对真理持轻率态度的人，在大事上也是不可信任的。
　　　　　——爱因斯坦

今天所做之事勿候明天，自己所做之事勿候他人。　　——歌德

人生应该如蜡烛一样，从顶燃到底，一直都是光明的。　——萧楚女

路是脚踏出来的，历史是人写出来的。人的每一步行动都在书写自己的历史。　　　　　——吉鸿昌

但愿每次回忆，对生活都不感到负疚。　　　　——郭小川

你若要喜爱你自己的价值，你就得给世界创造价值。　——歌德

社会犹如一条船，每个人都要有掌舵的准备。　　　　——易卜生

沉沉的黑夜都是白天的前奏。
　　　　　——郭小川

当一个人用工作去迎接光明，光明很快就会来照耀着他。——冯学峰

世间的活动，缺点虽多，但仍是美好的。　　　　　——罗丹

希望是厄运的忠实的姐妹。
　　　　　——普希金

当你的希望一个个落空，你也要坚定、要沉着！　　——朗费罗

先相信你自己，然后别人才会相信你。　　　　——屠格涅夫

不要慨叹生活的痛苦！慨叹是弱者！　　　　　——高尔基

宿命论是那些缺乏意志力的弱者的借口。　　　　——罗曼·罗兰

我们唯一不会改正的缺点是软弱。
　　　　　——拉罗什富科

私心胜者，可以灭公。——林逋

人人好公，则天下太平；人人营私，则天下大乱。　——刘鹗

自私自利之心，是立人达人之障。
　　　　　——吕坤

如烟往事俱忘却，心底无私天地宽。　　　　　——陶铸

常求有利别人，不求有利自己。
　　　　　——谢觉哉

人的理性粉碎了迷信，而人的感情也将摧毁利己主义。　——海涅

无私是稀有的道德，因为从它身上是无利可图的。　——布莱希特

君子喻于义，小人喻于利。
　　　　　——孔子

富贵不淫贫贱乐，男儿到此是豪雄。　　　　　——程颢

清贫，洁白朴素的生活，正是我们革命者能够战胜许多困难的地方！
　　　　　——方志敏

我们以人们的目的来判断人的活动。目的伟大，活动才可以说是伟大的。

——契诃夫

毫无理想而又优柔寡断是一种可悲的心理。

——培根

人，只要有一种信念，有所追求，什么艰苦都能忍受，什么环境也都能适应。

——丁玲

理想的人物不仅要在物质需要的满足上，还要在精神旨趣的满足上得到表现。

——黑格尔

一个能思想的人，才真是一个力量无边的人。

——巴尔扎克

一个没有受到献身的热情所鼓舞的人，永远不会做出什么伟大的事情来。

——车尔尼雪夫斯基

共同的事业，共同的斗争，可以使人们产生忍受一切的力量。

——奥斯特洛夫斯基

一个人只有物质生活没有精神生活是不行的；而有了充实的革命精神生活，就算物质生活差些，就算困难大些，也能忍受和克服。 ——陶铸

发光的不全是黄金。 ——莎士比亚

当你做成功一件事，千万不要等着享受荣誉，应该再做那些需要做的事。

——巴斯德

不知道自己无知，乃是双倍的无知。

——柏拉图

灰心生失望，失望生动摇，动摇生失败。

——培根

顽强的毅力可以征服世界上任何一座高峰。

——狄更斯

"难"也是如此，面对悬崖峭壁，一百年也看不出条缝来，但用斧凿，能进一寸进一寸，得进一尺进一尺，不断积累，飞跃必来，突破随之。

——华罗庚

人的思想是了不起的，只要专注于某项事业，那就一定会做出使自己感到吃惊的成绩来。 ——马克·吐温

趁年轻少壮去探求知识吧，它将弥补由于年老而带来的亏损。智慧乃是老年的精神的养料，所以年轻时应该努力，这样年老时才不致空虚。

——达·芬奇

科学上没有平坦的大道，真理长河中有无数礁石险滩。只有不畏攀登的采药者，只有不怕巨浪的弄潮儿，才能登上高峰采得仙草，深入水底觅得骊珠。

——华罗庚

生活的全部意义在于无穷地探索尚未知道的东西，在于不断地增加更多的知识。 ——左拉

智力决不会在已经认识的真理上停滞不前，而始终会不断前进，走向尚未被认识的真理。 ——布鲁诺

你应该小心一切假知识，它比无知更危险。 ——萧伯纳

做一件事，无论大小，倘无恒心，是很不好的。而看一切太难，固然能使人无成，但若看得太容易，也能使事情无结果。 ——鲁迅

生命的多少用时间计算，生命的价

值用贡献计算。　　　——裴多菲

如果人仅仅为给予的最需要的方面不在物质财富范围内，它存在于人性特有的领域。　　　——弗洛姆

自己劳动，也许他能够成为著名的学者，伟大的智者，卓越的诗人，但是他永远也不能成为真正完善和真正伟大的人。　　　——马克思

生活中没有理想的人，是可怜的人。　　　——屠格涅夫

如果你在任何时候，任何地方，你一生中留给人们的都是些美好的东西——鲜花，思想，以及对你的非常美好的回忆——那你的生活将会轻松而愉快。那时你就会感到所有的人都需要你，这种感觉使你成为一个心灵丰富的人。你要知道，给永远比拿愉快。
　　　——高尔基

谁给我一滴水，我便回报他整个大海。　　　——华梅

你若要喜爱你自己的价值，你就得给世界创造价值。　　　——歌德

时间会刺破青春表面的彩饰，会在美人的额上掘深沟浅槽；会吃掉稀世之珍！天生丽质，什么都逃不过他那横扫的镰刀。　　　——莎士比亚

如果我们想交朋友，就要先为别人做些事——那些需要花时间、体力、体贴、奉献才能做到的事。　　——卡耐基

两个人交谈，一个人可以洗耳恭听。但是，三个人则无法互谈这人世最严肃而应深究的事。　　　——爱默生

一个人的真正伟大之处就在于他能够认识到自己的渺小。　　　——保罗

对人不尊敬，首先就是对自己的不尊敬。　　　——惠特曼

心灵纯洁的人，生活充满甜蜜和喜悦。　　　——列夫·托尔斯泰

真正的人生，只有在经过艰苦卓绝的斗争之后才能实现。　　——塞涅卡

自我控制是最强者的本能。
　　　——萧伯纳

对自己的痛苦敏感，而对别人的痛苦极其麻木不仁，这是人性的可悲的特色之一。　　　——池田大作

对别人的意见要表示尊重。千万别说："你错了。"　　　——卡耐基

那些背叛同伴的人，常常不知不觉地把自己也一起毁灭了。　　——伊索

要使别人喜欢你，首先你得改变对人的态度，把精神放得轻松一点，表情自然，笑容可掬，这样别人就会对你产生喜爱的感觉了。　　——卡耐基

上人生的旅途罢。前途很远，也很暗。然而不要怕。不怕的人的面前才有路。　　　——鲁迅

我们应该不虚度一生，应该能够说："我已经做了我能做的事。"
　　　——居里夫人

人生的价值，并不是用时间，而是用深度去衡量的。
　　　——列夫·托尔斯泰

我们为祖国服务，也不能都采用同一方式，每个人应该按照资禀，各尽

所能。　　　　　　——歌德

人生不是一种享乐，而是一桩十分沉重的工作。　　——列夫·托尔斯泰

改造自己，总比禁止别人来得难。　　　　　　　　　　——鲁迅

一个人应当一次只想一件东西，并持之以恒，这样便有希望得到它。但是我却什么都想，结果是什么也抓不着。每次我都发现，当一个所追求的东西唾手可得时，我正在追求别的东西。太晚了。　　　——安德鲁·加德

先相信自己，然后别人才会相信你。　　　　——罗曼·罗兰

人生如同故事。重要的并不在有多长，而是在有多好。　——塞涅卡

作为一个人，要是不经历过人世上的悲欢离合，不跟生活打过交手仗，就不可能懂得人生的意义。——杨朔

人只有献身社会，才能找出那实际上是短暂而有风险的生命的意义。　　　　　　　　　——爱因斯坦

成名的艺术家反为盛名所拘束，所以他们最早的作品往往是最好的。　　　　　　　　　　——贝多芬

宿命论是那些缺乏的弱者的借口。　　　　　——拉罗什富科

人生犹如一本书，愚蠢者草草翻过，聪明人细细阅读。为何如此？因为他们只能读它一次。　——保罗

人生是没有毕业的学校。——黎凯

人生是一场赌博。不管人生的赌博是得是损，只要该赌的肉尚剩一磅，我就会赌它。　　——罗曼·罗兰

我一向憎恶为自己的温饱打算的人。人是高于温饱的。　——高尔基

人生就是学校。在那里，与其是幸福，毋宁是不幸才是好的教师。因为，生存是在深渊的孤独里。——海德格尔

真正的学者真正了不起的地方，是暗暗做了许多伟大的工作而生前并不因此出名。　　　　——巴尔扎克

对人要和气，但不要狎昵。

　　　　　　　——莎士比亚

无论你怎样地表示愤怒，都不要做出任何无法挽回的事来。　——培根

少而好学，如日出之阳；壮而好学，如日中之光；老而好学，如秉烛之明。　　　　　——刘向

人生是短促的，这句话应该促醒每一个人去进行一切他所想做的事。虽然勤勉不能保证一定成功，死亡可能摧折欣欣向荣的事业，但那些功业未遂的人，至少已有参加行伍的光荣，即使他未获胜，却也算战斗过。　——约翰逊

我们唯一不会改正的缺点是软弱。

　　　　——奥斯特洛夫斯基

习惯是一条巨缆——我们每天编结其中一根线，到最后我们最终无法弄断它。　　　　　——梅茵

与其皱着眉头送人一件贵重礼品，不如面带笑容送人一件小礼物。

　　　　　　　　——佚名

不惜牺牲自由以图苟安的人，既不

配享受自由，也不配获得安全。

——富兰克林

有真道德，必生真胆量。凡怕天怕地怕人怕鬼的人，必是心中有鬼，必是品行不端。

——宣永光

一身报国有万死，双鬓向人无再青。

——陆游

啊！高尚的风度！多可怕的东西！风度乃是创造力的敌人。

——毕加索

不要企图永远活下去，你不会成功的。

——萧伯纳

青春：似水的年华，如何珍惜

老年时最大的安慰莫过于意识到，已把全部青春的力量都献给了永不衰老的事业。

——叔本华

青春一去不复返，事业一纵永无成。

——勃朗宁

思想是行动的基础，它把青年拉向一方面去，而生活和利益的实际要求把他们拉向另一方面去，在大多数情况下，生活总是占上风的，于是，大多数受教育的青年人经过了一段热烈的青春迷恋时期之后，就走上了已经踏平的道路，而且渐渐走得习惯了。

——柯罗连科

有许多人是用青春的幸福作为成功的代价的。

——莫扎特

青春如初春，如朝日，如百卉之萌动，如利刃之新发于硎，人生最宝贵之时期也。青年之于社会，犹新鲜活泼细

胞之在身。

——陈独秀

青年是多么美丽！发光发热，充满了彩色与梦幻，青春是书的第一章，是永远无终结的故事。

——朗费多

这批战后长大的十七八岁的女孩虽然长得不好，却并不安分并不是耐心等着男人看中她们。她们追求吃喝玩乐，觉得这是她们的权利，而且追求得异常强烈，似乎她们不光要享受自己的青春，还要代替那几十万葬身战乱的青年补享青春的欢乐。

——茨威格

青春在人的一生中只有一次，青年时代要比其他任何时代更能接受高尚的和美好的东西。谁能把青春保持到老年，不让自己的心灵冷却变硬僵化，谁就是幸福的人。

——别林斯基

万事须已远，他得百我闲。青春须早为，岂能常少年？

——孟郊

人生难得是青春，要学汤铭日日新。但嘱加鞭须趁早，莫抛岁月负双亲。

——袁玉冰

青春虚度无所成，白首衔悲补何及。

——权德兴

青春岂不惜，行乐非所欲。

——文天祥

所谓青春，就是心理的年轻。

——松下幸之助

青春的光辉，理想的钥匙，生命的意义，乃至人类的生存、发展……全包含在这两个字之中……奋斗！只有奋斗，才能治愈过去的创伤；只有奋斗，

才是我们民族的希望和光明所在。

——马克思

以青春之我，创造青春之家庭，青春之国家，青春之民族，青春之人类，青春之地球，青春之宇宙，资以乐其无涯之生。 ——李大钊

以空前未有的热情，焕发青春的创新功能，激发人人独特的创新精神，使民族的、国家的创新智慧来一个总发动！使个体的、群体的创新潜能来一个大爆发！

——金马

一个民族的年轻一代人要是没有青春，那就是这个民族的大不幸。

——赫尔岑

青春时代是一生中最幸福的时光，但只有老年人才知道这一点。 ——佚名

青春是美妙的，挥霍青春就是犯罪。 ——萧伯纳

谁勇敢地经受过青春之火的洗礼，谁就毫不惧怕晚年的严寒冰霜。

——兰多

一个人只要他有纯洁的心灵，无愁无恨，他的青春时期定可因此而延长。

——司汤达

一个人的青春时期一过，就会出现像秋天一样的优美的成熟时期，这时，生命的果实像熟稻子似的在美丽的平静的气氛中等待收获。 ——泰戈尔

青春是一个短暂的美梦，当你醒来时，它早已消失无踪。 ——莎士比亚

在这个忧伤而明媚的三月，我从我单薄的青春里打马而过，穿过紫堇，穿过木棉，穿过时隐时现的悲喜和无常。

——郭敬明

书，能保持我们的童心；书，能保持我们的青春。 ——严文井

青春没有亮光，就像一片沃土，没长庄稼，或者还长满了荒草。

——吴运铎

时间不是金钱，不是任何可以失而复得的物质。你一旦把它轻易失去，它就永远同你无情地分别。最可怕的事情是：它离开你时，还从你身上窃去了最珍贵的财产——青春和生命！ ——佚名

青春中短暂的美梦，当你醒来的时候，它早已消逝无踪。 ——佚名

人的一生只有一次青春。

——朗费罗

河水泉源千年在，青春一去不复返。 ——维吾尔族谚语

如果说青春也有缺点，那就是它消逝得太快。 ——拉·洛威尔

没有人会感觉到，青春正在消逝，但任何人都会感觉到，青春已经消逝。

——小塞涅卡

青春时光转眼即逝。 ——贺拉斯

青春是一种持续的陶醉，是理智的狂热。 ——拉罗什富科

青春的幻想既狂热又可爱。

——约肖特豪斯

青春并不是指生命的某个时期，而是指一种精神状态。 ——塞·厄尔曼

青春，一旦和它紧紧地握手，就能

获得开拓新途径的动力，拥有创造性人生的灵性。
——金马

青春，就像受赞美的春天。
——勃特勒

生活赋予我们的一种巨大的和无限高贵的礼品，这就是青春：充满着力量，充满着期待、志愿，充满着求知和斗争的志向，充满着希望、信心的青春。
——奥斯特洛夫斯基

青春之所以幸福，是因为它有前途。
——果戈理

青春应该怎样度过？有的如同烈火，永远照耀别人。有的却像荧光，甚至也照不亮自己！不同的生活理想，不同的生活态度，决定一个人在战斗中站的位置。
——吴运铎

青春不只是秀美的发辫和花色的衣裙，在青春的世界里，沙砾要变成珍珠，石头要化作黄金；青春的所有者，也不能总是在高山麓、溪水旁谈情话、看流云；青春的魅力，应当叫枯枝长出鲜果，沙漠布满森林；大胆的想望，不倦的思索，一往直前的行进，这才是青春的美，青春的快乐，青春的本分！
——郭小川

人世间，比青春再可宝贵的东西实在没有，然而青春也最容易消逝。最可宝贵的东西却不甚为人所爱惜，最易消逝的东西却在促进它的消逝。谁能保持得永远的青春的，便是伟大的人。
——郭沫若

人，总是要经得起风吹雨打虫蛀，

经过奋斗，做过努力，那才能终于以"果子"的形式向自己的青春告别的。
——岑桑

年轻的朋友啊，春已经翩然而至，就像阻不住的生机已经降临枝头，青春已经降临你的生命。让我重复一句吧：它得之不难，失之也易。因此，当你拥有它的时候，就得想到应该如何珍爱它，不久之后又应该如何与之揖别，以及将来应该如何使之终于化作我们称之为"果子"的东西。
——岑桑

第一个青春是上帝给的；第二个青春是靠自己努力的。
——佚名

青春一经典当即永不再赎。
——佚名

日月莫闲过，青春不再来。
——佚名

水流东海不回头，误了青春枉发愁。
——佚名

大雪可以封盖山岭，年龄能够压倒青春。
——佚名

保持一生壮健的真正方法是延长青春的心。
——英国谚语

笑口常开，青春常在。
——佚名

要想重返青春，只需重复地做蠢事。
——佚名

撇开友谊，无法谈青春，因为友谊是点缀青春的最美的花朵。
——池田大作

友谊、活跃和青春的歌声会减轻我们的痛苦。
——空茨凯维支

时间是一种冲淡了的死亡，一帖

分成许多份无害的剂量慢慢地服用的毒药。最初，它会叫我们兴奋，甚至会使我们觉得长生不老——可是一滴又一滴一天又一天地吃下去，它就越来越强烈，把我们的血液给破坏了。即使拿未来的岁月作为代价，要买回自己的青春，我们也办不到；时间的酸性作用已经把我们改变了，化学的组合再也不是跟原来一样了。 ——雷马克

死就是生的不可割除的影子，就是生命那充满喜悦爱情青春和成就的喜气洋洋的形影不离的旅伴，并且越是临近日落，那不祥的阴影就越长越明显。
——尤里邦达列夫

初恋——那是一场革命：单调、正规的生活方式刹那间被摧毁和破坏了；青春站在街垒上，它那辉煌的旗帜高高地飘扬——不论前面等待着它的是什么——死亡还是新的生活——它向一切都致以热烈的敬意。 ——屠格涅夫

世界上是先有爱情，才有表达爱情的语言的，在爱情刚到世界上来的青春时期中，它学会了一套方法，往后可始终没有忘掉过。 ——杰克·伦敦

相信青春是一生当中最快乐的时光，是一种谬误。最快乐的人是想着最有趣味的思想的人，因而我们是越老越快乐。 ——威廉·里昂·菲尔坡

百日莫空过，青春不再来。
——拜伦

人的青春时期一过，就会出现像秋天一样的优美成熟时期，这时，生命的果实像熟稻子似的在美丽的平静的气氛中等待收获。 ——泰戈尔

必须永远朝着黎明青春和生命那方面看。 ——雨果

当我们为一去不复返的青春叹息时，我们应该考虑将来的衰老，不要到那时再为没有珍惜壮年而悔恨。
——拉布吕耶尔

痛苦和寂寞对年轻人是一剂良药，它们不仅使灵魂更美好、更崇高，还保持了它青春的色泽。 ——大仲马

如果你浪费了自己的年龄，那是挺可悲的。因为你的青春只能持续一点儿时间——很短的一点儿时间。
——王尔德

有了金钱就能在这个世界上做很多事，唯有青春却无法用金钱来购买。
——莱曼特

青春这玩意儿真是妙不可言，外部放射出红色的光辉，内部却什么也感觉不到。 ——萨特

对一个年轻人来讲，最令人惊异、最令人舒畅之事，莫过于在一位老人身上发现精神的青春。 ——莫洛亚

青春是没有经验和任性的。
——泰戈尔

在年轻人中间，有着不满，有着愤怒的、激昂的谈话。但待后来他们做了成年人，娶了亲，在他们心里增满忧愁的时候，他们那散漫着的青春的怒火，收敛起来，成为剧痛的失望，成为深刻到不能言喻的反感。 ——赛珍珠

青春是一个普通的名称，它是幸福美好的，但它也充满着艰苦的磨炼。
——高尔基

得到智慧的唯一办法，就是用青春去买。
——杰克·伦敦

青春能弥补一切。 ——赫兹里特

等青春轻飘的烟雾把少年的欢乐袅袅曳去之后，我们就能取得一切值得吸取的东西。
——普希金

青春时代的魔力是美好的，给心灵造成创伤的魔力是危险的。 ——佚名

我始终记住：青春是美丽的东西，而且对我来说它永远是鼓舞的源泉。
——巴金

假如青春是一种缺陷的话，那也是我们太快就会失去的缺陷。——洛威尔

青春须早为，岂能长少年。
——孟郊

青春是人生最快乐的时光，但这种快乐往往完全是因为它充满着希望，而不是因为得到了什么或逃避了什么。
——托·卡莱尔

迟到的青春是持久的青春。
——尼采

青春是人生之花，是生命的自然表现。 ——池田大作

青春是唯一值得拥有的东西。
——王尔德

青春是生命中最美好的一段时间。
——黑格尔

啊，青春！你永远是可亲可爱的。
——荷马

一个人年轻的时候年轻，固然有福，可是把自己的青春保持到进入坟墓为止，那就更加百倍地有福。
——契诃夫

青春时代是一生中最幸福的时光，但只有老年人才知道这一点。——佚名

一支拉普兰歌曲的诗句，直到如今也不能遗忘："孩子的愿望是风的愿望，青春的思想是悠长的思想。"
——朗费罗

青春像只唱着歌的鸟儿，已从残冬窗里闯出来，驶向宝蓝的穹窿里去了。
——闻一多

生命的黎明是乐园，青春才是真正的天堂。 ——华兹华斯

青春似一日之晨，它冰清玉洁，充满着遐想与和谐。 ——夏多布里盎

他发现，并非处处青山皆宜人，至少对一个青春已逝、走远的时日将尽的人生说是如此。他越来越多地考虑怎样为自己安排一个满意的晚年。——海塞

我已享受过这世界的欢愉，青春的快乐早已流逝，生命的春天离我非常遥远。 ——海塞

如果青春的发卷可以用胜利换取，无疑他会用他的若干胜利交换。
——蒙森

青春活力，可以说是把我们整个身心都舒展开了，同时用生活的乐趣把我们眼前的万物也美化了。 ——卢梭

没有青春的爱情有何滋味？没有爱情的青春有何意义？ ——拜伦

岁月流逝，青春的美酒并不总是清澈的，有时它会变得混浊。　——莱格

青春期最容易表现出喜怒哀乐的感情，而且是非常强烈的。　——尼扎米

青春是多么可爱的一个名词！自古以来的人都赞美它，希望它长在人间。

——丰子恺

小孩儿时候，再加上刚刚进入青春时期的两三年是生活中最充足的最优美的最属于我们的部分；它不知不觉地决定整个未来。　——赫尔岑

孩子灵魂的丰富创造，补偿了母亲灵魂的日渐贫乏。青春是玫瑰花环，老年如荆棘王冠。　——希伯来

当青春的光彩渐渐消逝，永不衰老的内在个性却在一个人的脸上和眼睛上更加明显地表露出来，好像是在同一地方久住了的结果。　——泰戈尔

青春在人的一生中只有一次，而青春时期比任何时期都最强盛美好。因此千万不要使自己的精神僵化，而要把青春保持永远。　——别林斯基

青春啊，难道你始终囚禁在狭小圈子里？你得撕破老年的蛊惑人心的网。

——泰戈尔

青春活泼的心，决不作悲哀的留滞。　——冰心

有人说青春就是批判的年华，这种说法并不夸张。这种批判的特点是很高的积极性和很强的原则性。

——苏霍姆林斯基

青春是块原料，迟早要制作成形。

——莎士比亚

青春的特征乃是动不动就要背叛自己，即使身旁没有诱惑的力量。

——莎士比亚

要获得理智，须付出昂贵的代价，它必须以青春为代价。

——拉法耶特夫人

青春并不是生命中一段时光，它是心灵上的一种状况。它跟丰润的面颊，殷红的嘴唇，柔滑的膝盖无关。它是一种沉静的意志，想象的能力，感情的活力，它更是生命之泉的新血液。

——辛尼加

乐观的人永葆青春。　——拜伦

有许多人是用青春的幸福作成功的代价的。　——莫扎特

你不能同时又有青春又有关于青春的知识。因为青春忙于生活，而顾不得去了解；而知识为着要生活，而忙于自我寻求。　——纪伯伦

青春啊，永远是美好的，可是真正的青春，只属于这些力争上游的人，永远忘我劳动的人，永远谦虚的人。

——雷锋

青春是不耐久藏的东西。

——莎士比亚

青春不是人生的一段时期，而是心灵的一种状况。　——塞涅卡

青春是自然界一年中的新生季节，而人生的新生季节，就是一生只有一度的青春。　——西塞罗

没有人会感觉到，青春正在消逝；但任何人都会感觉到，青春已经消逝。

——小塞涅卡

青春时期的任何事情都是考验。

——史蒂文森

啊，青春！青春！或许你美妙的全部奥秘不在于能够做出一切，而在于希望做出一切。——屠格涅夫

青春的梦想，是未来的真实的投影。——英国谚语

青春终究是幸福，因为它有未来。

——果戈理

青春留不住，白发自然生。

——杜牧

白首壮心驯大海，青春浩气走千山。——林伯渠

喂，你可曾听说才思也许能在青春年少时获得，智慧也许会在腐朽前成熟？——爱默生

百金买骏马，千金买美人；万金买高爵，何处买青春？——屈原

努力学习，勤奋工作，让青春更加光彩。——王光美

白发无凭吾老矣！青春不再汝知乎？年将弱冠非童子，学不成名岂丈夫？——俞良弼

题诗寄汝非无意，莫负青春取自惭。——于谦

超乎一切之上的一件事，就是保持青春朝气。——莎士比亚

一个人只要他有纯洁的心灵，无愁无恨，他的青春时期，定可因此而延长。——司汤达

尽管世界和人生是坏透了，其中却有一件东西永远是好的，那便是青春。

——显克维奇

不管有了成就也好，还是有了虚荣心也好，不管是讽刺别人也好，还是我自己爱情的痛苦也好，总之，在欢乐与悲伤中，温暖的青春光辉仍然在照耀着我。——海塞

生命唯因其短，故应把它化入人类最壮丽的文明史中以获得永恒；生命也唯因其短，更要加倍珍惜每刻青春，使它在有限的生命线段内尽可能发出最大的光和热。——佚名

益重青春志，风霜恒不渝。

——李隆基

丝染无复白，鬓白无重黑，努力爱青春，一失不再得。——旋国章

青春去时不告别，老年来时不招手。——俄罗斯谚语

如果青春的时光在闲散中度过，那么回忆岁月将会是一场凄凉的悲剧。

——张云可

谁虚度年华，青春就要褪色，生命就会抛弃他们。——雨果

如果自己的青春放不出光彩，任何东西都会失去魅力。——霍·华尔浦尔

白日莫空过，青春不再来。

——林宽

在你青春的无忧无虑的生涯里，你屋子里所有的门户始终洞开着。

——泰戈尔

假如青春是一种缺陷的话，那也是我们很快就会失去的缺陷。

——拉·洛威尔

少年从不会抱怨自己如花似锦的青春，美丽的年华对他们来说是珍贵的，哪怕它带着各式各样的风暴。

——乔治·桑

有些人到了老年才第一次体验自己的青春。

——保罗

奋斗：在生存中求发展的意境

世界上的人很多，每个人的世界其实又很小，一个个小世界大约只在务实之际有所相关，一旦务虚，便很可能老死难相理解。

——史铁生

奋斗这一件事是自有人类以来天天不息的。

——孙中山

奋斗是万物之父。

——陶行知

走自己的路，让人家说去吧！

——但丁

人类要在竞争中求生存，更要奋斗。

——孙中山

必须在奋斗中求生存，求发展。

——茅盾

发明的秘诀在于不断的努力。

——牛顿

凡事欲其成功，必要付出代价：奋斗。

——爱默生

伟大的精力只是为了伟大的目的而产生的。

——斯大林

一个人并不是生来要给打败的。你尽可以消灭他，可就是打不败他。

——海明威

正确的道路是这样，吸取你的前辈所做的一切，然后再往前走。

——列夫·托尔斯泰

奋斗以求改善生活，是可敬的行为。

——茅盾

奋斗之心人皆有之。

——李叔同

无论做什么事情，只要肯努力奋斗，是没有不成功的。

——牛顿

脚跟立定以后，你必须拿你的力量和技能，自己奋斗。

——萧伯纳

我们应当努力奋斗，有所作为。这样，我们就可以说，我们没有虚度年华，并有可能在时间的沙滩上留下我们的足迹。

——拿破仑

做了好事受到指责而仍坚持下去，这才是奋斗者的本色。

——巴尔扎克

只有这样的人才配生活和自由，假如他每天为之而奋斗。

——歌德

一个人必须经过一番刻苦奋斗，才会有所成就。

——安徒生

我只是个普通人，但是，我的确比普通人更加倍努力。

——罗斯福

对真理和知识的追求并为之奋斗，是人的最高品质之一。

——爱因斯坦

想象你自己对困难做出的反应，不是逃避或绕开它们，而是面对它们，同它们打交道，以一种进取的和明智的方式同它们奋斗。

——马克斯威尔·马尔兹

无论头上是怎样的天空，我准备承

受任何风暴。　　　　——拜伦

只有勤勉、毅力才会使我们成功。而勤勉、毅力又来源于为达到成功所需要的手段。　　——史密斯

在这个并非尽善尽美的世界上，勤奋会得到报偿，而游手好闲则要受到惩罚。　　　　　——毛姆

你应将心思精心专注于你的事业上。日光不经透镜曲折，集于焦点，绝不能使物体燃烧。　　——毛姆

如果我们能够为我们所承认的伟大目标去奋斗，而不是一个狂热的、自私的肉体在不断地抱怨为什么这个世界不使自己愉快的话，那么这才是一种真正的乐趣。　　　——萧伯纳

一个人必须面向未来，想着要着手做的事情。但这并不容易做到。一个人的过去是一种日益加重的负担。

——罗素

如果你过分珍爱自己的羽毛，不使它受一点损伤，那么你将失去两只翅膀，永远不再能够凌空飞翔。——雪莱

停止奋斗，生命也就停止了。

——卡莱尔

对于心灵来说，人奋斗一辈子，如果最终能挣得个终日快乐，就已经实现了生命最大的价值。有的人本来很幸福，看起来却很烦恼；有的人本来该烦恼，看起来却很幸福。活得糊涂的人，容易幸福；活得清醒的人，容易烦恼。这是因为，清醒的人看得太真切，一较真儿，生活中便烦恼遍地；而糊涂的人，计较得少，虽然活得简单粗糙，却因此觅得了人生的大境界。　　　　　——史铁生

对准一个目标，毫不动摇，豁出命来全力以赴。只有这样才能逐渐扩大自己成功的可能性，甚至实现一番意想不到的事业。　　　——德田虎雄

我们一生中，必须立下志愿，必须有奋斗的目标。否则浑浑噩噩地过日子，那岂不是白活一生了吗？

——松下幸之助

人生的真正欢乐是致力于一个自己认为是伟大的目标。　　——萧伯纳

走你的路吧，不要去理会别人怎么说。　　　　　　——但丁

劳动一日，可得一夜安眠；勤劳一生，可得幸福的长眠。　——达·芬奇

昨天的不可能，成为今天的可能；前个世纪的幻想，今天已成为真实摆在我们的眼前。令人惊讶的是人类努力的伟大。　　　　　——马可尼

怠惰，一切都难办；勤奋，凡事皆顺利。　　　　——富兰克林

若是你喜爱生命，就不可浪费时间。　　　　　——富兰克林

物有定处，事有定时。

——富兰克林

我们命定的目标和道路，不是享乐，也不是受苦，而是行动，在每个明天，都是比今天前进一步。——朗费罗

人生如同道路。捷径通常是最坏的路。　　　　　——弗·培根

一个人的愚蠢就是另一人的财产。

——弗·培根

在人生中最艰难的是选择。

——莫尔

人生就是石材。要把它雕刻成神的姿态，或是雕刻成魔鬼的姿态，悉听个人的自由。

——斯宾塞

人生有如一块用善与恶的丝线交织成的布；我们的善行必须受我们过失的鞭挞，我们的罪恶却又赖我们的善行把它掩盖。

——莎士比亚

我将世界当成这样一个世界看待，也就是每个人都必须自演出一个角色的大舞台。

——莎士比亚

在时间的大钟上，只有两个字——现在。

——莎士比亚

良书即良友，今日明日，直到永远决不改变。

——屠博

里面没有书籍的屋子，好像没有窗户的楼房。

——南恩

每个人都有伟大的机会。但是许多人遇到了机会并不知道。

——杜宁

书籍是幼年人的导师，是老年人的护士，在岑寂的时候，书籍使我们欢娱，远离一切的痛苦。

——柯里·叶尔

人若是太幸运，则不知天高地厚，也不知自己能力究竟有多少；若是太不幸，则终其一生皆默默无名。

——富勒

人生是指我们若没有嗜好的话，便不过如同极度无聊，经营不善的剧院而已。

——斯蒂文森

人生不是一支短短的蜡烛，而是一支由我们暂时拿着的火炬，我们一定要把它烧得十分光明灿烂，然后交给下一代的人们。

——萧伯纳

善良的人生是受爱所引动，受智慧所指引。

——罗素

人生最难学的便是过哪座桥，烧哪座桥。

——罗素

一个人必须面向未来，想着要着手做的事情。但这并不容易做到。一个人的过去是一种日益加重的负担。

——罗素

且用显微镜观察人生，它委实充满了令人毛骨悚然的恐怖。因此，我们才需要罗曼史。罗曼史会给我们精神上的粮食，是使我们向上的人生最大的力量。

——卓别林

假如我能重蹈这人生的话，我愿意重过我经历过的生活。因为，我不后悔过去，也不恐惧未来。

——蒙田

人生如梦……我们醒而睡着，睡而醒着。

——蒙田

倘使没有自负的话，人生就索然无味了。

——罗休夫柯

我们所完成的任何科学工作，都是通过长期的考虑、忍耐和奋斗得来的。

——达尔文

为某个信念而死并不难，难的是实践信念。

——萨克雷

奋斗就是生活，人生唯有前进。

——巴金

一个人的生命是有限的、短促的，如果我们要把短短的生活过程使用得更有效力，我们最好是把自己的生命看成是前人生命的延续，是现在共同生命的一部分，同时也是后人生命的开端。

——华罗庚

失败：寻找成功的墓志铭

其实每时每刻我们都是幸运的，因为任何灾难的面前都可能再加上一个"更"字。

——史铁生

借口是制造失败的根源。

——洛克菲勒

只要不变成习惯，失败是件好事。

——洛克菲勒

明智的人决不坐下来为失败而哀号，他们一定乐观地寻找办法来加以挽救。

——莎士比亚

这世界除了心理上的失败，实际上并不存在什么失败，只要不是一败涂地，你一定会取得胜利的。

——亨·奥斯汀

败而不馁，就是胜利。

——埃·哈伯德

不在宪法规定的自由中，不可避免地会出现腐败现象。——吉本

最好的政府，也不过像最好的医生一样，不可能使器官中已经腐败的液体重新新鲜。——蒙森

诚实比起腐败会给你赢得更多的好处。——莎士比亚

修学不以诚，则学杂，为事不以诚，则事败。——晁说之

成立之难如登天，覆败之易如燎毛。——李绿园

事情的成败以结果为断，中间的波折不足以论。——德国谚语

世界上最讨人厌的一种话就是失败者的理由。——李敖

一个国家如果纲纪不正，其国风一定颓败。——塞内加

大家都畏惧的人，等待他的将是身败名裂。——奥维德

"不耻最后。"即使慢，驰而不息，纵会落后，纵会失败，但一定可以达到他所向的目标。——鲁迅

功者难成而易败，时者难得而易失。——佚名

一个击败狂热者恰恰因为是他本人并不狂热，正相反，他充分运用了自己智力。——乔治·奥威尔

大多数人是保守的，不轻易相信新事物，但能容忍对现实中的众多失败。

——卡莱尔

色能荒人之心，酒能败人之德。

——陈亮

败德之事非一，而酗酒者德必败，伤生之事非一，而好色者生必伤。

——金缨

从不获胜的人很少失败，从不攀登的人很少跌跤。——惠蒂尔

失败于后，不如审慎于先。

——佚名

慎终如始，则无败事。 ——老子

慎重则必成，轻发则多败。

——苏轼

兴家犹如针挑土，败家好似浪淘沙。 ——佚名

如果没有人向我们提供失败的教训，我们将一事无成。我们思考的轨道是在正确和错误之间二者择一，而且错误的选择和正确的选择的频率相等

——刘易斯·托马斯

骄者必败，自大必臭。 ——佚名

大凡人不可恃，有所恃，必败于所恃。善泅者溺，善骑者堕，理所必然。

——东鲁古狂生

失败是坚韧的最后考验。

——俾斯麦

丈夫贵不屈，成败何足论。

——陆游

一粒老鼠屎，败坏一锅汤。

——佚名

狗都咬被咬败的狗。 ——佚名

当人们放荡无羁的时候，衰败的命运就要临头了；当公牛发疯斗殴的时候，被骗的日子也就不远了。 ——佚名

成者为王，败者为寇。 ——佚名

见怪不怪，其怪自败。 ——佚名

坚定的信心，能使平凡的人们，做出惊人的事业。对于凌驾命运之上的人来说，信心就是生命的主宰。

——海伦·凯勒

事情的成败以结果为断，中间的波折不足为论。 ——佚名

花朵衰败的地方，人类没法生活。

——法国谚语

没有失败经验的人，不可能成功。

——英国谚语

不会在失败中找出经验教训的人，他通向成功的路是遥远的。

——法国谚语

谁也不能击败那能够同经常责备他的人保持友谊。 ——印度谚语

不良的交往败坏良好的举止。

——英国谚语

大多数人是保守的，不轻易相信新事物，但能容忍对现实中的众多失败。

——卡莱尔

科学的历史，从某种意义上说，就是错觉和失败的历史，是伟大的顽愚者以笨拙和低效能进行工作的历史。

——寺男寅彦

不管先人是多么富贵，一个败家子就足以损坏门楣。 ——拜伦

谋成于密而败于泄，三军之事莫重于密。 ——揭暄

欲思其利，必虑其害，欲思其成，必虑其败。 ——诸葛亮

一个人失败的原因，在于本身性格的缺点，与环境无关。 ——毛佛鲁

为伟大的事业捐躯，从来就不能算作失败。 ——乔·拜伦

从未有人因为赚钱而身败名裂的。

——欧洲谚语

在所有的失败中，想说俏皮话却没有说成是最大的失败，而说得拖泥带水

则是更惨的失败。　　——兰多尔

懒惰受到的惩罚不仅仅是自己的失败，还有别人的成功。

　　——米尔·勒纳尔

如果道德败坏了，趣味也必然会堕落。　　——狄德罗

认真是成功的秘诀，粗心是失败的伴侣。　　——欧洲谚语

无论在哪里，只要风俗与时尚腐败了，语言也会腐败，它模仿公众的骄奢淫逸。　　——本·琼森

一个生意人不想破产，好比一个将军永远不预备吃败仗，只自得半个商人。　　——巴尔扎克

权力大而权威小，企业就会衰败；权威先行，权力后随，企业就会蒸蒸日上。　　——士乐敏夫

世上只有两种力量：利剑和思想。从长而论，利剑总是败在思想手下。

　　——拿破仑

被人揭下面具是一种失败，自己揭下面具却是一种胜利　　——雨果

我认为那个小鼠的心眼儿是没出息，只知道钻一个洞，这个洞钻不进就一切都失败了。　　——乔叟

战退玉龙三百万，败鳞残甲海空飞。　　——张元

你必须用笑声摧毁敌手的严肃，或是用严肃击败敌手的笑声。

　　——高尔吉亚

大丈夫行事，论是非，不论利害；论顺逆，不论成败；论万世，不

论一生。　　——黄宗羲

没有十全十美，也没有人不可或缺，每个人都有这种或那种弱点。当他失败时，这种弱点将会缓解他的沉痛之情。　　——拉布吕耳尔

谬误有多种多样，而正确却只有一种，这就是为什么失败容易成功难，脱靶容易中靶难的缘故。——亚里士多德

不要轻视失败者的劝告，他在不应该做什么的问题上是权威。

　　——欧洲谚语

论成败者，固以为人事为主。

　　——刘知几

事业：为自己的才华施展身手

太过重视行为规则与拘泥形式，以致在事业上坐失良机，那损失是很大的。　　——培根

每种首创事业的成功，最要紧的还是所有当事人的基本训练。

　　——马明·西比利亚克

即使是世上最伟大、最壮丽的事业，兴许也常常需要瘦弱的手去扶掖。

　　——埃·斯宾塞

虚荣的人注视着自己的名字，光荣的人注视着祖国的事业。　　——马蒂

有多少人为正义事业捐躯，就有多少人为非正义事业死亡。——范·洛恩

天赋如果无益于人世，必将一天天衰减下去；天赋若是被懒惰所左右，旺

盛激越的事业心就没有指望了。

——克雷洛夫

起支配作用的自私欲常常被误解为一个人投身人类事业的神圣热忱。

——埃·哈伯特

给别人自由和维护自己的自由，两者同样是崇高的事业。——林肯

天荒地老英雄丧，国破家亡事业休。

——赵弼

一个人无论往哪里走，无论从事什么事业，他终将回到本性指给的路上。

——歌德

我们要追求那真实的功业，要追求对宇宙人生更深远的了解；要追求永远超过狭小生活圈子之外的更有用的东西。

——罗曼·罗兰

憨厚朴实有碍事业的成功。

——约翰·克拉克

社会上崇敬名人，于是以为名人的话就是名言，却忘记了他所以得名是那一种学问和事业。

——鲁迅

把每时每刻都用在自己的事业上的人，对他来说都是足够的原因。

——塞涅卡

伟大的事业是根源于坚韧不断的工作，以全副的精神去从事，不避艰苦。

——罗索

缺乏对事业的热爱，才华也是无用的。

——尼柯拉耶维奇

乞求怜悯的事业不会是堂堂正正的事业。

——绪儒斯

我们是骄傲还是谦卑，全取决于事业的成就。

——忒壬斯

任何事业都可能受挫折，虽然为事业而奋斗的人是伟大的。——本涅特

阴影和光线永远联系在一起，事业和人也互相分不开。——印度谚语

这个事业之所以强有力，并不是因为它人多势众，而是因为它的后面有一个强有力的人物。

——詹·拉·洛威尔

我们的事业是正义的，我们的团结是坚强的。

——约·迪金森

正义的事业并不一定要在感情的冲动下才能完成，它能够在平心静气的辩论中坚持到最后胜利。——托·布朗

正义的事业能够产生坚定信念和巨大的力量。——托·富勒

正义的事业必定是强大的事业。

——托·米德尔顿

果实的事业是尊贵的，花的事业是甜美的，但是让我们做叶的事业吧，叶谦逊地专心地垂着绿荫。——泰戈尔

要朝气蓬勃地致力于任何事业，首先必须热爱生活。——塞缪尔

青春一去不复返，事业一纵永无成。——勃朗宁

为了成功地生活，少年人必须学习自立，铲除埋伏各处的障碍，在家庭要教养他，使他具有为人所认可的独立人格。

——卡耐基

人生的快乐和幸福不在金钱，不在爱情，而在真理。即使你想得到的是一种动物式的幸福，生活反正不会任你一边酗酒，一边幸福的，它会时时刻刻猝不及

防地给你打击。　　　——契诃夫

人出生两次吗？是的。头一次，是在人开始生活的那一天；第二次，则是在萌发爱情的那一天。　　　——雨果

要正直地生活，别想入非非！要诚实地工作，才能前程远大。

——陀思妥耶夫斯基

电视并不是真实的生活，在现实生活中，人们实际上得离开咖啡屋去干自己的工作。　　　——比尔·盖茨

人，不管是什么，应当从事劳动，汗流满面地工作，他生活的意义和目的、他的幸福、他的欢乐就在于此。

——契诃夫

如果你们，年轻的人们，真正希望过"很宽阔，很美好的生活"，就创造它吧，和那些正在英勇地建立空前未有的、宏伟的事业的人携手去工作吧。

——高尔基

人生至善，就是对生活乐观、对工作愉快、对事业兴奋。　　——布兰登

照亮我的道路，并且不断地给我新的勇气去愉快地正视生活的理想，是善、美和真。要是没有志同道合者之间的亲切感情，要不是全神贯注于客观世界——那个在艺术和科学工作领域里永远达不到的对象，那么在我看来，生活就会是空虚的。人们所努力追求的庸俗的目标——财产、虚荣、奢侈的生活——我总觉得都是可鄙的。　　——爱因斯坦

你直截了当地问我，我从生活中得到什么乐趣以及我为何继续不断地工作。我继续不断地工作跟母鸡继续不断地下蛋是一个道理。凡是有生命的东西，隐隐之中都有一种积极活动的强烈冲动。生命本身逼着人活下去。不活动，除非作为激烈活动之间恢复体力的措施，对于健康的肌体来说，是件痛苦而危险的事——实际上几乎是不可能的。只是垂死的人才能真正无所事事。　——门肯

认为文学的责任就在于从坏人堆里挖出"珍珠"来，那就等于否定文学本身。文学之所以叫作艺术，就是因为它按生活的本来面目描写生活。它的任务是无条件的、直率的真实。把文学的职能缩小成为搜罗"珍珠"之类的专门工作。那是致命打击。　　　——契诃夫

我这一生基本上只是辛苦工作，我可以说，我活了七十五岁，没有哪一个月过的是真正的舒服生活，就好像推一块石头上山，石头不停地滚下来又推上去。

——歌德

像蚂蚁一样工作；像蝴蝶一样生活；努力向上；及时行乐。　　　——佚名

我个人认为，我们输给人家的地方是生活以及工作的观念和态度。

——王永庆

生活的乐趣取决于生活都本身，而不是取决于工作或地点。　　——爱默生

我的生活原则是把工作变成乐趣，把乐趣变成工作。　　　——艾伯乐

在学校和生活中，工作的最重要的动力是工作中的乐趣，是工作获得结果时的乐趣以及对这个结果的社会价值的

认识。 ——爱因斯坦

一生的生活是否幸福、平安、吉祥，则要看他的处世为人是否道德无亏，能否做社会的表率。因此，修身的教育，也成为他的学校工作的主要部分。

——裴斯泰洛齐

生活、工作、学习倘使都能自动，则教育之收效定能事半功倍。所以我们特别注意自动力之培养，使它关注于全部的生活工作学习之中。自动是自觉的行动，而不是自发的行动。自觉的行动，需要适当的培养而后可以实现。 ——陶行知

生活最沉重的负担不是工作，而是无聊。

——罗曼·罗兰

工作：一分耕耘，一分收获

每个意念都是一场祈祷。

——詹姆士·雷德非

不要将不好的情绪带到工作中去。

——佚名

一生有"三怕"：一怕工作少；二怕用钱多；三怕麻烦人。 ——任弼时

精神健康的人，总是努力地工作及爱人，只要能做到这两件事，其他的事就没有什么困难。 ——弗洛伊德

善待乏味的人，有可能到头来会为一个乏味的人工作。 ——比尔·盖茨

最爱发牢骚的人就是没有能力反抗，不会或不愿工作的人。——高尔基

最高的道德就是不断地为人服务，为人类的爱而工作。 ——甘地

我不能说我不珍视这些荣誉，并且我承认它很有价值，不过我却从来不曾为追求这些荣誉而工作。 ——法拉第

出头露面的人是有福的。知道世人一定在瞧着他必须完成的事业，他从头到底干得挺有劲儿。然而这样的人更值得尊敬，他默默无闻地躲在暗地里，在漫长的辛苦的日子里无报酬地劳动，得不到光荣也得不到表扬；只有一种思想鼓舞着他的勤劳：他的工作对大众来说是有益的。

——克雷洛夫

读书人不一定有知识，真正的常识是懂得知识，会思想，能工作。

——徐特立

实践和行动是人生的基本任务；学问和知识不过是手段、方法，通过这些才能做好主要工作。所以，人生必须具备的知识应该按实践和行动的需要来决定。 ——裴斯泰洛齐

人类需要善于实践的人，这种人能由他们的工作取得最大利益；但是人类也需要梦想者，这种人醉心于一种事业的大公无私的发展，因而不能注意自身的物质利益。 ——居里夫人

最好不是在夕阳西下的时候幻想什么，而要在旭日东升的时候即投入工作。 ——谢觉哉

在科学上，每一条道路都应该走一走，发现一条走不通的道路，就是对科学的一大贡献。那种证明"此路不通"的吃力不讨好的工作，就让我来做吧！ ——爱因斯坦

我把科学的广阔园地，看作一个广大的原野，其中散布着一些黑暗的地方和一些光明的地方。我们的工作的目的，应该是或者扩大光明地方的界线，或者在原野中增加光亮的中心。

——狄德罗

科学需要一个人贡献出双重的精力，假定你们每个人有两次生命，这对你们来说还是不够的。科学要求每个人有极紧张的工作和伟大的热情。

——巴甫洛夫

独立思考能力，对于从事科学研究或其他任何工作，都是十分必要的。在历史上，任何科学上的重大发明创造，都是由于发明者充分发挥了这种独创精神。

——华罗庚

学会集体工作的艺术。在今天的科学中，只有集体的努力才会有真正的成就。如果你一个人工作，即使你有非凡的能力，你也不能在科学上做出巨大的发现，而你的同事将始终是你的思想的扩音器和放大器，正如你自己——集体中的一员——也是别人的思想的扩音器和放大器一样。——泽林斯基

人才进行工作，而天才进行创造。

——舒曼

古来一切有成就的人，都很严肃地对待自己的生命，当他活着一天，总要尽量多劳动、多工作、多学习，不肯虚度年华，不让时间白白地浪费掉。

——邓拓

如果工作对于人类不是人生强索的

代价，而是目的，人类将是多么幸福。

——罗丹

幸福存在于一个人真正的工作中。

——奥理略

通过辛勤工作获得财富才是人生的大快事。——巴尔扎克

人只有为自己同时代的人完善，为他们的幸福而工作，他才能达到自身的完善。——马克思

一个人的生命是短暂的，而我的事业却无限的长久，个人尽管遭到不幸和许多痛苦，但是我们的劳动融合在集体的胜利里，这幸福有我的一份。只要我活一天，我一定为党为人民工作一天。什么是最大的幸福？毫不利己，专门利人。——艾润生

字典里最重要的三个词，就是意志、工作、等待。我将要在这三块基石上建立我成功的金字塔。——巴斯德

劳动教学里……还能培养这样一些宝贵的个性品质，如学会集体工作、热爱劳动、克服困难的坚毅精神等。

——赞科夫

聪明的资质、内在的干劲、勤奋的工作态度和坚忍不拔的精神，这些都是科学研究成功所需要的其他条件。

——贝弗里奇

人生是一个永不停息的工厂，那里没有懒人的位置。工作吧！创造吧！

——罗曼·罗兰

人能为自己心爱的工作贡献出全部力量、全部精力、全部知识，那么这项

工作将完成得出色，收效也更大。

——奥勃鲁切夫

工作中，你要把每一件小事都和远大的固定的目标结合起来。

——马雅可夫斯基

我的人生哲学是工作，我要揭示大自然的奥秘，并以此为人类造福。我们短暂的一生中，我不知道还有什么比这种服务更好的了。 ——爱迪生

如果我曾经或多或少地激励了一些人的努力，我们的工作，曾经或多或少地扩展了人类的理解范围，因而给这个世界增添了欢乐，那我也就感到满足了。

——爱迪生

立志是一件很重要的事情。工作随着志向走，成功随着工作来，这是一定的规律。立志、工作、成功是人类活动的三大要素。立志是事业的大门，工作是登堂入室的旅程，这旅程的尽头就有个成功在等待着，来庆祝你的努力结果…… ——巴斯德

一个人光溜溜地到这个世界上来，最后光溜溜地离开这个世界而去，彻底想起来，名利都是身外物，只有尽一个人的心力，使社会上的人多得他工作的裨益，是人生最愉快的事情。

——邹韬奋

令人赏心悦目，给人以美感的环境对人们工作、生活、学习、娱乐是不可缺少的。 ——佚名

科学的探讨与研究，其本身就含有至美，其本身给人的愉快就是报酬；所以我在我的工作里面寻得了快乐。

——居里夫人

休息与工作的关系，正如眼睑与眼睛的关系。 ——泰戈尔

尽量在舒适的情况下工作。记住，身体的紧张会制造肩痛和精神疲劳。

——卡耐基

谁不会休息，谁就不会工作。

——列宁

要成为德、智、体兼优的劳动者，锻炼身体极为重要。身体健康是求学和将来工作之本。运动能治百病，能使人身体健康，头脑敏捷，对学习有促进作用。 ——吴耕民

懒惰——它是一种对待劳动态度的特殊作风。它以难以卷入工作而易于离开工作为其特点。 ——杰普莉茨卡娅

复杂中带着简单的思考，是人和动物的分别。 ——皮雅

对一般人而言，凡事要思考并不是什么麻烦的事。 ——詹姆士·布莱斯

了解面对逆境，远比如何接受顺境重要得多。 ——马丁·赛力格曼

绝不测量山的高度——除非你已到达顶峰，那时你就会知道山有多低。

——哈马绍

奋斗、寻觅、发现，而不屈服。

——丁尼生

所有口述手写的词句中，最悲哀的就是："本来可以……" ——惠蒂尔

啊！到达人生的尽头，才发现自己没活过。 ——梭罗

好的木材并不在顺境中生长；风越强，树越壮。
——马里欧特

爱不能单独存在，它的本身并无意义。爱必须付诸行动，行动才能使爱发挥功能。
——德蕾莎

要能感觉存在，就需加强对美的感受力。
——詹姆士·雷德非

在一个崇高的目的支持下，不停地工作，即使慢也一定会获得成功。
——爱因斯坦

对等工作的严肃态度，高度的正直，形成了自由和秩序之间的平衡。
——罗曼·罗兰

真正的自由属于那些自食其力的人，并且在自己的工作中有所作为的人。
——罗·科林伍德

自尊心、幻想、情思的早熟和智能的呆滞，再加上必然的后果。懒散，这些就是祸根。科学，劳动，实际工作，才能够使我们病态的、浪荡的青年清醒过来。
——冈察洛夫

我对青年的劝告只用三句话就可概括，那就是，认真工作，更认真地工作，工作到底。
——俾斯麦

一个懒惰心理的危险，比懒惰的手足，不知道要超过多少倍。而且医治懒惰的心理，比医治懒惰的手足还要难。因为我们做一件不愿意不高兴的工作，身体的各部分，都感到不安和无聊。反过来说，如果对于这种工作有兴趣、愉快，工作效率不但高，身心也感觉到十分舒适。因不适宜的劳动，使身心忧郁而患上的病症，医生称为懒惰病。
——卡耐基

灵感全然不是漂亮地挥着手，而是如健牛般竭尽全力工作的心理状态。
——柴可夫斯基

教育者应当深刻了解正在成长的人的心灵……只有在自己整个教育生涯中不断地研究学生的心理，加深自己的心理学知识，才能够成为教育工作的真正的能手。
——苏霍姆林斯基

教师的人格就是教育工作者的一切，只有健康的心灵才有健康的行为。
——乌申斯基

教育不能创造什么，但它能启发儿童创造力以从事于创造工作。
——陶行知

我们教育工作者的任务就在于让每个儿童看到人的心灵美，珍惜爱护这种美，并用自己的行动使这种美达到应有的高度。
——苏霍姆林斯基

人生最宝贵的是生命，人生最需要的是学习，人生最愉快的是工作，人生最重要的是友谊。
——斯大林

三朋四友，吃喝玩乐，这叫作"酒肉朋友"，朋友相聚，不谈工作，不谈学习，不谈政治，只谈个人之间私利私愤的事，这叫作"群居终日，言不及义"。
——谢觉哉

将爱的能量传送给别人，我们自己就会变成一条管道，吸纳来自上天的神圣能源。而那种玄秘体验是我们每个人都得以品尝的！
——詹姆士·雷德非

人类心灵深处，有许多沉睡的力量；唤醒这些人们从未梦想过的力量，巧妙运用，便能彻底改变一生。

——澳瑞森·梅伦

烦恼使我受着极大的影响……我一年多没有收到月俸，我和穷困挣扎；我在我的忧患中十分孤独，而且我的忧患是多么多，比艺术使我操心得更厉害！

——米开朗琪罗

搞科学工作需要人的全部生命，八小时工作制是行不通的。　　——朱洗

既异想天开，又实事求是，这是科学工作者特有的风格，让我们在无穷的宇宙长河中探求无穷的真理吧！

——郭沫若

一分时间，一分成果。对科学工作者来说，就不是一天八小时，而是寸阴必珍，寸阳必争！　　——童第周

科学是老老实实的学问，搞科学研究工作就要采取老老实实、实事求是的态度，不能有半点虚假浮夸。不知就不知，不懂就不懂，不懂的不要装懂，而且还要追下去，不懂，不懂在什么地方；懂，懂在什么地方。老老实实的态度，首先就是要扎扎实实地打好基础。科学是踏实的学问，连贯性和系统性都很强，前面的东西没有学好，后面的东西就上不去；基础没有打好，搞尖端就比较困难。我们在工作中经常遇到一些问题解决不了，其中不少是由于基础未打好所致。一个人在科学研究和其他工作上进步的快慢，往往和他的基础有关。

——华罗庚

科学要求每个人有极紧张的工作和伟大的热情。　　——巴甫洛夫

往往有这样的情形：为科学和技术开拓新道路的，有时并不是科学界的著名人物，而是科学界毫不知名的人物，平凡的人物，实践家，工作革新者。

——斯大林

人生不是一种享乐，而是一桩十分沉重的工作。　——列夫·托尔斯泰

装傻得好也是要靠才情的；他必须窥伺被他所取笑的人们的心情，了解他们的身份，还得看准了时机；然后像窥伺眼前每一只鸟雀的野鹰一样，每个机会都不放松。这是一种和聪明人的艺术一样艰难的工作。　——莎士比亚

正派的男人连工作的时间还嫌不够，他哪能白浪费时间去打扮自己，去做降低自己身份的事情？我宁愿一下子牺牲自己的生命，也不愿意把它减价为零。　　——巴尔扎克

人生最大快乐，是自己的劳动得到了成果。农民劳动得了收获，工人劳动出了产品，医生劳动治好了病，教师劳动教好了学生，其他工作都是一样。

——谢觉哉

人生之晨是工作，人生之午是评议，人生之夜是祈祷。　——赫西奥德

是工作使人生有味。　——艾约尔

人生的价值，即以其人对于当时所做的工作作为尺度。　　——徐玮

人生在世界是短暂的，对这短暂的

人生，我们最好的报答就是工作。

——爱迪生

我想正是伸手摘星的精神，让我们很多人长时间地工作奋战。不论到哪，让作品充分表现这个精神，并且驱使我们放弃佳作，只求杰作。——李奥贝纳

求知：驰向广阔的知识海洋

创造的神秘，有如夜间的黑暗——是伟大的；而知识的幻影却不过如晨间之雾。

——泰戈尔

求知的目的不是为了吹嘘炫耀，而应该是为了寻找真理，启迪智慧。

——培根

三更灯火五更鸡，正是男儿读书时。黑发不知勤学早，白首方悔读书迟。

——颜真卿

攀登科学文化的高峰，就要冲破不利条件限制，利用生活所提供的有利条件，并去创造新的条件。 ——高士其

青年同志们必须记住，想要连跑带跳地把过去的一切文化遗产得着，那是办不到的。这需要有坚定的顽强性和艰苦的劳动。要知道，在这条路上克服困难，这件事本身就是非常好的兴奋剂。

——奥斯特洛夫斯基

学问对于人们要求最大的紧张和最大的热情。 ——巴甫洛夫

书富如入海，百货皆有。人之精力，不能兼收尽取，但得所欲求者尔。故愿学者每次作一意求之。 ——苏轼

学贵精不贵博。知得十件而都不到地，不如知得一件却到地也。——戴震

无所不能的人实在一无所能，无所不专的专家实在是一无所专……

——邹韬奋

重要的不是知识的数量，而是知识的质量，有些人知道很多很多，但却不知道最有用的东西。 ——托尔斯泰

在所阅读的书本中找出可以把自己引到深处的东西，把其他一切统统抛掉，就是抛掉使头脑负担过重和会把自己诱离要点的一切。

——爱因斯坦

好读书，不求甚解；每有会意，便欣然忘食。 ——陶渊明

读书破万卷，下笔如有神。

——杜甫

积累知识，也应该有农民积肥的劲头，捡的范围要宽，不要限制太多，牛粪、人粪、羊粪都一概捡回来，让它们统统变成有用的肥料，滋养作物的生长。

——邓拓

应当随时学习，学习一切；应该集中全力，以求知道得更多，知道一切。

——高尔基

读过一本好书，像交了一个益友。

——臧克家

能够摄取必要营养的人要比吃得很多的人更健康，同样地，真正的学者往往不是读了很多书的人，而是读了有用的书的人。 ——亚里斯提卜

仅次于选择益友，就是选择好书。

——考尔德

阅读一本不适合自己阅读的书，比不阅读还要坏。我们必须会这样一种本领，选择最有价值、最适合自己所需要的读物。

——别林斯基

书犹药也，善读之可以医愚。

——刘向

生活里没有书籍，就好像没有阳光；智慧里没有书籍，就好像鸟儿没有翅膀。

——莎士比亚

书籍是全人类的营养品。

——莎士比亚

各种蠢事，在每天阅读书的影响下，仿佛在火上一样，渐渐熔化。

——雨果

不去读书就没有真正的教养，同时也不可能有什么鉴别力。

——《赫尔岑论文学》

好的书籍是最贵重的珍宝。

——别林斯基

书是我们时代的生命。

——别林斯基

书籍是青年人不可分离的生命伴侣和导师。

——高尔基

热爱书吧——这是知识的源泉！只有知识才是有用的，只有它才能够把我们在精神上成为坚强、忠诚和有理智的人，成为能够真正爱人类、尊重人类劳动、衷心地欣赏人类那不间断的伟大劳动所产生的美好果实的人。

——《高尔基论青年》

读书越多，精神就越健壮而勇敢。

——高尔基

生活在我们这个世界里，不读书就完全不可能了解人。

——高尔基

书和人一样，也是有生命的一种现象，它也是活的、会说话的东西。

——高尔基

每一本书是一级小阶梯，我每爬一级，就更脱离畜生而上升到人类，更接近美好生活的观念，更热爱这本书。

——高尔基

对于有文化的人，读书是高尚的享受。我重视读书，它是我一种宝贵的习惯。

——高尔基

读书在于造成完全的人格。

——培根

图书馆使我得以有恒地研习而增进我的知识，每天我停留在里面一两个钟头，用这个办法相当地补足了我失掉的高深教育。

——富兰克林

和书籍生活在一起，永远不会叹气。

——罗曼·罗兰

光阴给我们经验，读书给我们知识。

——奥斯特洛夫斯基

一本新书像一艘船，带领我们从狭隘的地方，驰向无限广阔的生活的海洋。

——海伦·凯勒

读书，始读，未知有疑；其次，则渐渐有疑；中则节节是疑。过了这一番，疑渐渐释，以至融会贯通，都无所疑，方始是学。

——朱熹

人是活的，书是死的。活人读死书，可以把书读活。死书读活人，可以把人读死。

——郭沫若

书本上的知识而外，尚须从生活的人生中获得知识。　　——茅盾

人做了书的奴隶，便把活人带死了。把书作为人的工具，则书本上的知识便活了，有了生命力了。——华罗庚

治学有三大原则：广见闻，多阅读，勤实验。　　——戴布劳格利

读书：踏上自我进步的阶梯

对搞科学的人来说，勤奋就是成功之母！　　——茅以升

书籍应有助于达到以下四个目的中的一个：获取智慧，变得虔诚，得到欢乐，或便于运用。　　——德纳姆

理想的书籍，是智慧的钥匙。
　　——列夫·托尔斯泰

读书，这个我们习以为常的平凡过程，实际上是人们心灵和上下古今一切民族的伟大智慧相结合的过程。
　　——高尔基

对知识的渴望如同对财富的追求，越追求，欲望就越强烈。　——斯特恩

书籍是巨大的力量。　　——列宁

书是人类进步的阶梯。——高尔基

书籍是人类知识的总统。
　　——莎士比亚

书籍是人类思想的宝库。
　　——乌申斯基

书籍——举世之宝。　——梭罗

好的书籍是最贵重的珍宝。
　　——别林斯基

书是唯一不死的东西。　——丘特

书籍使人们成为宇宙的主人。
　　——巴甫连柯

书中横卧着整个过去的灵魂。
　　——卡莱尔

读书是在别人思想的帮助下，建立起自己的思想。　　——鲁巴金

鸟欲高飞先振翅，人求上进先读书。　　——李苦禅

欲读天下之奇书，须明天下之大道。　　——蒲松龄

书卷多情似故人，晨昏忧乐每相亲。　　——于谦

书籍是培植智慧的工具。
　　——夸美纽斯

劳于读书，逸于作文。——程端礼

旧书不厌百回读，熟读精思子自知。　　——苏轼

读书百遍其义自见。　——裴松之

发奋识遍天下字，立志读尽人间书。　　——苏轼

阅读，让每一个人平等地获得精神富有的机会。　　——莲子

人的影响短暂而微弱，书的影响则广泛而深远。　　——普希金

人离开了书，如同离开空气一样不能生活。　　——科洛廖夫

书不仅是生活，而且是现在、过去和未来文化生活的源泉。——库法耶夫

书籍把我们引入最美好的社会，使我们认识各个时代的伟大智者。
　　——史美尔斯

书籍便是这种改造灵魂的工具。人类所需要的，是富有启发性的养料。而阅读，则正是这种养料。 ——雨果

书籍是屹立在时间的汪洋大海中的灯塔。 ——惠普尔

书籍——当代真正的大学。 ——卡莱尔

经验丰富的人读书用两只眼睛，一只眼睛看到纸面上的话，另一眼睛看到纸的背面。 ——歌德

读未见书，如得良友；读已见书，如逢故人。 ——左宗棠

积财千万，无过读书。 ——颜之推

或作或辍，一曝十寒，则虽读书百年，吾未见其可也。 ——吴梦祥

读重要之书，不可不背诵。 ——司马光

读书是易事，思索是难事，但两者缺一，便全无用处。 ——富兰克林

书籍鼓舞了我的智慧和心灵，它帮助我从腐臭的泥潭中脱身出来，如果没有它们，我就会溺死在那里面，会被愚笨和鄙陋的东西呛转。 ——高尔基

书籍就像一盏神灯，它照亮人们最遥远、最黯淡的生活道路。 ——乌皮特

书籍具有不朽的能力。它是人类活动的最长久的果实。 ——史美尔斯

除了野蛮国家，整个世界都被书统治着。 ——福尔特尔

书籍乃世人积累智慧之长明灯。 ——寇第斯

书籍能引导我们进入高尚的社会，并结识各个时代的最伟大人物。 ——斯迈尔斯

书籍使人变得思想奔放。 ——革拉特珂夫

唯书籍不朽。 ——乔特

书籍使我们成为以往各个时代的精神生活的继承者。 ——钦宁格

书籍是天才留给人类的遗产，世代相传，更是给予那些尚未出世的人的礼物。 ——爱迪生

书籍是培育我们的良师，无须鞭笞和棒打，不用言语和训斥，不收学费，也不拘形式，对图书倾注的爱，就是对才智的爱。 ——德伯里

读书，这个我们习以为常的平凡过程，实际是人的心灵和上下古今一切民族的伟大智慧相结合的过程。 ——高尔基

书是随时在近旁的顾问，随时都可以供给你所需要的知识，而且可以按照你的心愿，重复这个顾问的次数。 ——海伦·凯勒

一个爱书的人，他必定不至于缺少一个忠实的朋友，一个良好的老师，一个可爱的伴侣，一个温情的安慰者。 ——巴罗

书籍是朋友，虽然没有热情，但是非常忠实。 ——雨果

书籍是前人的经验。 ——拉布雷

书籍是青年人不可分离的生活伴侣和导师。 ——高尔基

书籍是少年的食物，它使老年人快

乐，也是繁荣的装饰和危难的避难所，慰人心灵。在家庭成为快乐的种子，在外也不致成为障碍物，但在旅行之际，却是夜间的伴侣。　　——西塞罗

书籍是最好的朋友。当生活中遇到任何困难的时候，你都可以向它求助，它永远不会背弃你。　　——都德

书籍是在时代的波涛中航行的思想之船，它小心翼翼地把珍贵的货物运送给一代又一代。　　——培根

书籍是造就灵魂的工具。——雨果

书籍是最有耐心、最能忍耐和最令人愉快的伙伴。在任何艰难困苦的时刻，它都不会抛弃你。　　——赫尔岑

书——这是这一代对另一代精神上的遗训，这是行将就木的老人对刚刚开始生活的年轻人的忠告，这是行将去休息的站岗人对走来接替他的岗位的站岗人的命令。　　——赫尔岑

书籍——通过心灵观察世界的窗口。住宅里没有书，犹如房间没有窗户。　　——威尔逊

书籍是任何一种知识的基础，是任何一门学科的基础的基橼。——茨威格

书籍并不是没有生命的东西，它包藏着一种生命的潜力，与作者同样地活跃。不仅如此，它还像一个宝瓶，把作者生机勃勃的智慧中最纯净的精华保存起来。　　——弥尔顿

有创见的书籍传布在黑暗的时代里，犹如一些太阳光照耀在荒凉的沙漠上，为的是化黑暗为光明。这些书是人类精神史上划时代的作品，人们凭借它们的原则，向种种新的发现迈进。书本是将圣贤豪杰的心照射到我们心里的忠实的镜子。　　——吉本

读书有三到，谓心到、眼到、口到。心不在此，则眼看不仔细，心眼既不专一，却只慢朗诵读，决不能记，久也不能久也。三到之中，心到最急，心既到矣，眼口岂不到乎？　　——朱熹

读书以过目成诵为能，最是不济事。　　——郑板桥

读书也像开矿一样，"沙里淘金"。　　——赵树理

我一生的嗜好，除了革命之外，就是读书。我一天不读书，就不能够生活。　　——孙中山

读一本好书，就是和许多高尚的人谈话。　　——歌德

喜欢读书，就等于把生活中寂寞的辰光换成巨大享受的时刻。

　　——孟德斯鸠

我喜欢读书，喜欢认识人，了解人。多读书，多认识人，多了解人，会扩大你的眼界，会使你变得善良些、纯洁些，或者对别人有用些。　　——巴金

读书之法无他，惟是笃志虚心，反复详玩，为有功耳。　　——朱熹

读书无嗜好，就能尽其多。不先泛览群书，则会无所适从或失之偏好，广然后深，博然后专。　　——鲁迅

读书之法，在循序渐进，熟读而精思。

　　——朱煮

读书务在循序渐进；一书已熟，方读一书，勿得鲁莽等，虽多无益。

——胡居仁

读书是学习，摘抄是整理，写作是创造。 ——吴晗

看书不能信仰而无思考，要大胆地提出问题，勤于摘录资料，分析资料，找出其中的相互关系，是做学问的一种方法。 ——顾颉刚

读书破万卷，胸中无适主，便如暴富儿，颇为用钱苦。 ——郑板桥

知古不知今，谓之落沉。知今不知古，谓之盲瞽。 ——王充

举一纲而万目张，解一卷而众篇明。 ——郑玄

知识，主要是靠主动"抓"出来的，不是靠"教"出来的。——钱三强

学而不厌，诲人不倦。 ——孔子

欲速是读书第一大病，功夫在绵密不间断，不在不速也。 ——陆珑

不积跬步，无以至千里；不积小流，无以成江海。 ——荀况

学而时习之，不亦说乎！ ——孔子

倘能生存，我当然仍要学习。

——鲁迅

热爱书吧——这是知识的泉源！

——高尔基

读书如吃饭，善吃者长精神，不善吃者长疾瘤。 ——袁牧

读书勿求多，岁月既积，卷帙自富。 ——冯班

读书必专精不二，方见义理。

——薛煊

无限相信书籍的力量，是我的教育信仰的真谛之一。 ——苏霍姆林斯基

嗜书如嗜酒，细味乃笃好。

——范成大

我读书越多，书籍就使我和世界越接近，生活对我也变得越加光明和有意义。 ——高尔基

读书对于智慧，也像体操对于身体一样。 ——艾迪生

当我们第一遍读一本好书的时候，我们仿佛觉得找到了一个朋友；当我们再一次读这本书的时候，仿佛又和老朋友重逢。 ——伏尔泰

任何时候我也不会满足，越是多读书，就越是深刻地感到不满足，越感到自己知识贫乏。 ——马克思

如果我阅读的和别人一样多，我就知道的和别人一样少。 ——霍伯斯

读书有三种方法：一种是读而不懂，另一种是既读也懂，还有一种是读而懂得书上所没有的东西。

——克尼雅日宁

要学会读书，必须首先读得非常慢，直到最后值得你精读的一本书，还是应该很慢地读。 ——法奇

了解一页书，胜于匆促地阅读一卷书。 ——麦考利

读书而不回想，犹如食物而不消化。 ——伯克

读书而不能运用，则所读书等于

废纸。　　　　　　　——华盛顿

书籍使一些人博学多识，但也使一些食而不化的人疯疯癫癫。

　　　　　　　　　——彼特拉克

读书越多，越感到腹中空虚。

　　　　　　　　　　——雪莱

读书是我唯一的娱乐。我不把时间浪费于酒店、赌博或任何一种恶劣的游戏；而我对于事业的勤劳，仍是按照必要，不倦不厌。　　——富兰克林

书读得越多而不假思索，你就会觉得你知道得很多；但当你读书而思考越多的时候，你就会清楚地看到你知道得很少。　　　　　——伏尔泰

读不在三更五鼓，功只怕一曝十寒。　　　　　　　——郭沫若

读书如饭，善吃饭者长精神，不善吃者生疾病。　　　　——章学诚

读书使人心明眼亮。　——伏尔泰

一个家庭中没有书籍，等于一间房子没有窗子。　　　——约翰森

书就是社会，一本好书就是一个好的世界、好的社会。它能陶冶人的感情和气质，使人高尚。　——波罗果夫

谁都不会死读一本书。每个人都从书中研究自己，要不是发现自己就是控制自己。　　　　——罗曼·罗兰

在所阅读的书本中找出可以把自己引到深处的东西，把其他一切统统抛掉，就是抛掉使头脑负担过重和会把自己诱离要点的一切。　——爱因斯坦

掌握知识不是为了争论不休，不是为了藐视别人，不是为利益、荣誉、权力或者达到某种目的的，而是为了用于生活。　　　　　　——培根

现在，我怕的并不是那艰苦严峻的生活，而是不能再学习和认识我迫切想了解的世界。对我来说，不学习，毋宁死。　　　　　——罗蒙诺索夫

应当记忆的不是结论，而是方法。方法是有弹性的，它可以在生活的任何场合应用，而结论呢，因为它和某种特定的条件有联系，它是一种凝固的东西。　　　　——艾·拉斯克尔

不下决心培养思考的人，便失去了生活中的最大乐趣。　——爱迪生

我认为人生最美好的主旨和人类生活最幸福的结果，无过于学习了。

　　　　　　　　　——巴尔扎克

读书对于我来说是驱散生活中的不愉快的最好手段。没有一种苦恼是读书所不能驱散的。　——孟德斯鸠

我一生的嗜好。除了革命外，只有好读书，我一天不读书，便不能生活。

　　　　　　　　　——孙中山

读了一本书，就像对生活打开了一扇窗户。　　　　　——高尔基

书籍的使命是帮助人们认识生活，而不是代替思想对生活的认识。

　　　　　　　　　——科尔查克

如果把生活比喻为创作的意境，那么阅读就像阳光。　　——池莉

书籍是青年人不可分离的生活伴侣和导师。　　　　　——高尔基

读书而不思考，等于吃饭而不消化。　　——波尔克

良书即益友，今明永如斯。

　　　　　　　　——塔帕

书籍是屹立在时间的汪洋大海中的灯塔。　　——惠普尔

不去读书就没有真正的教养，同时也不可能有什么鉴别力。　——赫尔岑

书是人类进步的阶梯，终生的伴侣，最诚挚的朋友。　——高尔基

你若喜欢上一本书了，不妨多读：第一遍可囫囵吞枣读，这叫享受；第二遍就静心坐下来读，这叫吟味；第三遍便要一句一句想着读，这叫深究。三遍读过，放上几天，再去读读，常又会有再新再悟的地方。你真真正正爱上这本书了，就在一个时期多找些这位作家的书来读，读他的长篇，读他的中篇，读他的短篇，或者散文，或者诗歌，或者理论，再读外人对他的评论，所写的传记，也可再读读和他同期作家的一些作品。这样，你知道他的文了，更知道他的人了，明白当时是什么社会，如何的文坛，他的经历、性格、人品、爱好等等是怎样促使他的风格的形成？

　　　　　　　　——贾平凹

少年读书，如隙中窥月；中年读书，如庭中望月；老年读书，如台上玩月。皆以阅历之深浅，为所得之深浅耳。　　　　——张潮

读书志在圣贤，为官心存君国。

　　　　　　　　——朱用纯

读书谓已多，抚事知不足。

　　　　　　　　——王安石

读书是最好的学习，追随伟大人物的思想，是富有趣味的事情啊。

　　　　　　　　——普希金

读书贵神解，无事守章句。

　　　　　　　　——徐洪钧

读书不知味，不如束高阁；蠹鱼尔何如，终日食糟粕。　——袁牧

立身以立学为先，立学以读书为本。　　　　　　——朱熹

要知天下事，须读古人书。

　　　　　　　　——冯梦龙

学习：学海无涯，漫漫上下求索

业精于勤，荒于嬉。　——韩愈

书籍里的道理是高贵的，老一辈的学者汲取了他周围的世界，经过推敲，在心里把它重新整理好，再陈述出来。它进入到他心里的过程是人生，从里面出来的却是真理；进去的时候是短暂的动作，出来的却是不朽的思想；进去的是琐事，出来的却是诗歌。它过去是死的事实，而现在则成了活的思想。它既可以守，又可以攻；它一忽儿忍耐，一忽儿飞翔，一忽儿又给人以灵感。

　　　　　　　　——爱默生

把学问过于用作装饰是虚假；完全依学问上的规则而断事是书生的怪癖。　　　　　　——培根

聪明的人有长的耳朵和短的舌头。

——弗莱格

重复是学习之母。　——狄慈根

当你还不能对自己说今天学到了什么东西时，你就不要去睡觉。

——利希顿堡

好问的人，只做了五分钟的愚人；耻于发问的人，终身为愚人。——佚名

求学的三个条件是：多观察、多吃苦、多研究。　——加菲劳

我的努力求学没有得到别的好处，只不过是越来越发觉自己的无知。

——笛卡尔

学到很多东西的诀窍，就是一下子不要学很多。　——洛克

学问是异常珍贵的东西，从任何源泉吸收都不可耻。

——阿卜·日·法拉兹

学习是劳动，是充满思想的劳动。

——乌申斯基

游手好闲的学习并不比学习游手好闲好。　——约·贝勒斯

有教养的头脑的第一个标志就是善于提问。　——普列汉诺夫

学问是苦根上长出来的甜果。

——李嘉图

不知则问，不能则学。——董仲舒

锲而舍之，朽木不折；锲而不舍，金石可镂。　——荀况

提出一个问题，往往比解决一个问题更重要。　——爱因斯坦

地不耕种，再肥沃也长不出果实；

人不学习，再聪明也目不识丁。

——西塞罗

历史使人明智，诗歌使人聪慧，数学使人精确，哲学使人深刻，伦理使人庄重，逻辑使人善辩。　——培根

时间应分配得精密，使每年、每月、每天和每小时都有它的特殊任务。

——笛卡尔

没有比时间更容易虚掷、更值得珍惜的事，倘若没有时间，我们在世上将一事无成。　——门捷列夫

我身上一切优秀的品质都要归功于书籍。　——高尔基

成功=艰苦的劳动+正确的方法+少说空话。　——爱因斯坦

知之为知之，不知为不知，是知也。　——《论语》

爱学出勤奋，勤奋出天才。

——郭沫若

天分高的人如果懒惰成性，亦即不自努力以发展他的才能，则其成就也不会很大，有时反会不如那天分比他低的人。　——茅盾

学习这件事不在于有没有人教你，最重要的是在于你自己有没有觉悟和恒心。　——法布尔

学知不足，业精于勤。　——韩愈

富贵必从勤苦得，男儿须读五车书。　——杜甫

惜时专心苦读是做学问的一个好方法。　——蔡尚思

学者贵知其当然与所以然，若偶能

然，不得谓为学。　　——孙中山

学乃身之宝，儒为席上珍。君看为宰相，必用读书人。

学者如登山焉，动而益高，如寤寐焉，久而益足。　　——徐干

在寻求真理的长河中，唯有学习，不断地学习，勤奋地学习，有创造性地学习，才能越重山跨峻岭。——华罗庚

三人行，必有我师焉。择其善者而从之，其不善者而改之。　——孔子

韬略终须建新国，奋发还得读良书。　　　　　　　——郭沫若

大学须志也，才须学也。非学无以广才，非志无以成学。——诸葛亮

唯一能持久的竞争优势是胜过竞争对手的学习能力。　——盖亚斯

知之者不如好之者，好之者不如乐之者。　　　　　　——孔子

非静无以成学。　——诸葛亮

谁游乐无度，谁就没有工夫学习。

　　　　　　　　　——法国谚语

我学习了一生，现在我还在学习，而将来，只要我还有精力，我还要学习下去。　　　　——别林斯基

学习有如母亲一般慈爱，它用纯洁和温柔的欢乐来哺育孩子，如果向它要额外的报酬，也许就是罪过。

　　　　　　　　　——巴尔扎克

学习文学而懒于记诵是不成的，特别是诗。一个高中文科的学生，与其囫囵吞枣或走马观花地读十部诗集，不如仔仔细细地背诵三百首诗。——朱自清

你们要学习思考，然后再来写作。

　　　　　　　　　——布瓦罗

青年最主要的任务是学习。

　　　　　　　　　——朱德

青年是学习智慧的时期，中年是付诸实践的时期。　　——卢梭

没有艰苦的学习，就没有最简单的科学发明。　　——南斯拉夫谚语

学习这件事不在乎有没有人教你，最重要的是在于你自己有没有觉悟和恒心。　　　　　——法布尔

千教万教教人求真，千学万学学做真人。　　　　　——陶行知

学习专看文学书，也是不好的。先前的文学青年，往往厌恶数学、理化、史地、生物学，以为这些都无足轻重，后来变成连常识也没有。——鲁迅

任何倏忽的灵感事实上不能代替长期的功夫。　　　——罗丹

略翻书数则，便不愧三餐。

　　　　　　　　　——陈字自

学而时习之，温故而知新。

　　　　　　　　　——孔子

天子重英豪，文章教儿曹。万般皆下品，惟有读书高。

文须字字作，亦要字字读。咀嚼有余味，百过良自知。　——元好问

人若志趣不远，心不在焉，虽学不成。　　　　　　——张载

家贫志不移，贪读如饥渴。

——范仲淹

熟读之法，于循序而渐进，熟读而精思。 ——朱熹

年少从他爱梨粟，长成须读五车书。 ——王安石

人无贤愚，非学曷成？——陆以湉

凡欲显勋绩扬光烈者，莫良于学矣。 ——王符

人能不食十二日，惟书安可一日无。 ——陆游

不要靠馈赠来获得一个朋友。你须贡献你挚情的爱，学习怎样用正当的方法来赢得一个人的心。 ——苏格拉底

必须记住我们学习的时间是有限的。时间有限，不只由于人生短促，更由于人事纷繁。我们应该力求把我们所有的时间用来做最有益的事。

——斯宾塞

好问，是好的。如果自己不想，只随口问，即能得到正确答复，也未必受到大益。所以学问二字，"问"放在"学"的下面。 ——谢觉哉

士欲宣其义，必先读其书。

——王符

闲有余日，正可学问。——陈继儒

人不光是靠他生来就拥有一切，而是靠他从学习中所得到的一切来造就自己。 ——歌德

学习，永远不晚。 ——高尔基

立身以立学为先，立学以读书为本。 ——郑耕老

努力向学，蔚为国用。——孙中山

人家不必论富贵，唯有读书声最佳。 ——唐寅

读和写是学生最必要的两种学习方法，也是通向周围世界的两扇窗口。

——苏霍姆林斯基

读书譬如饮食，从容咀嚼，其味必长；大嚼大咽，终不知味也。——朱熹

读书和学习是在别人思想和知识的帮助下，建立起自己的思想和知识。

——普希金

古今中外有学问的人，有成就的人，总是十分注意积累的。知识就是积累起来的，经验也是积累起来的。我们对什么事情都不应该像"过眼云烟"。

——邓拓

学而不已，阖棺乃止。 ——孔子

旦旦而学之，久而不怠焉，迄乎成。 ——彭瑞淑

只要心还在跳，就要努力学习。

——张海迪

处处是创造之地，天天是创造之时，人人是创造之人。 ——陶行知

学习中经常取得成功可能会导致更大的学习兴趣，并改善学生作为学习的自我概念。 ——布鲁姆

日习则学不忘，自勉则身不坠。

——徐干

儿童的心灵是敏感的，它是为着接受一切好的东西而敞开的。如果教师诱导儿童学习好榜样，鼓励仿效一切好的行为，那么，儿童身上的所有缺点就会

没有痛苦和创伤地不觉得难受地逐渐消失。 ——苏霍姆林斯基

与其找糊涂导师，倒不如自己走，可以省却寻觅的功夫，横竖他也什么都不知道。 ——鲁迅

人有坎，失于盛年；犹当晚学，不可自弃。 ——颜之推

钉子有两个好处：一个是挤劲，一个是钻劲。我们在学习上要提倡这种"钉子"精神，善于挤和钻。——雷锋

我所遇见的每一个人，或多或少都是我的老师，因为我从他们身上学到了东西。 ——爱默生

不学，则不明古道，而能政治太平者未之有也。 ——吴兢

学如逆水行舟，不进则退，不学则殆。 ——陈独秀

只有让学生不把全部时间都用在学习上，而留下许多自由支配的时间，他才能顺利地学习……（这）是教育过程的逻辑。 ——苏霍姆林斯基

博学笃志，神闲气静。——王永彬

学会学习的人，是非常幸福的人。 ——米南德

独学而无友，则孤陋而寡闻。 ——孔子

越学习，越发现自己的无知。 ——笛卡尔

天赋如同自然花木，要用学习来修剪。 ——培根

劳动教养了身体，学习教养了心灵。 ——史密斯

如果学校不能在课堂中给予学生更多成功的体验，他们就会以既在学校内也在学校外都完全拒绝学习而告终。 ——林格伦

构成我们学习最大障碍的是已知的东西，而不是未知的东西。——贝尔纳

至哉天下乐，终日在书案。 ——欧阳修

我们全都要从前辈和同辈学习到一些东西。就连最大的天才，如果想单凭他所特有的内在自我去对付一切，他也决不会有多大成就。 ——歌德

阅读的最大理由是想摆脱平庸，早一天就多一份人生的精彩；迟一天就多一天平庸的困扰。 ——余秋雨

学习知识要善于思考，思考，再思考。我就是靠这个方法成为科学家的。 ——爱因斯坦

任何一个人，都要必须养成自学的习惯，即使是今天在学校的学生，也要养成自学的习惯，因为迟早总要离开学校的！自学，就是一种独立学习、独立思考的能力。行路，还是要靠行路人自己。 ——华罗庚

培育能力的事必须继续不断地去做，又必须随时改善学习方法，提高学习效率，才会成功。 ——叶圣陶

倘能生存，我当然仍要学习。 ——鲁迅

学习如果想有成效，就必须专心。学习本身是一件艰苦的事，只有付出艰

苦的劳动，才会有相应的收获。

——谷超豪

学习要有三心：一信心；二决心；三恒心。

——陈景润

不向前不知道路远，不学习不明白真理。

——朝鲜谚语

不学习的人总以后悔而告终。

——土耳其谚语

少年喜书策，白首意未足。幽窗灯一点，乐处超五欲。

——陆游

大志非才不就，大才非学不成。

——郑心材

学必求其心得，业必贵其专精。

——章学诚

学习，学习，再学习！学，然后知不足。

——列宁

至于我，是向自然学习，是只爱真理的，哪怕只是真理的一个影子，也使我感到欢欣鼓舞，胜过一切给人带来荣华富贵的谬误。我宁愿在光天化日之下凭着我短绌的天资到处碰壁，也不肯在黑暗中凭着谨小慎微使自己得救或者发财。

——拉美特利

我们在我们的劳动过程中学习思考，劳动的结果，我们认识了世界的奥妙，于是我们就真正来改变生活了。

——高尔基

外物之味，久则可厌；读书之味，越久越深。

——程颢

学者贵于行之，而不贵于知之。

——司马光

如果不想在世界上虚度一生，那就要学习一辈子。

——高尔基

各种各样的蠢事，在每天阅读好书的作用下，仿佛烤在火上的纸一样渐渐燃尽。

——雨果

人要独立生活，学习有用的技艺。

——凯德

只要愿意学习，就一定能够学会。

——列宁

当你还不能对自己说今天学到了什么东西时，你就不要去睡觉。

——利希顿堡

为了成功地生活，少年人必须学习自立，铲除埋伏各处的障碍，在家庭要教养他，使他具有为人所认可的独立人格。

——卡耐基

书籍帮助我从一片烂泥塘里站了起来，如果没有书的帮助，我会被愚蠢和下流淹死。

——高尔基

读书患不多，思义患不明；患足已不学，既学患不行。

——韩愈

学到很多东西的诀窍，就是一下子不要学很多。

——洛克

学习和钻研，要注意两个不良，一个是"营养不良"，没有一定的文史基础，没有科学理论上的准备，没有第一手资料的收集，搞出来的东西，不是面黄肌瘦，就是畸形发展；二是"消化不良"，对于书本知识，无论古人今人或某个权威的学说，要深入钻研，过细咀嚼，独立思考，切忌囫囵吞枣，人云亦云，随波逐流，粗枝大叶，浅尝辄止。

——马寅初

听君一席话，胜读十年书。

——刘鹗

不动笔墨不读书。 ——徐特立

生命是一种语言，它为我们转达了某种真理；如果以另一种方式学习它，我们将不能生存。 ——叔本华

学习并不等于就是模仿某些东西，而是掌握技巧和方法。 ——高尔基

要在座的人都停止了说话的时候，有了机会，方才可以谦逊地把问题提出，向人学习。 ——约翰·洛克

中国留学生学习成绩往往比一起学习的美国学生好得多，然而十年以后，科研成果却比人家少得多，原因就在于美国学生思维活跃，动手能力和创造精神强。 ——杨振宁

在学习上做到眼勤、手勤、脑勤，就可以成为有学问的人。 ——吴晗

学习和研究好比爬梯子，要一步一步地往上爬，企图一脚跨上四五步，平地登天，那就必须会摔跤了。

——华罗庚

与其用华丽的外衣装饰自己，不如用知识武装自己。 ——马克思

在今天和明天之间，有一段很长的时间；趁你还有精神的时候，学习迅速办事。 ——歌德

我们不需要死读硬记，我们需要用基本的知识来发展和增进每个学习者的思考力。 ——列宁

路漫漫其修道远，吾将上下而求索。 ——屈原

如果学生在学校里学习的结果是使自己什么也不会创造，那他的一生永远是模仿和抄袭。 ——列夫·托尔斯泰

读书忌死读，死读钻牛角。

——叶圣陶

我们一定要给自己提出这样的任务：第一是学习；第二是学习；第三还是学习。 ——列宁

伟大的成绩和辛勤劳动是成正比例的，有一分劳动就有一分收获，日积月累，从少到多，奇迹就可以创造出来。

——鲁迅

自得读书乐，不邀为善名。

——王永彬

礼貌是一种语言。它的规则与实行，主要要从观察，从那些有教养的人们举止上去学习。 ——洛克

无贵无贱，无长无少，道之所存，师之所存也。 ——韩愈

先生不应该专教书，他的责任是教人做人；学生不应该专读书，他的责任是学习人生之道。 ——陶行知

活着就要学习，学习不是为了活着。 ——培根

学习外语并不难，学习外语就像交朋友一样，朋友是越交越熟的，天天见面，朋友之间就亲密无间了。

——高士其

人皆知以食愈饥，念莫知以学愈愚。 ——刘向

学习要注意到细处，不是粗枝大叶的，这样可以逐步学习、摸索，找到客

观规律。　　　　　　——徐特立

年轻只知学习营利，乃生命中最黯淡之时刻。　　　　　　——格里尔

重复是学习之母。　——狄更斯

士不厌学，故能成其圣。——管仲

对世界上的一切学问与知识的掌握也并非难事，只要持之以恒地学习，努力掌握规律，达到熟悉的境地，就能融会贯通，运用自如了。　——高士其

知识是珍贵宝石的结晶，文化是宝石放出的光泽。　　　——泰戈尔

游手好闲地学习，并不比学习游手好闲好。　　　——约翰·贝勒斯

好学则老而不衰，可免好得之患。
　　　　　　　　　　——申涵光

要时常听时常想时常学习，才是人生真正的生活方式。什么事也不抱希望，什么事也不学的人，没有生存的资格。　　　　　　　——佚名

多见者博，多闻者智，拒谏者塞，专己者孤。　　　　　　——桓宽

一日学一日功，一日不学十日空。
　　　　　　　　　　——佚名

问渠那得清如许，为有源头活水来。　　　　　　　　——朱熹

胸中不学，犹如手中无钱也。
　　　　　　　　　　——王充

吾尝终日不食，终夜不寝，以思，无益，不如学也。　　　——孔子

立志宜思真品格，读书须尽苦功夫。　　　　　　　——阮元

人永远是要学习的。死的时候，才是毕业的时候。　　　——萧楚女

人若志趣不远，心不在焉，虽学无成。　　　　　　　——张载

书籍是最有耐心、最能忍耐和最令人愉快的伙伴。在任何艰难困苦的时刻，它都不会抛弃你。　——史美尔斯

凡读无益之书，皆是玩物丧志。
　　　　　　　　　　——王豫

善读者日攻、日扫。攻则直透重围，扫则了无一物。　　——郑板桥

谁在装束和发型上用尽心思，谁就没有精力用于学习；谁只注意修饰外表的美丽，谁就无法得到内在的美丽。
　　　　　　　　　　——杨尊田

看书和学习——是思想的经常营养，是思想的无穷发展。——冈察洛夫

体力劳动对于小孩子来说，不仅是获得一定的技能和技巧，也不仅是进行道德教育，而且还是一个广阔无垠的惊人的丰富的思想世界。这个世界激发着儿童的道德的智力的审美的情感，如果没有这些情感，那么认识世界（包括学习）就是不可能的。——苏霍姆林斯基

天赋如同自然花木，要用学习来修剪。　　　　　　　——培根

由经验而得的智慧，胜于学习而得。　　　　　　——阿富汗谚语

以前我们总是认为自己很聪明，但是学习了没有很好地去执行，反被聪明误。　　　　　——安东尼罗

学习到二十五岁，研究到四十岁，六十岁之前完成一切。　——奥勒斯

正是问题激发我们去学习、去实践、去观察。
——鲍波尔

未来真正出色的企业，将是能够设法使各阶层人员全心投入，并有能力不断学习的组织。
——彼得·圣吉

学习任何知识的最佳途径是由自己去发现，因为这种发现理解最深，也最容易掌握其中的规律、性质和联系。
——波莉亚

虚心学习短变长，骄傲自满长变短。
——朝鲜谚语

只向最顶端的人学习，只和最棒的人交往，只做最棒的人做的事。
——陈安之

一定要向成功的人学习，尤其是世界级的成功人士。
——陈安之

要不断地请教成功者，学习他们成功的方法。
——陈安之

教学必须从学习者已有的经验开始。
——杜威

学万科，我们终于做到了比较从容、专业地发展；学柳传志，我们学到了一个好的价值观，企业比较稳；学马云，就要学习在新商业文明下的规则怎么生存。
——冯仑

幸福是可以通过学习来获得的，尽管它不是我们的母语。
——韩寒

向一切成功者和失败者学习思想方法。
——何祚庥

无目的读书是散步而不是学习。
——胡适

一切本能活动的主要任务……是在于引发学习的过程
——华生

我乐意向成功者学习和从成败中总结经验。
——邹金宏

学习是进步的源泉，是企业永续经营的保证，而培训与交流则是一名培训师乃至管理高层的职责。
——邹金宏

我一生都在学习怎样生活。到我学得差不多时……此生也将近尾声了。
——霍克曼

只有实际生活中可以学习，只有实际生活能教训人，只有实际生活能产生社会思想。
——瞿秋白

许多年轻人在学习音乐时学会了爱。
——莱杰

大学是人生的关键阶段。这是因为，这是你一生中最后一次有机会系统性地接受教育。这是你最后一次能够全心建立你的知识基础。这可能是你最后一次可以将大段时间用于学习的人生阶段，也可能是最后一次可以拥有较高的可塑性、集中精力充实自我的成长历程。这也许是你最后一次能在相对宽容的，可以置身其中学习为人处世之道的理想环境。
——李开复

我们不需要死读硬记，我们需要用基本的知识来发展和增进每个学习者的思考力。
——列宁

一个人要学习接受失败，利用倒下的时间喘气，并思考再攻击的方法。
——刘墉

倘能生存，我当然仍要学习。
——鲁迅

礼貌是一种语言。它的规则与实行，主要要从观察、从那些有教养的人们举止上去学习。　——洛克

每个人都有失去自信，怀疑自己能力的时候，尤其是在每个人都有失去自信，怀疑自己能力的时候，尤其是在逆境中的时候。但真正懂得行动艺术的人，却可以用坚强的毅力克服它，会告诉自己每个人都有失败的时候，有失败得很惨的时候，会告诉自己不论事前做了多少准备、思考多久，真正着手做的时候，都有难免会犯错误。然而，被动的人，并不把失败视为学习和成长的机会，却总在告诫自己：或许我真的不行了，以致失去了积极参与未来的行动。　——洛克菲勒

我永远相信只要永不放弃，我们还是有机会的。最后，我们还是坚信一点，这世界上只要有梦想，只要不断努力，只要不断学习，不管你长得如何，不管是这样，还是那样，男人的长相往往和他的才华成反比。今天很残酷，明天更残酷，后天很美好，但绝对大部分是死在明天晚上，所以每个人不要放弃今天。　——马云

性格和情商，主要还是由后天学习和塑造的。　——马云

有时候死扛下去总是会有机会的。所有的创业者应该多花点时间，去学习别人是怎么失败的。　——马云

我们要做到花钱三不眨眼：孝敬老人花钱不眨眼；为铁哥们花钱不眨眼；为了学习成长花钱不眨眼。　——翟鸿燊

人际沟通，最忌讳的就是一脸死相。要学习《亮剑》中李云龙的笑。笑能改变自己，笑能给人以力量，笑能创造良好气氛，笑能带给他人愉悦，笑是成功的阶梯。　——翟鸿燊

未来二十年，中国人崇拜的将是知识而不是官员。这一点我们应该向日本学习，这个民族对知识的尊重，无以复加。但现在在中国有点钱的人，有点小权的人，哪怕是个科长，也可以照样把大学教授弄得没有尊严。这种貌似聪明的聪明，扬扬自得的市侩，是多么肤浅啊。　——郑强

从观察中不仅可以汲取知识，而且知识在观察中可以活跃起来，知识借助观察而"进入周转"，像工具在劳动中得到运用一样。如果说复习是学习之母，那么观察就是思考和识记知识之母。一个有观察力的学生，绝不会是学业成绩落后或者文理不通的学生。　——苏霍姆林斯基

简历是供人筛选给予你面试机会用的，所以不管写什么，一定要突出自己的优点。在校的学习成绩不重要，重要的是你要有学习的能力。　——唐骏

生活、工作、学习倘使都能自动，则教育之收效定能事半功倍。所以我们特别注意自动力之培养，使它关注于全部的生活工作学习之中。自动是自觉的行动，而不是自发的行动。自觉的行

动，需要适当的培养而后可以实现。

——陶行知

我们应该赞美岩石的坚定。我们应该学习岩石的坚定。我们应该对革命有着坚强的信念。 ——陶铸

你别太骄傲了。还有给老师的印象呢，这也很重要。就算你会了，也得给老师一个印象，她教的东西学起来很吃力。学生得有个学生样儿。上学不光是学知识，更重要的是学习怎么和你不喜欢的人相处，怎么去赢得别人的好感，这才是门大学问哪。 ——王朔

自己拼命学习的事会变成才能。

——维基

青年人首先要树雄心，立大志，其次就要决心为国家、人民做一个有用的人才；为此就要选择一个奋斗的目标来努力学习和实践。 ——吴玉章

如果灵魂仍能研究和学习，那么没有什么比老年的空闲更快乐了……空闲存于善良的行动，人类借着它才能在道德上、智能上与精神上获得成长。

——西赛罗

当我还是个不谙世事、学习成绩相当糟糕的孩子时，父亲给我的是爱和鼓励；当我成了一名推销员时，他给我以不遗余力的帮助；但是当我行将执掌拥有成千上万职工的企业大权时，他却迫使我在每一个重大问题上和他争论，使我了解他思考和处理问题的方法。

——小托马斯·沃森

学习有时候只改变一个人的态度中思想与信念的成分，而没有改变情感与行为倾向，因此时间一过，态度又恢复原状。 ——佚名

由经验而得的智慧，胜于学习而得的智慧。 ——佚名

织网是为了多捕鱼；磨刀是为了多砍柴；播种是为了多收获；学习是为了多创造。 ——佚名

水不流要臭，刀不磨要锈，人不学习会落后。 ——佚名

学习本无底，前进莫彷徨。

——佚名

重复是学习之母。 ——佚名

学习有两忌，自高和自狭。

——佚名

锲而不舍地学习，就像玉石上的雕刻一样，日子虽长，字迹依旧清晰，不求甚解地读书，犹如砂石上的记录，后面正在写，前面已被风沙吹盖得无影无踪。 ——佚名

地不耕种，再肥沃也长不出果实；人不学习，再聪明也目不识丁。

——意大利谚语

不学习的人，像不长谷物的荒地。

——印度谚语

为了在教学上取得预想的结果，单是指导学生的脑力活动是不够的，还必须在他身上树立起掌握知识的志向，即创造学习的诱因。 ——赞科夫

对所学知识内容的兴趣可能成为学习动机。 ——赞科夫

古之学者为己，其终至于成物。今

之学者为物，其终至于丧己。（古代学习的人为了完善自我而学习，最终成为知名人物；今天学习的人为了知名人物而学习，最终丧失了自己。）

——曾国藩

学习和为本，取次之，行次之，言次之。
——曾国藩

"乐学"，反对学海无涯苦作舟。"学乐""群乐"精神，学习是快乐的。学乐精神是建立学习组织的关键
——翟鸿燊

交学费，是学习很重要的一部分；钱在哪里，心在哪里，人在哪里，收获在哪里。
——翟鸿燊

安安分分学习，读完该读的书。想伤心时，痛快地伤心，想欢喜时也同样痛快地欢喜。
——米娜

读书是最好的学习。追随伟大人物的思想，是最富有趣味的一门科学。
——普希金

我由衷地期望年青一代医生珍惜时间，勤于学习，勤于思考，成为一个优秀的好医生，一个杰出的医学家。最后我提出一句话"做人要知足，做事要知不足，做学问要不知足"，愿与各位同道共勉之。
——裘法祖

时光不能倒流，如果人能够从八十岁开始倒过来活的话，人生一定会更加精彩。注解：年轻人不要光从书本上学习，一定要学会从实践中学习，从经历的失败和磨难中学习。
——任正非

劳动教养了身体，学习教养了心灵。
——史密斯

生命是一种语言，它为我们转达了某种真理；如果以另一种方式学习它，我们将不能生存。
——叔本华

构成我们学习最大障碍的是已知的。
——斯宾塞

要建设，就必须有知识，必须掌握科学。而要有知识，就必须学习，顽强地、耐心地学习。向所有的人学习，不论向敌人或朋友都要学习，特别是向敌人学习。
——斯大林

品格修养篇

诚信：言出必行绽放的一朵花

本性流露永远胜过豪言壮语。

——莱辛

说话不考虑，等于射击不瞄准。

——塞万提斯

说谎话的人所得到的，就只是即使说了真话也没有人相信。——伊索

真正的谦虚只能是对虚荣心进行了深思以后的产物。——柏格森

诚实比起腐败会给你赢得更多的好处。——莎士比亚

生命不可能从谎言中开出灿烂的鲜花。——海涅

虚伪永远不能凭借它生长在权利中而变成真实。——泰戈尔

凡是与虚伪相矛盾的东西都是极其重要而且有价值的。——高尔基

我并无过人的特长，只是忠诚老实，不自欺欺人，想做一个"以身作则"来教育人的平常人。——吴玉章

人世间最恶劣的谎言是自己欺骗自己。——迦尔洵

虚荣心很难说是一种恶行，然而一切恶行都围绕虚荣心而生，都不过是满足虚荣心的手段。——柏格森

人不能像走兽那样活着，应该追求知识和美德。——但丁

人类被赋予了一种工作，那就是精神的成长。——列夫·托尔斯泰

人类最不道德订户，是不诚实与懦弱。——高尔基

枯树不结果，谎言不值钱。

——蒙古谚语

人之相识，贵在相知；人之相知，贵在知心。——孟子

如果道德败坏了，趣味也必然会堕落。——狄德罗

如果要别人诚信，首先要自己诚信。——莎士比亚

善良——这是天才者的伟大品质之一。——安格尔

诚能感人，谦则受益，古人不易之理也。——聂维模

失去了诚信，就等同于敌人毁灭了自己。——莎士比亚

我深信只有有道德的公民才能向自己的祖国致以可被接受的敬礼。

——卢梭

我愿证明，凡是行为善良与高尚的

人，定能因之而担当患难。——贝多芬

信用是难得失的，费十年工夫积累的信用，往往由于一时的言行而失掉。
——池田大作

言不信者，行不果。 ——墨子

要我们买他的诚实，这种人出售的是他的名誉。 ——沃夫格

以诚感人者，人亦诚而应。
——程颐

志薄弱的人，一定不会诚实。
——拉罗什富科

应该热心地致力于照道德行事，而不要空谈道德。 ——德谟克利特

有德行的人之所以有德行，只不过受到的诱惑不足而已；这不是因为他们生活单调刻板，就是因为他们专心一意奔向一个目标而无暇旁顾。 ——邓肯

在一个人民的国家中还要有一种推动的枢纽，这就是美德。——孟德斯鸠

在一切道德品质中，善良的本性是世界上最需要的。 ——罗素

真诚才是人生最高的美德。
——乔叟

真诚是一种心灵的开放。
——拉罗什富科

真诚与朴实是天才的宝贵品质。
——斯坦尼斯拉夫斯基

真话说一半常是弥天大谎。
——富兰克林

失信就是失败。 ——左拉

实话可能令人伤心，但胜过谎言。
——瓦·阿扎耶夫

守法和有良心的人，即使有迫切的需要也不会偷窃，可是，即使把百万金元给了盗贼，也没法儿指望他从此不偷不盗。 ——克雷洛夫

内不欺己，外不欺人。 ——孔子

人而无信，不知其可也。——孔子

言必信，行必果。 ——子路

你必须以诚待人，别人才会以诚回报。 ——李嘉诚

诚实是人生永远最美好的品格。
——高尔基

老老实实最能打动人心。
——莎士比亚

没有一处遗产像诚实那样丰富的了。 ——莎士比亚

对自己的忠实，才不会对别人欺诈。 ——莎士比亚

诚实和勤勉应该成为你永久的伴侣。 ——富兰克林

难听的实话胜过动听的谎言。
——苏尤里·郁达列夫

即使开始时，怀有敌意的人，只要自己抱有真实和诚实去接触，就一定能换来好意。 ——池田大作

诚实比一切智谋更好，而且它是智谋的基本条件。 ——康德

要宣扬你的一切，不必用你的言语，要用你的本来面目。 ——卢梭

忠诚的高尚和可敬，无与伦比。
——裴多菲

诚信就像人生航船的桨，控制着

人生的去向。　　　　——佚名

勿以恶小而为之，勿以善小而不为。惟贤惟德，能服于人。　——刘备

不患位之不尊，而患德之不崇；不耻禄之不伙，而耻智之不博。——张衡

土扶可城墙，积德为厚地。

——李白

行一件好事，心中泰然；行一件歹事，衾影抱愧。　　　——袁涵光

一个人最伤心的事情无过于良心的死灭。　　　　　　——郭沫若

害羞是畏惧或害怕羞辱的情绪，这种情绪可以阻止人不去犯某些卑鄙的行为。　　　　　——斯宾诺莎

感情有着极大的鼓舞力量，因此，它是一切道德行为的重要前提。

——凯洛夫

没有伟大的品格，就没有伟大的人，甚至也没有伟大的艺术家，伟大的行动者。　　　　——罗曼·罗兰

理智要比心灵为高，思想要比感情可靠。　　　　　　——高尔基

良心是由人的知识和全部生活方式来决定的。　　　　——马克思

你要喜爱你自己的价值，你就得给世界创造价值。　　　——歌德

美德有如名香，经燃烧或压榨而其香越烈，盖幸运最能显露恶德而厄运最能显露美德也。　　　　——培根

我愿证明，凡是行为善良与高尚的人，定能因之而担当患难。——贝多芬

阴谋陷害别人的人，自己会首先遭到不幸。　　　　　　——伊索

善气迎人，亲如弟兄；恶气迎人，害于戈兵。　　　　　——管仲

知耻近乎勇。　　　　——孔子

辱，莫大于不知耻。　——王通

不诚则有累，诚则无累。——杨时

正直：一颗心带给世界的温暖

人虽只有一颗心，然而有左右两个心房，所以做事不但要为自己想，也要为别人想。　　　　　——于丹

少年以正道为做一切事情的基础。　　　　　　——劳伦斯

百事坦直，卑鄙的人就远远走路。

——布雷克

正义是永恒的太阳，世界无不拖延它的到来。　　　——菲力普斯

仰不愧于天，义以方外。

——孟轲

聪明的人不听阿谀的话，正直的人不干不磊落的事。　——蒙古族民谚

谁低下脖子，谁就会被人当马骑。

——欧洲民谚

穷不失义，达不离道。——孔子

言动举止，至微至粗之事，皆当合理。　　　　　　——黄宗羲

直言，国之良药；有言之人，国之良医。　　　　　　——唐甄

一生无媚骨，至死不饶罪。

——陈毅

安能摧眉折腰事权贵，使我不得开心颜。　　　　　——李白

百尺无寸枝，一生自孤直。
　　　　　　　　　　——宋之问

好人常直道，不顺世间逆。
　　　　　　　　　　——孟郊

奴颜婢膝真乞丐。　——陆龟蒙

内不欺己，外不欺人。
　　　　　　　　——弘一大师

你必须对自己忠实，你才不会对别人欺诈。　　　　——莎士比亚

诚实的人哪怕是罪人，也会讲真话。　　　——威·赫兹里特

君子处世宁风霜自挟，毋鱼鸟亲人。　　　　　　　——金缨

进不失廉，退不失行。　——晏子

正直是最好的策略。
　　　　　　　　——西班牙谚语

正直的人就是有见识的人。
　　　　　　　　——英国谚语

正直是美妙的东西，重价买不到。
　　　　　　　　——欧洲谚语

用心莫如直。　　　——李翱

守正直而佩仁义。　　——朱熹

聪明正直者为神。　　——柳宗元

你若正直，不要怕人诽谤。
　　　　　　　　　　——萨迪

对一个正直的人来说，流言是起不了作用的。　　　——菲·纳谢

正直是一生之宝。　——朝鲜谚语

正直才能持久。　　——德国谚语

几何以直线为最近，修身以正直为最好。　　　　　——欧洲谚语

没有比正直更富的遗产。
　　　　　　　　——莎士比亚

我们的奋斗目标，不是长寿，而是活得正直。　　　　——塞内加

做一个圣人，那是特殊情形；做一个正直的人，那却是为人的正轨。
　　　　　　　　　　——雨果

清心为治本，直道是身谋。
　　　　　　　　　　——包拯

人之生也直，心直则身直，可立地参天。　　　　　——王文禄

但教方寸无诸恶，狼虎丛中也立身。　　　　　　　——冯道

丈夫志气直如铁，无曲心中道自真。　　　　　　　——寒山

松柏本孤直，难为桃李颜。
　　　　　　　　　　——李白

厉鬼不能夺其正，利剑不能折其刚。　　　　　　　——谢榛

心正何愁着鬼迷。　——周螺冠

心正自然邪不扰，身端怎有恶来欺。　　　　　　——冯梦龙

正直虽不是善行，却是缺乏罪恶的证据。　　　　　——托尔斯泰

我不能同镀金的邪恶和睦相处！
　　　　　　——陀思妥耶夫斯基

人道有人合，路直有人行，树直用处多，人直朋友多。　——匈牙利谚语

对一个有优越才能的人来说，懂得平等待人，是最伟大、最正直的品质。
　　　　　　——理查德·斯蒂尔

正直的人必须和正直的人为伍，因为谁是那样刚强，能够不受诱惑呢？

——莎士比亚

明朗之言会收到清正之果。

——美国谚语

什么叫好人，又谁算是坏人，人生路程既漫长又远，少不了得罪过一些人，又伤害过一些人，同时，自己也摔跤，受伤，又或是有些人觉得阁下成功，等于他的失败，因此怀恨在心，世上没有好人坏人，除非真的持枪抢劫，伤天害理。

——亦舒

谦虚：无以为骄、无以为傲的修行

一个人聪明固然好，聪明人洞悉先机不会吃亏，可是你无须让全世界人知道你是个聪明人。

——亦舒

智者说话，是因为他们有话要说；愚者说话，则是因为他们想说。

——柏拉图

谦虚是不可缺少的品德。

——孟德斯鸠

九牛一毫莫自夸，骄傲自满必翻车。历览古今多少事，成由谦逊败由奢。

——陈毅

不满足是向上的车轮。 ——鲁迅

劳谦虚己，则附之者众；骄慢倨傲，则去之者多。

——葛洪

恃国家之大，矜民人之众，欲见威于敌者，谓之骄兵。

——魏相

放荡功不遂，满盈身必灾。

——张咏

虚己者进德之基。 ——方孝孺

满盈者，不损何为？慎之！慎之！

——朱舜水

人生大病，只是一"傲"字。

——王阳明

不骄方能师人之长，而自成其学。

——谭嗣同

人生至愚是恶闻已过，人生至恶是善谈人过。 ——申居郧

盛满易为灾，谦冲恒受福。

——张廷玉

骄傲自满是我们的一座可怕的陷阱；而且，这个陷阱是我们自己亲手挖掘的。 ——老舍

昂着头出征，夹着尾巴回家，是庸弩而又好战的人的常态。 ——冯雪峰

我们不要把眼睛生在头顶上，致使用了自己的脚踏坏了我们想得之于天上的东西。 ——冯雪峰

我们不能一有成绩，就像皮球一样，别人拍不得，轻轻一拍，就跳得老高。成绩越大，越要谦虚谨慎。

——王进喜

一个骄傲的人，结果总是在骄傲里毁灭了自己。 ——莎士比亚

凡过于把幸运之事归功于自己的聪明和智谋的人多半是结局很不幸的。

——培根

一种美德的幼芽、蓓蕾，这是最宝贵的美德，是一切道德之母，这就是谦

逊；有了这种美德我们会其乐无穷。

——加尔多斯

谨慎比大胆要有力量得多。

——雨果

切忌浮夸铺张。与其说得过分，不如说得不全。　——列夫·托尔斯泰

成功的第一个条件是真正的虚心，对自己的一切敝帚自珍的成见，只要看出同真理冲突，都愿意放弃。

——斯宾塞

谦逊可以使一个战士更美丽。

——奥斯特洛夫斯基

国民的感情中最难克服的要数骄傲了，随你如何把它改头换面，与之斗争，使之败阵，扑而灭之，羞而辱之，它还会探出头来，显示自己。

——富兰克林

当我们是大为谦卑的时候，便是我们最近于伟大的时候。　——泰戈尔

自负对任何艺术是一种毁灭。骄傲是可怕的不幸。　——季米特洛夫

将拒谏则英雄散，策不从则谋士叛。　　　　　　——黄石公

不傲才以骄人，不以宠而作威。

——诸葛亮

气忌盛，新忌满，才忌露。

——吕坤

念高危，则思谦冲而自牧；惧满盈，则思江海下百川。　——魏征

好说己长便是短，自知己短便是长。　　　　　　——申居郧

虚心不是一般所谓谦虚，只是表面

上接受人们的意见，也不是与人们无争论无批评，把是非和真理的界限模糊起来，而必须保持自己的政治立场，当自己还未了解他人意见时不盲从。

——徐特立

一分钟一秒钟自满，在这一分一秒间就停止了自己吸收的生命和排泄的生命。只有接受批评才能排泄精神的一切渣滓。只有吸收他人的意见才能添加精神上新的滋养品。　——徐特立

自信：肯定自我，光荣绽放

喷泉的高度不会超过它的源头；一个人的成就不会超过他的信念。

——美国谚语

最可怕的敌人，就是没有坚强的信念。　　　　　——法国谚语

对我们帮助最大的，并不是朋友们的实际帮助，而是我们坚信得到他们的帮助的信念。　　——伊壁鸠鲁

如果你真的相信自己，并且深信自己一定能达到梦想，你就真的能够步入坦途，而别人也会更需要你。——戴尔

自信是英雄主义的本质。

——爱默生

宁肯折断骨头，不能放弃信念。

——蒙古谚语

放弃信念，无异死亡。

——法国谚语

自尊不是轻人，自信不是自满，独立不是孤立。　　　——徐特立

人有了坚定的信念才是不可战胜的。 ——贝蒂

如果没有自信心的话，你永远也不会有快乐。 ——拉罗什富科

人们不太看重自己的力量——这就是他们软弱的原因。 ——高尔基

信念！有信念的人经得起任何风暴。 ——奥维德

有必胜信念的人才能成为战场上的胜利者。 ——希金森

宁肯孑然而自豪地独守信念，也莫不辨是非地随波逐流。——查·丘吉尔

人的强烈愿望一旦产生，就很快会转变成信念。 ——爱·扬格

产生信念是要付出很高的代价的。 ——本·琼森

信念是心灵的良知。——汉·沃德

只有信念使快乐真实。 ——蒙田

信念是有益的，但它不具有真理性。 ——阿米尔

人须有自信之能力，当从自己良心上认定是非，不可以众人之是非为从违。 ——章太炎

只因生命在继续才盲目地产生信念，这种信念是空的。 ——桑塔亚那

人有没有信念并非取决于铁链或任何其他外在的压力。 ——托·卡莱尔

每个人总以为自己的信念都是正确的。 ——威·柯珀

正义的事业能够产生坚定信念和巨大的力量。 ——托·富勒

新鲜有力的主义，在性质上本来就有排他性。从开始就容忍敌方的信念，不可能有行动力，显得软弱，而毫无功效。 ——杜·伽尔

宁可一死，也要把从先辈手中接管的祖国交给我们的后代。这就是我们的信念，这就是我们的忠诚。

——华兹华斯

地位越高，自我评价就越高，自信心多强，能力就有多强。我们总能表现出与环境的和谐平等。 ——赫兹里特

技能和信心加在一起便是一支无往而不胜的军队。 ——欧洲谚语

许多人都是由于本身软弱而做出问心有愧的事来的，并非都是蓄意背信弃义。 ——拉罗什富科

教育能增加人固有的价值。有素的训练能坚定人的信心。 ——贺拉斯

决心就是力量，信心就是成功。

——列夫·托尔斯泰

女性需要优异的信心，甚于基于道理的信心；男性需要严肃的信心，甚于优异的信心。 ——裒贝尔

一百个满怀信心和决心的人，要比一万个谨小慎微的和可敬的可尊重的人强得多。 ——辛克莱

世界上使社会变得伟大的人，正是那些有勇气在生活中尝试和解决人生新问题的人！ ——泰戈尔

在任何情况之下，天神都不会用镣铐来束缚他所创造的人的；他使他们的生活经常发生变化，从而得到启发。

——泰戈尔

一经打击就灰心泄气的人，永远是个失败者。
——毛姆

不怕百战失利，就怕灰心丧气。
——佚名

如果漂亮的脸蛋是份推荐书的话，那么圣洁的心就是份信用卡。
——布尔沃·利顿

社交场上的信心比机智更加重要。
——拉罗什富科

信心是人的征服者；它战胜了人，又存在于人的心中。——马·法·塔伯

信心可以移山。 ——英国谚语

技能和信心是无敌的军队。
——英国谚语

信心比天才重要。 ——希腊谚语

信心是命运的主宰。——美国谚语

发明家全靠一股了不起的信心支持，才有勇气在不可知的天地中前行。
——法国谚语

信心来自谨慎，我们每做一件事都应该既小心谨慎，又充满信心。
——爱比克泰德

每个人都是自己前途最权威的设计者和建筑者。自信和自靠，是坚强性格的主要依靠。 ——佚名

只有你先自信，别人才会信你。
——佚名

缺乏信心并不是因为出现了困难，而出现困难恰是因为缺乏信心。
——佚名

最可怕的敌人，就是没有坚强的信念。
——罗曼·罗兰

在战场上，一个人有时会战胜一千个人，但只有战胜自己的人，才是最伟大的胜利者。 ——尼赫鲁

缺乏信心并不是因为出现了困难，而出现困难倒是因为缺乏信心。
——塞内加

信仰的主要组成部分是耐心。
——乔·麦克唐纳

弱者，或趋向衰落人们的贫穷生活需要对神的信仰。但是自己心中拥有太阳和生命的人除了自己以外，有必要到什么地方去寻找信仰吗?
——罗曼·罗兰

信仰的价值恐怕胜于真理的价值吧! 真理不讲情，但信仰却具有慈母之心，科学对于我们的渴望是冷淡的，而信仰却安慰我们。 ——阿密埃尔

劳动使人建立起对自己的理智力量的信心。 ——高尔基

每个人的精神上都有几根感情的支柱对父母的、对信仰的、对理想的、对挚友和爱情的感情支柱。无论哪一根断了，都要心痛的。 ——柳青

信心能撑破口袋。——西班牙谚语

坚信自己的思想，相信自己心里认准的东西也一定适合于他人这就是天才。 ——爱默生

除了知识和学问之外，世上没有其他任何力量能在人们的精神和心灵中，在人的思想、想象、见解和信仰中建立起统治和权威。 ——培根

谁中途动摇信心，谁就是意志薄弱

者；谁下定决心后，缺少灵活性，谁就是傻瓜。
——诺尔斯

幽默是表明工人对自己事业具有信心并且表明自己占着优势的标志。
——恩格斯

敞开心扉是为了虚荣，为了侃侃而谈，为了得到别人的信赖，为了交换秘密。
——拉罗什富科

自信与骄傲有异；自信者常沉着，而骄傲者常浮扬。
——梁启超

道德：人所不知时的行为表现

精神上的道德力量发挥了它的潜能，举起了它的旗帜，于是我们的爱国热情和正义感在现实中均得施展其威力和作用。
——黑格尔

没有任何东西比人类的爱更富有智慧、更复杂。它是花丛中最娇嫩的而又最质朴、最美丽和最平凡的花朵，这个花丛的名字叫道德。——苏霍姆林斯基

患难中支持我的是道德，使我不曾自杀的，除了艺术以外也是道德。
——贝多芬

如果道德败坏了，趣味也必然会堕落。
——狄德罗

装饰对于德行也同样是格格不入的，因为德行是灵魂的力量和生气。
——卢梭

我深信只有有道德的公民才能向自己的祖国致以可被接受的敬礼。
——卢梭

让我们把不名誉作为刑罚最重的部分吧！
——孟德斯鸠

对于事实问题的健全的判断是一切德行的真正基础。
——夸美纽斯

德行的实现是由行为，不是由文字。
——夸美纽斯

不论将来自己达到一个什么样的辉煌的顶点，决不能把自己的才能当成商品。
——张洁

内容丰富的言辞就像闪闪发光的珠子。真正聪明睿智的却是言辞简短的。
——培根

人而无德，生而何益？
——法国谚语

道德是永存的，而财富每天在更换主人。
——普卢塔克

道德应当成为科学的指路明灯。
——布夫勒

修身洁行，言必由绳墨。
——王安石

人类最大的幸福就在于每天能谈谈道德方面的事情。无灵魂的生活就失去了人的生活价值。
——苏格拉底

遵照道德准则生活就是幸福的生活。
——亚里士多德

有道德的人时刻注意光明正大。
——金缨

感情有着极大的鼓舞力量，因此，它是一切道德行为的重要前提，谁要是没有强烈的志向，也就不能够热烈地把这个志向体现于事业中。
——凯洛夫

真理的发现，或道德责任的完

成，都引起我们的欢欣，使我们整个生命震颤。
——克罗齐

人类的食粮大半是谎言，真理只有极少的一点。人的精神非常软弱，担当不起纯粹的真理；必须由他的宗教、道德、政治、诗人、艺术家，在真理之外包上一层谎言。
——佚名

光明正大的人，不做见不得人的坏事。
——吴承恩

人能克己身无患，事不欺心睡自安。
——马致远

宽宏精神是一切事物中最伟大的。
——欧文

你若正直，不要怕人诽谤。
——萨迪

高行微言，所以修身。——黄石公

生活是欺骗不了的，一个人要生活得光明磊落。
——冯雪峰

诚者，圣人之本，百行之源也。
——周敦颐

德之不修，学之不讲，闻义不能徙，不善不能改，是吾忧也。——孔子

人应该装饰的是心灵，不是肉体。
——高尔基

善良既是历史中稀有的珍珠，善良的人便几乎优于伟大的人。——雨果

人的美并不在于外貌、衣服和发式，而在于他的本身，在于他的心。要是人没有心灵的美，我们常常会厌恶他漂亮的外表。——奥斯特洛夫斯基

真正积极的人，只能是会爱别人的人，高尚的人。——车尔尼雪夫斯基

人类最大的幸福就在于每天能谈谈道德方面的事情。无灵魂的生活就失去了人的生活价值。——苏格拉底

一般就在部分之中，谁不属于自己的祖国，那么他也就不属于人类。
——别林斯基

欲为天下第一等人，当作天下第一等事。
——胡居仁

要成为杰出的人物，就应当干出杰出的事业。
——胡居仁

真理和美德是艺术的两个密友。你要当作家、当批评家吗？请首先做一个有道德的人。
——狄德罗

那些立身扬名出类拔萃的，他们凭借的力量是德行，而这也正是我的力量。
——贝多芬

好的习惯比法律还正确。
——欧里庇得斯

忍耐和时间，往往比力量和愤怒更有效。
——拉·封丹

怜此皎然质，无人自芳馨。
——白居易

镜子明则尘埃不染，智明则邪恶不生。
——史襄哉

能明辨是非，就能抑止邪恶行为的萌发。
——史襄哉

虚荣的人注视着自己的名字；光荣的人注视着祖国的事业。
——何塞·马蒂

点燃了的火炬不是为了火炬本身，就像我们的美德应该超过自己照亮别人，否则等于没用。——莎士比亚

只有心地善良的人才能易于接受道德的熏陶。谁要是没有受到过善良的教育，没有感受过与人为善的那种欢乐，谁就不感觉到自己是真实而美好的事物的坚强勇敢的卫士，他就不可能成为集体的志同道合者。 ——苏霍姆林斯基

品德，应该高尚些；处世，应该坦率些；举止，应该礼貌些。
——孟德斯鸠

从恶德中逃避是美德的开始。
——贺瑞斯

没有情感，道德就会变成枯燥无味的空话，只能培养出伪君子。
——苏霍姆林斯基

君子和而不同，小人同而不和。
——子路

一个人必须把他的全部力量用于努力改善自身，而不能把他的力量浪费在任何别的事情上。——列夫·托尔斯泰

非关道德合，只为钱相知。
——佚名

学者必求师，从师不可不谨也。
——程颐

守正直而佩仁义。 ——朱熹

道德衰亡，诚亡国灭种之根基。
——章炳麟

每一个人都知道，这些喝酒上了瘾的，是因为做了错事而受到良心的呵责的人。人人可以注意到，过着不道德生活的人比旁人更缺少不了使自己昏迷的药物；强盗或小偷、赌徒与妓女没有麻醉品是不能生活的。
——列夫·托尔斯泰

我情愿变成一支两头点燃的蜡烛，照耀人们前进！ ——卢森堡

我宁愿靠自己的力量打开我的前途，而不愿求有力者的垂青。青云得意的道路是很多的，如果我用阿谀逢迎的办法换取有力者的提拔，我早该得志了。但这不是我的道路。 ——雨果

不管时代的潮流和社会的风尚怎样，人总可以凭着自己高贵的品质，超脱时代和社会，走自己正确的道路。
——爱因斯坦

涵养、致知、力行三者，便是以涵养为首，致知次之，力行又次之。
——朱熹

自天子以至于庶人，壹是皆以修身为本。 ——《礼记》

意志来自道德感和自身利益这两个因素。 ——林肯

礼貌是最容易做到的事，也是最珍贵的东西！ ——冈察尔

吾人最大之知识，系反躬自省。
——中国谚语

我宁愿要那种虽然看不见但表现出内在品质的美。 ——泰戈尔

只要真心诚意从事，任何困难都可以克服。 ——王充

君子养心，莫善于诚。 ——荀子

欲影正者端其表。 ——桓宽

应念岭表经年，孤光自照，肝胆皆冰雪。 ——张孝祥

道德方面的伟大，就在于对朋友始终不渝的爱，对敌人不可磨灭的恨。

——莱辛

最有道德的人，是那些有道德却不须由外表表现出来而仍感满足的人。

——柏拉图

美德大多存在于良好的习惯之中。

——佩利

修身不言命，谋道不择时。

——元稹

道德能帮助人类社会升到更高的水平，使人类社会摆脱劳动剥削制。

——列宁

心正何愁着鬼迷。 ——周螺冠

道德中最大的秘密就是爱。

——雪莱

一个人如果不是真正有道德，就不可能真正有智慧。精明和智慧是非常不同的两件事。精明的人是精细考虑他自己利益的人；智慧的人是精细考虑他人利益的人。 ——雪莱

修养的花儿在寂静中开过去了，成功的果子便要在光明里结实。——冰心

由智慧养成的习惯成为第二天性。

——培根

富贵不傲物，贫贱不易行。

——晏子

功莫大于去恶而好善，罪莫大于去善而为恶。 ——贾谊

好谀是人生大病。 ——申居郧

好习惯是一个人在社交场中所能穿着的最佳服饰。 ——苏格拉底

因为有这种种假文学，所以我近来不看人的文章，只看人的行径。这样把道德与文章混为一谈，似乎不合理，但是此中有个分别创作的文学之高下为标准，但是理论的文学，却要看其人能不能言顾其行。我很看不起阮大铖之为人，但是仍可以喜欢他的《燕子笺》。这等于说比如我的厨子与人通奸，而他做的点心仍然可能很好吃。——林语堂

好的习惯越多，则生活越容易，抵抗引诱的力量也越强。 ——詹姆斯

支配和统治一切的，在君主政府中是法律的力量，在专制政府中是永远高举着的君主的铁拳，但是在一个人民的国家中还要有一种推动的枢纽，这就是美德。 ——孟德斯鸠

心正不怕影儿斜。 ——文康

要人知重勤学，怕人知事莫做。

——冯梦龙

所谓恶人，无论有过多么善良的过去，也已滑向堕落的道路而消逝其善良性；所谓善人，即使有过道德上不堪提及的过去，但他还是向着善良前进的人。 ——杜威

没有情感，道德就会变成枯燥无味的空话，只能培养出伪君子。

——苏霍姆林斯基

君子以其身之正，知人之不正；以人之不正，知其身之所未正也。

——苏轼

心不负人，面无惭色。 ——普济

修养的本质如同人的性格，最终还

是归结到道德情操这个问题上。

——爱默生

衡量一个人的真正品格，是看他在知道没有人会发觉的时候做什么。

——孟德斯鸠

圣人所说的话，光明正大。

——朱熹

日间不做亏心事，夜半敲门不吃惊。
——凌濛初

此心常看得圆满，天下自无缺陷之世界；此心常放得宽平，天下自无险测之人情。
——洪自诚

养气要使完，处身要使端。
——陆游

高雅的品位，崇高的道德标准，向社会大众负责及不施压力威胁的态度——这些事让你终有所获。

——李奥贝纳

一个人的后半辈子均由习惯组成，而他的习惯却是在前半辈子养成的。
——陀思妥耶夫斯基

才能可以在独处中培养，品格最好还是在世界上的汹涌波涛中形成。

——歌德

养成他们有耐劳作的体力，纯洁高尚的道德，广博自由能容纳新潮流的精神，也就是能在世界新潮流中游泳，不被淹没的力量。——鲁迅

心如水之源，源清则流清，心正则事正。
——薛瑄

种树者必培其根，种德者必养其心。
——王守仁

心眼不多，可是品格端正的人，倒经常能看穿最狡猾的骗子的诡计。

——歌德

习惯实际上已成为天性的一部分。事实上，习惯有些像天性，因为"经常"和"总是"之间的差别是不大的，天性属于"总是"的范畴，而习惯则属于"经常"的范畴。 ——亚里士多德

不守时间就是没有道德。——蒙森

啊，有修养的人多快乐！甚至别人觉得是牺牲的事，他也会感到满意、快乐；他的心随时都在欢跃，他有说不尽的欢乐！ ——车尔尼雪夫斯基

自己的思想越卑劣，就越要挑剔别人的错。
——克雷洛夫

历史的宫殿不同于现存在上流社会之处，仅仅在于它只向勤劳和美德敞开它的大门。任何财富、声誉、奸诈都不能贿赂、恫吓、欺骗艾理西姆的守门人。从更深一层意义出发，邪恶者或鄙俗者是永远无法进入历史宫殿的。

——拉斯金

教育的唯一工作与全部工作可以总结在这一概念之中——道德。

——赫尔巴特

人生就是那么回事，跟厨房一样腥臭。要捞油水不能怕弄脏手，只消事后干净，今日所谓道德，不过是这么一点。 ——巴尔扎克

恶德——不和、战争、悲惨；美德——和平、幸福、和谐。 ——雪莱

天下作伪是最苦恼的事情，老老实实是最愉快的事情。　　——邹韬奋

我们有无产阶级道德，我们应该发展它、巩固它，并且以这种无产阶级道德教育未来的一代。　　——加里宁

谁遇到缺德事不立即感到厌恶，遇到美事不立即感到喜悦，谁就没有道德感，这样的人就没有良心。谁做了缺德事而只害怕被判刑，不由于自己行为不轨而责备自己，而是由于想到痛苦的后果才胆战心惊，这种人也没有良心，而只有良心的表面罢了。但是，谁能够意识到行为本身的缺德程度，而不考虑后果如何，却是有良心的。　　——康德

使一个人伟大，并不在富裕和门第，而在于可贵的行为和高尚的品行。
　　——奥维

习惯优于格言。习惯是以有生命的格言为本能，加血添肉而成。
　　——亚美路

夫令名，德之舆也。德，国家之基也。　　——《左传》

一个人给予别人的东西越多，而自己要求得越少，他就越好；一个人给予别人的东西越少，而自己要求得越多，他就越坏。　　——列夫·托尔斯泰

厉鬼不能夺其正，利剑不能折其刚。　　——谢榛

磊磊落落，独往独来，大丈夫之志也，大丈夫之行也。　　——梁启超

唯有民魂是值得宝贵的，唯有它发扬起来，中国才真有进步。——鲁迅

少成若天性，习惯如自然。
　　——班固

纵使世界给我珍宝和荣誉，我也不愿离开我的祖国，因为纵使我的祖国在耻辱之中，我还是喜欢、热爱、祝福我的祖国。　　——裴多菲

做事必须踏实地，为人切莫务虚名。　　——冯梦龙

所有的习惯以不可见的程度积聚起来，如百溪汇于川、百川流于海。
　　——德莱敦

在所有古老的习惯里，都有一种深刻的含义。　　——席勒

品行是一种很复杂的成果，不仅是意识的成果，而且也是知识、力量、习惯、技能、适应、健康以及最重要的社会经验的成果。　　——马卡连柯

要想有教养，就要去了解全世界都在谈论和思索的最美好的东西。
　　——马·阿诺德

为了中华民族的繁荣富强，我要献出全部学识智慧。　　——钱伟长

君子之心，似青天白日，不可使人不知。　　——洪自诚

既然失恋，就必须死心，断线而去的风筝是不可能追回来的。
　　——巴尔扎克

仰不愧天，俯不愧人，内不愧心。
　　——韩愈

纯洁的良心比任何东西都可贵。
　　——霍桑

养心莫善于寡欲。　　——孟子

不修其身，虽君子而为小人。

——欧阳修

修身处世，一诚之外更无余事。

——朱之瑜

如果良好的习惯是一种道德资本，那么，在同样的程度上，坏习惯就是道德上的无法偿清的债务了。

——乌申斯基

时势为天子，未必贵也；穷为匹夫，未必贱也。贵贱之分，在于行之美恶。

——庄子

没有教养、没有学识、没有实践的人的心灵好比一块田地，这块田地即使天生肥沃，但倘若不经耕耘和播种，也是结不出果实来的。

——格里美尔斯豪森

人支配习惯，而不是习惯支配人。

——奥斯特洛夫斯基

自修则人不得以非理相加。

——朱熹

以冰霜之操自励，则品日清高；以穹隆之量容人，则德日广大。

——弘一大师

只要我们具有能够改善事物的能力，我们的首要职责就是利用它并训练我们的全部智慧和能力，来为我们人类至高无上的事业服务。 ——赫胥黎

我认为，我认识的每一个人都有道德，虽然我不喜欢问。我知道我有。但我宁可天天教别人道德，而不愿自己实践道德。"把道德交给别人去吧"，这是我的座右铭。把道德送完了。你就永远用不着了。

——马克·吐温

即使不考虑道德因素，不诚实的广告也被证实无利可图。 ——李奥贝纳

厚者不毁人以自益也，仁者不危人以要名。 ——杜文澜

我所谓共和国里的美德，是指爱祖国也就是爱平等而言。这并不是一种道德上的美德，也不是一种基督教的美德，而是政治上的美德。——孟德斯鸠

良好的习惯，如同一束鲜花。

——派登花特

道德不是良心的可卑的机谋，而是斗争和艰难、激情和痛苦。

——托马斯·曼

勤于德者，不求财便能自生。

——西乡隆盛

凡建立功业，以立品为始基。从来有学问而能担当大事业者，无不先从品行上立定脚跟。 ——徐世昌

道德准则，只有当它们被学生自己追求、获得和亲身体验过的时候，只有当它们变成学生独立的个人信念的时候，才能真正成为学生的精神财富。

——苏霍姆林斯基

要养成感知和观察高尚事物的习惯，以便从那种"高尚事物无法效仿"的借口中解脱出来。我们的心灵境界升高了，凝视神圣榜样的热情点燃了，我们就要设法见贤思齐了。 ——卢梭

其身正，不令而行；其身不正，虽令不行。 ——孔子

道德美……包含两个互相区别的因

素，就是正义与慈爱。 ——库申

金有一分铜铁之杂，则不精；德有一毫人伪之杂，则不纯矣。 ——薛瑄

劳动受人推崇。为社会服务是很受人赞赏的道德理想。 ——杜威

人的美德的荣誉比他财富的名誉不知大多少倍。岂不见多少人在钱财上一贫如洗，但在美德上却是富豪呢？
——达·芬奇

以德服人。 ——拉丁谚语

要记住，你不仅是教课的教师，也是学生的教育者、生活的导师和道德的引路人。 ——苏霍姆林斯基

为人粗鲁意味着忘却了自己的尊严。 ——车尔尼雪夫斯基

播种一个行动，你会收获一个习惯；播种一个习惯，你会收获一个个性；播种一个个性，你会收获一个命运。 ——普德曼

人不可以无耻。 ——孟子

诚者，天之道；思诚者，人之道也。 ——孟子

无私是稀有的道德，因为从它身上是无利可图的。 ——布莱希特

礼仪的目的与作用在于使得本来的顽梗变柔顺，使人们的气质变温和，使他敬重别人，和别人合得来。——洛克

达到完美，不在已无可增添，而在已无可裁减。 ——佚名

谁自尊，谁就会得到尊重。
——巴尔扎克

习勤忘劳，习逸成惰。 ——李惺

正心以为本，修身以为基。
——司马光

无事不可对人言。 ——史襄哉

百尺无寸枝，一生自孤直。
——宋之问

对于道德的实践来说，最好的观众就是人们自己的良心。 ——西塞罗

名誉和美德是心灵的装饰，要没有它，那肉体虽然真美，也不应该认为美。 ——塞万提斯

顺境的美德是节制，逆境的美德是坚忍，这后一种是较为伟大的德行。
——培根

不能凭最初印象去判断一个人。美德往往以谦虚镶边，缺点往往被虚伪所掩盖。 ——拉布吕耶尔

应当经常自我反省。 ——颜之推

习惯是智者的祸患、蠢货的偶像。
——托马斯·富勒

同情是一切道德中最高的美德。
——培根

一个最高尚的人也可以因习惯而变得愚昧无知和粗野无礼，甚至粗野到惨无人道的程度。 ——陀思妥耶夫斯基

去谗贱货，所以修身。——康有为

许多道德家都曾谈到，人的诸种恶行中，骄傲为最，它以多种多样的形式出现，而又在极其繁复的伪装下隐匿，那种伪装好似掩盖月光的那层翳障，既是月亮的光辉，又是月亮的阴影，它虽可以把月亮藏匿起来，叫我们看不见，又因藏匿得不彻底而叫月亮泄露了

自身。　　　——塞缪尔·约翰逊

一个人如果能在心中充满对人类的博爱，行为遵循崇高的道德，永远围绕着真理的枢轴而转动，那么他虽在人间也就等于生活在天堂中了。　——培根

一切利己的生活，都是非理性的、动物的生活。　　——列夫·托尔斯泰

真正的美德就像河流一样，越深越无声。　　　——哈利法克斯

君子不可以不修身。　　——子思

卑鄙是卑鄙者的通行证，高尚是高尚者的墓志铭。　　——北岛

崇德莫盛乎安身，安身莫大乎有政，有政莫重乎无私，无私莫深乎寡欲。是以君子安其身而后动，易其心而后语，定其交而后求，笃其志而后行。

　　　——王粲

如果不去加强并发展儿童的个人自尊感，就不能形成他的道德面貌。教育技巧的全部诀窍就在于抓住儿童的这种上进心，这种道德上的自勉。

　　　——苏霍姆林斯基

如果道德败坏了，趣味也必然会堕落。　　　——狄德罗

习惯就是一切，甚至在爱情中也是如此。　　　——沃维纳格

一种美德的幼芽、蓓蕾，是最宝贵的美德，是一切道德之母，这就是谦逊；有了这种美德我们会其乐无穷。

　　　——加尔多斯

凡建立功业者，又立品为始基。从来有学问而能提当大事业者，无不先从品行上立定脚跟。　　——徐世昌

我认为，与制度结合的自由才是唯一的自由。自由不仅要同制度和道德并存，而且还须臾缺不了它们。——伯克

有两样东西，我思索的回数越多，时间越久，它们充溢我以越见刻刻常新、刻刻常增的惊异和严肃之感，那便是我头上的星空和心中的道德律。　　　——康德

人们不能没有面包而生活；人们也不能没有祖国而生活。　——雨果

德有余而为不足者谦，财有余而为不足者鄙。　　　——林逋

忍耐——肉体的小心和道德的勇气的混合。　　　——哈代

一清如水的生活，诚实不斯的性格，在无论哪个阶层里，即使心术最坏的人也会对之肃然起敬。在巴黎，真正的道德，跟一颗大钻石或珍奇的宝物一样受人欣赏。　　——巴尔扎克

劳动是人类存在的基础和手段，是一个人在体格、智慧和道德上臻于完善的源泉。　　——乌申斯基

事实上教育便是一种早期的习惯。

　　　——林肯

没有任何东西比人类的爱更富有智慧、更复杂。它是花丛中最娇嫩的而又最质朴、最美丽和最平凡的花朵，这个花丛的名字叫道德。——苏霍姆林斯基

习惯没有法律那样明智，可它们往往更盛行。　　　——迪斯累利

我不能不热爱祖国，但是这种热爱

不应该消极地满足现状，而应该是生气勃勃地希望改进现状，并尽自己的力量来促进这一点。 ——别林斯基

世间亿万人，面孔不相似，借部何因缘，致令遗如此？各执一般见，互说非兼是。但自修己身，不要言他已。

——寒山

君子博学而日参省乎己，则知明而行无过矣。 ——荀子

真正的爱国主义不应表现在漂亮的话上，而应表现在为祖国谋福利、为人民谋福利的行动上。 ——杜勃罗留波夫

治外物易，治己身难。 ——林慎思

习惯是一种最糟糕的痼疾，因为它使人们接受任何的不幸、任何的痛苦、任何的死亡。出于习惯，人们可以与自己憎恶的人生活在一起，学会戴镣铐，忍受不公正和痛苦，以致对痛苦、孤独以及其他一切都逆来顺受。习惯是一剂最无情的毒药，因为它慢慢地、不声不响地潜入到我们的机体，并在不知不觉中滋长起来。当我们发现它时，机体的每个细胞都已与它相适应，每一个动作都受它的制约，已经没有任何药物能够治愈。 ——奥里亚娜·法拉奇

人在达到德行的完备时是一切动物中最出色的动物；但如果他一意孤行，目无法律和正义，他就成为一切禽兽中最恶劣的禽兽。 ——亚里士多德

急者不能修，而忌者畏人修。

——韩愈

不怕承认自己的错误，不怕一次又一次地改正这些错误，这样，我们就会登上山顶。 ——列宁

如果没有节操，世界上的恋爱、友情、美德都不存在。 ——阿狄生

当你往前走的时候，要一路撒下花朵，因为同样的道路你决不会再走第二回。 ——欧文

劳动的崇高道德意义还在于，一个人能在劳动的物质成果中体现他的智慧、技艺、对事业的无私热爱和把自己的经验传授给同志的志愿。

——苏霍姆林斯基

礼貌经常可以代替最高贵的感情。

——梅里美

无言暗室何人见，咫尺斯须已四知。 ——周昙

一言不实，百事皆虚。 ——邱心如

习惯是人的第二本性。它使我们不能认识一个人的主要本性，就这一点而言，习惯既非残忍也不迷人。

——普鲁斯特

道德行为训练，不是通过语言影响，而是让儿童练习良好道德行为，克服懒惰、轻率、不守纪律、颓废等不良行为。 ——夸美纽斯

修学不以诚，则学杂；为事不以诚，则事败。 ——晁说

生活中，谅解可以产生奇迹，谅解可以挽回感情上的损失，谅解犹如一个火把，能照亮由焦躁、怨恨和复仇心理铺就的道路。 ——穆尼尔·纳素夫

能够自由地形成习惯的人，在一生

中能够做更多的事。习惯是技术性的，因此可以自由地形成。　　——三木清

一切都靠一张嘴来做而丝毫不实干的人，是虚伪和假仁假义的人。

——德谟克利特

法律是显露的道德，道德是隐藏的法律。　　——林肯

要尽可能做一个对祖国有用的人。

——列夫·托尔斯泰

脸红是美德的颜色。　——泰云纳

劳动是产生一切力量、一切道德和一切幸福的威力无比的源泉。

——拉·乔乃尼奥里

老鼠正在房子里扒墙穿洞，但是他们不去检查猫的牙齿和脚爪，而要研究的却只是它是不是一只圣洁的猫，如果客观存在是一只虔诚的猫道德的猫，那就行了，决不计较它有没有别的才能，别的才能倒是不关紧要的。

——马克·吐温

崇德而定势，行又而忘利，修修而忘名。　　　　　　　——苏轼

道德是一种获得——如同音乐，如同外国语，如同虔诚扑克和瘫痪——没有人生来就拥有道德。——马克·吐温

能忍耐的人才能达到他所希望达到的目的。　　　　——富兰克林

最有美德的人，是那些有美德而不从外表表现出来，仍然感到满足的人。

——柏拉图

为了失恋而耽误前途，是一生的损失。　　　　　　——霍海

有一种谦恭的、默默无闻的英雄，他们既无拿破仑的英名，也没有他那些丰功伟绩。可是把这种人的品德解析一番，连马其顿的亚历山大大帝也将显得黯然失色。　　　　——哈谢克

问心的道德胜于问理的道德，所以情感的生活胜于理智的生活。

——朱光潜

仅仅一个人独善其身，那实在是一种浪费。上天生下我们，是要把我们当作火炬，不是照亮自己，而是普照世界；因为我们的德行倘不能推及他人，那就等于没有一样。　——莎士比亚

最为贤明的生活方式是蔑视时代的习惯，同时又一点也不违反它地生活着。　　　　——芥川龙之介

无愧于事，不如无愧于身；无愧于身，不如无愧于心。　——石成金

习惯是一个人思想与行为的领导者。　　　　　　——爱默生

美德好比宝石，它在朴素背景的衬托下反而更华丽。同样，一个打扮并不华贵，却端庄、严肃而有美德的人是令人肃然起敬的。　　　——培根

人要正直，因为在其中有雄辩和德行的秘诀，有道德的影响力。

——阿米尔

美——是道德纯洁、精神丰富和体魄健全的强大源泉。——苏霍姆林斯基

人光明磊落便是好人。　——朱熹

不要从特殊的行动中去估量一个人的美德，而应从日常的生活行为中

去观察。 ——帕斯卡

良好的品德是由对坏倾向作顽强斗争培养出来的。 ——德克斯特

你们这些生在今日的人，你们这些青年，现在要轮到你们了！踏在我们的身体上面向前吧。但愿你们比我们更伟大、更幸福。 ——罗曼·罗兰

习惯十倍于自然。 ——威灵顿

树深不怕风摇动，树正何愁月影斜。 ——佚名

君子之守，修其身而天下平。 ——孟子

道德教育成功的"秘诀"在于，当一个人还在少年时代的时候，就应该在宏伟的社会生活背景上给他展示整个世界、个人生活的前景。 ——苏霍姆林斯基

社会和自然的区别就在于，社会是有一定道德目标的。 ——赫胥黎

人受到震动有种种不同，有的是在脊椎骨上，有的是在神经上，有的是在道德的感官上，而最强烈、最持久的则是在个人尊严上。 ——佚名

君子崇人之德，扬人之美，非谄谀也。 ——荀子

修其本而末自应。 ——苏轼

优良的品性是真正的财富，而衬显这品性的是良好的教养。 ——洛克

习惯使我们顺从一切。 ——伯顿

谁能从道德败坏的地方脱出来，还保持洁白，便是有了最伟大的功德。 ——显克微支

仁义为友，道德为师。 ——史襄哉

美，是道德上的善的象征。 ——康德

昙花一现的感情，不能真诚地可靠地长期地相爱，是相当一部分青年人道德方面存在的严重缺陷。 ——苏霍姆林斯基

善在美的后面，是美的本原。 ——普洛丁

爱人吧！对人的爱是你道德的核心！应当这样生活：让你的道德核心健康、纯洁、强大无比！做一个真正的人，这就是说要为你周围的人贡献出自己心灵的力量，让他们更美好，精神上更富有、更完美；让你生活中接触的每一个人从你那儿，从你的心灵深处得到一点最美好的东西。 ——苏霍姆林斯基

欲修其身者，先正其心；欲正其心者，先诚其意。 ——韩愈

把"德行"教给你们的孩子：使人幸福的是德行而非金钱。这是我的经验之谈。在患难中支持我的是道德，使我不曾自杀的，除了艺术以外也是道德。 ——贝多芬

说谎话的人所得到的，就只是即使说了真话也没有人相信。 ——伊索

真诚的爱情，并不等于娓娓动听的甜言蜜语，慷慨陈词的海誓山盟，如胶似漆的接吻拥抱。爱情是一种高尚、美丽、纯真的感情，应当以忠实诚恳取代虚伪欺诈，以互尊互敬取代利己自私，以道德文明取代轻率行动。 ——黄少平

独立不惭影，独寝不愧衾。

——刘昼

你可以从外表的美来评论一朵花或一只蝴蝶，但你不能这样来评论一个人。

——泰戈尔

身不修则德不立，德不立而能化成于家者盖寡矣，而况于天下乎。

——武则天

品格能决定人生，它比天资更重要。

——弗·桑德斯

道德当身，不以物惑。 ——管仲

反躬自省和沉思默想只会充实我们的头脑。

——巴尔扎克

只有努力去减少人家的苦难，你才会快活。

——左拉

我从不到酒馆、赌场或任何其他娱乐场所去消磨时光。 ——富兰克林

道德对人的约束，要根据他所属社会阶层的不同而有所变化。阳光照耀各地情况不同，于是产生了我们赞叹不止的四季。同样，道德也使社会义务与每人的等级地位相吻合。士兵犯的小过失，如果出在将军身上，就是重大罪行。反之亦然。一个收获庄稼的农家姑娘，一个日赚十五个苏的女工，一个零售小商人的女儿，一个年轻的布尔乔亚女子，一个富商大户人家的女孩，一个贵族之家的年轻女继承人，一个德埃斯特家族的女儿，要遵守的戒律是各不相同的。

——巴尔扎克

心口如一，犹不失为光明磊落丈夫之行也。

——梁启超

丧失人格的诗人比没有诗才而硬要写诗的人更可鄙、更低劣、更有罪。

——雨果

无论你出身高贵或者低贱，都无关宏旨。但你必须有做人之道。 ——歌德

一个人只要有耐心进行文化方面的修养，就绝不至于蛮横得有可教化。

——贺拉斯

一个人只有在他努力使自己升华时才成为真正的人。 ——安德烈·马尔罗

一般人都是依据爱好去想，依据学识及吸收的见解去说，但通常都依据习俗去做。

——培根

熟习减除对于事物的恐惧。

——伊索

"特殊的人格"的本质不是人的胡子、血液、抽象的肉体的本性，而是人的社会特质。

——马克思

丧失了财富，可以说没丧失什么；丧失了健康，等于丧失了某种东西；但当丧失品德时，就一切都丧失了。

——佚名

思想（且不论好坏与否）—行为—习惯，这就是人生的规律。

——特赖因

类君子之有道，入暗室而不欺。

——骆宾王

心安茅屋稳。 ——杜文澜

有些人想到人类"最高贵"的品质，其中包括协作、利他主义、爱国主义、领士战斗中的英勇等，都是战争的遗传成果。

——爱德华

心安理得，海阔天空。——梁启超

我愿用我全部的生命，从事科学研究，来贡献给生育我、栽培我的祖国和人民。——巴甫洛夫

对于美德，我们仅止于认识是不够的，我们还必须努力培养它、运用它，或是采取种种方法，以使我们成为良善之人。——亚里士多德

真诚的、十分理智的友谊是人生的无价之宝。你能否对你的朋友守信不渝，永远做一个无愧于他的人，这就是你的灵魂、性格、心理以至于道德的最好的考验。——马克思

巧伪不如拙诚。——颜之推

圣人为知矣，不诚则不能化万民。——荀子

习惯之链的力量很弱，因而往往感觉不到，但一当感觉到了，它已是牢不可摧的了。——塞缪尔·约翰逊

只有那不论公私都以道德为上、一心要做出高贵的事的人，方可算是最可尊崇的人。——乔叟

人之生也直，心直则身直，可立地参天。——王文禄

人类在道德文化方面最高级的阶段，就是当我们认识到应当用理智控制思想时。——查尔斯·达尔文

如果儿童任意地让自己不论去做什么而不去劳动，他们就既学不会文学，也学不会音乐，也学不会体育，也学不会那保证道德达到最高峰的礼仪。——德谟克利特

世界上最伟大的美德是爱祖国。——歌德

居心平，然后可历世路之险。——申居郧

历史使人贤明，诗造成气质高雅的人，数学使人高尚，自然哲学使人深沉，道德使人稳重，而伦理学和修辞学则使人善于争论。——培根

养身者忘家，养志者忘身。——韩婴

修身以不护短为第一长进。人能不护短，则长进者至矣。——吕坤

即使品德穿着褴褛的衣裳，也应该受到尊敬。——席勒

行善必须努力，然而，掏恶更须努力。——列夫·托尔斯泰

立德之本，莫尚乎正心，心正而后身正。——傅玄

我不能说我不珍视这些荣誉，并且我承认它很有价值，不过我却从来不曾为追求这些荣誉而工作。——法拉第

人需要温和，不要过度地生气，因为从愤怒中常会产生出对易怒的人的重大灾祸来。——伊索

因为道德是做人的根本。根本一坏，纵然使你有一些学问和本领，也无甚用处。——陶行知

我无论做什么，始终在想着，只要我的精力允许的话，我就首先为我的祖国服务。——巴甫洛夫

千万不要华丽而低俗，因为从衣服往往可以看出一个人。——莎士比亚

君子反道以修德。

——《吕氏春秋》

一切有生之物，都有一种"寻求快乐的本性"，那是一种伟大的力量，凡是血肉之躯都要受过它的支配，好像毫无办法的海草都要跟着潮水的涨落而摆动一般，这种力量不是议论社会道德的空洞文章所能管得了的。 ——哈代

我在日常生活中严守着一个美好的准则："贵在自知之明"，我是以此来鞭策自己的。 ——安格尔

良心是一种根据道德准则来判断自己的本能，它不只是一种能力；它是一种本能。 ——康德

不修身而求令名于世者，就貌甚恶而责妍影于镜也。 ——颜之推

美德对于每个人，都是善；不道德对于每个人，都是恶。——莎甫慈伯利

与其说"衣服是习惯"还不如说"习惯是衣服"。 ——亚兰

并不是每一外表美好的人都有完美的心灵；因为品行在于内心，而不在于外表。 ——萨迪

人之操履，无若诚实。 ——朱熹

德行使心灵明晰，使人不仅更易了解德行，而且也更易了解科学的真理。

——罗吉尔·培根

养生治性，行义求志。 ——苏轼

埋在地下的种子产生果实，却并不要求什么报酬。 ——泰戈尔

只有以爱情为基础的婚姻才是合乎道德的。 ——恩格斯

习惯之于灵魂犹如血管与脉络之于血液，是它流动的道路。——布什纳尔

我的主要办法，首先是通过孩子们对共同生活的初步感觉和在发展他们初步的能力上，使他们产生姊妹兄弟般的友爱，把整个团体融化于一种大的家庭的朴实精神中；并且就在这种基础上，以及由此而产生的情感中，鼓舞他们一般的义务感和道德感。——裴斯泰洛齐

圣人不是如同蘑菇，经一阵雷雨之后，就能从山土里钻出来的。也不是可以经一班门徒或和一系一派一党的人，于短促的时间所能捧起来的。圣人纵有超凡脱俗的个性，有出众超群的天才，有勤勉刻苦的修养，有博古通今的学识，有富贵不能淫，贫贱不能移，威武不能屈的道德与精神。又须一些志同道合的信徒的辅佐与继成之力。——老宣

华而不实，虚而无用。 ——韩非子

月缺不改光，剑折不改刚。月缺魄易满，剑折铸复良。 ——梅尧臣

金玉满堂莫收，古人安此尘丑。独以道德为友，故能延期不朽。——嵇康

重言，重行，重貌，重好。言重则有法，行重则有德，貌重则有威，好重则有欢。 ——扬雄

朗如日月，清如水镜。 ——杨炯

既然习惯是人生的主宰，人们就应当努力求得好的习惯。习惯如果是在幼年就起始的，那就是最完美的习惯，这是一定的，这个我们叫作教育。教育其

实是一种从早年就起始的习惯。

——培根

习气那个怪物，虽然是魔鬼，会吞掉一切的羞耻心，也会做天使，把日积月累的美德善行熏陶成自然而然而令人安之若素的家常便饭。 ——莎士比亚

品格可能在重大的时刻中表现出来，但它却是在无关重要的时刻形成的。 ——菲利普斯·布鲁克斯

并不是由于决心才正确、应该由于习惯而正确。不仅能做正确的事，而且养成不是正确的事就做不了的习惯。

——华兹华斯

一个好的习俗比法律更可靠。

——欧里庇得斯

道德活动既受政府长官支配，又受良心的制约。 ——洛克

神莫神于至诚。 ——张商英

没有比完美的真诚更神圣的了。

——张商英

刻薄不赚钱，忠厚不折本。

——冯梦龙

窃以为天地之所以不息，国之所以立，贤人之德业之所以可大可久，皆诚为之也。 ——曾国藩

在我们的社会中，劳动不仅是经济的范畴，而且是道德的范畴。

——马卡连柯

处己、事上、临下，皆当如诚为主。 ——薛瑄

美德与过恶，道德上的善与恶，都是对社会有利或有害的行为；在任何地点，在任何时代，为公益做出最大牺牲的人，都是人们称为最道德的人。

——伏尔泰

无聊，对于道德家来说是一个严重的问题，因为人类的罪过半数以上都是源于对它的恐惧。 ——罗素

性情的修养，不是为了别人，而是为了自己增强生活能力。——池田大作

一个人的礼貌就是一面照出他的肖像的镜子。 ——歌德

修身以为弓，矫思以为矢，去义以为的。奠而发发，发必中矣。——扬雄

道德教育的核心问题，是使每个人确立崇高的生活目的。人每日好似向着未来阔步前进，时时刻刻想着未来，关注着未来。由理解社会理想到形成个人崇高的生活目的，这是教育，首先是情感教育的一条漫长的道路。

——苏霍姆林斯基

源静则流清，本固则丰茂；内修则外理，形端则影直。 ——魏子

自尊心是一个人灵魂中的伟大杠杆。 ——别林斯基

你们卑鄙的人类就是这样——老是扯谎，老是自以为具有那些实在不具备的美德，却否认那些较高等动物具有它们（其实只有它们才具备）。野兽从来没有干过一桩残酷的事情——这是有道德的动物的专利。一只野兽叫旁的东西受痛苦是出于无意的，这就没什么不对，因为对它来说，根本就没有"不对"的事情，它叫旁的东西受苦痛，并

不是出于高兴——只有人才这么干。这就是受了人那种乱七八糟的道德心的鼓舞。

——马克·吐温

道德的最大秘密就是爱；或者说，就是逾越我们自己的本性，而溶于旁人的思想、行为或人格中存在的美。

——雪莱

交谈时的含蓄和得体，比口若悬河更可贵。 ——培根

有能推至诚之心而加以不息之文，则天地可动，金石可移。 ——苏辙

修己而不责人。 ——《左传》

君子以行言，小人以舌言。

——孔子

我赞美祖国的现在，我三倍地赞美祖国的未来。 ——马雅可夫斯基

清白的良心是一个温柔的枕头。

——安徒生

心术以光明笃实为第一，容貌以正大老成为第一。 ——金缨

心灵美就是精神的美与道德的美。

——库申

任何事物都不如习惯那样强有力。

——奥维德

音乐是唯一可以纵情而不会损害道德和宗教观念的享受。 ——爱迪生

"无伤"二字，修己者之大戒也。

——吕坤

君子处其实，不处其华；治其内，不治其外。 ——张居正

愚蠢庸俗、斤斤计较、贪图私利的人总是看到自以为吃亏的事情。

——马克思

任何一个人的生活，都应当受一定法规的制约。 ——列夫·托尔斯泰

要使人成为真正有教养的人，必须具备三个品质：渊博的知识、思维的习惯和高尚的情操。知识不多，就是愚昧；不习惯思维，就是粗鲁和蠢笨；没有高尚的情操，就是卑俗。

——车尔尼雪夫斯基

有些人，就连儿童文学都能使他们腐化，他们带着特殊的乐趣阅读《诗篇》和《索洛门寓言》里那些挑动人心的章节。政论家律师医生等，摸透人类罪恶的全部秘密，却并不以不道德出名；现实主义作家常常比寺院方丈更有道德。 ——契诃夫

假如你的品德十分高尚，莫为出身低微而悲伤，蔷薇常在荆棘中生长。

——萨迪

生活得最有意义的人，并不就是年岁活得最长的人，而是对生活最有感受的人。 ——卢梭

革命道德不是从天上掉下来的。它是从日常的坚持不懈的斗争和锻炼中发展和巩固起来的，正如玉石越磨越亮，黄金越炼越纯一样。 ——胡志明

任何恶德的外表也都附着若干美德的标志。 ——莎士比亚

自古明人不做暗事。 ——冯梦龙

有学问而无道德，如一恶汉；有道德而无学问，如一鄙夫。 ——罗斯福

道德和才艺是远胜于富贵的资产。堕落的子孙可以把贵显的门第败坏，把巨富的财产荡毁，而道德和才艺却可以使一个凡人成为不朽的神明。

——莎士比亚

若安天下，必须先正其身。未有身正而影曲，上治而下乱者。 ——吴兢

为人纯正，可以安定天下。

——吴兢

养成他们有耐劳作的体力，纯洁高尚的道德，广博自由能容纳新潮流的精神，也就是能在世界新潮流中游泳，不被淹没的力量。 ——鲁迅

良好的品格是人性的最高表现。好的品性不仅是社会的良心，而且是国家的原动力；因为世界主要是被德行统治。 ——史迈尔

德行之力，十倍于身体之力。

——拿破仑

自己的脑子里只是装满着自己，这种人正是那种最空虚的人。

——莱蒙托夫

心地上无风涛，随在皆青山绿树。

——洪自诚

宁向直中取，不可曲中求。

——佚名

遇欺诈之人，以诚心感动之；遇暴戾之人，以和气熏蒸之。 ——洪自诚

坏的习惯必须打破，好的习惯必须加以培养，然后我们才能希望我们的举止能够坚定不移始终如一地正确。

——富兰克林

习惯真是一种顽强而巨大的力量，它可以主宰人生。因此，人自幼就应该通过完美的教育，去建立一种好的习惯。 ——培根

道德是自由的保卫者。——斯米茨

寡欲以清心，寡染以清身，寡言以清口。 ——颜元

在重视劳动和尊重劳动者的基础上，我们有可能来创造自己的新的道德。劳动和科学是世界上最伟大的两种力量。 ——高尔基

遵照道德准则生活就是幸福的生活。 ——亚里士多德

修道虽无人见，存心自有天知。

——史襄哉

纯粹之美育，所以陶冶吾人之感情，使有高尚纯洁之习惯，而使人我之见、利己损人之思念，以渐消沮者也。

——蔡元培

有真道德，必生真胆量。凡怕天怕地怕人怕鬼的人，必是心中有鬼，必是品行不端。 ——宣永光

美德好像战场，我们要过美好的生活，要常常和自己斗争。 ——卢梭

忍耐是对一切困难的最好治疗。

——普拉图斯

脱离劳动就是犯罪。

——列夫·托尔斯泰

美德藐视人间的一切讥嘲，清白越受到诽谤身份越高。 ——笛福

善良的人总是把自己说得卑劣。

——霍桑

劳动使一个人的道德变得高尚，使他习惯于小心地对待劳动的工具、器械和产品，重视书籍及其他精神文化和物质文化的物品，尊重任何一种职业的劳动者，仇视那些寄生虫和剥削者、二流子、怯懦者和懒汉。 ——凯洛夫

假如有人出卖生命水，要别人以人格作代价，聪明人决不肯买；因为耻辱地活着不如光荣地死去。 ——萨迪

人类最高的道德标准是什么？那就是爱国心。 ——拿破仑

道德的损害是良心的完全麻痹。 ——芥川龙之介

准则是自我修养的关键，弄清楚哪些是好的言行举动，就是坚持真诚的根本。 ——朱熹

高尚的道德情操和道德行为与追求美的理想这两者常常统一在一起，是密不可分的。 ——周扬

谀媚从来不会出自伟大的心灵，而是小人的伎俩，他们卑躬屈膝，把自己尽量地缩小，以便钻进他们趋附的人的生活核心。 ——巴尔扎克

我们有力的道德就是通过奋斗取得物质上的成功；这种道德既适用于国家，也适用于个人。 ——罗素

人应当头脑清楚，道德纯洁，身体干净。 ——契诃夫

随便什么都比虚伪和欺骗好。 ——列夫·托尔斯泰

伟大的品质是与生俱来的，它不仅具有直接的，而且具有一种持续的，不断发展和永不消失的力量。即使具有这种品质的人去世了或他所生活的时代过去了，这种力量还会继续存在下去，它的生命力也许比他的国家和他所操的语言更强。 ——埃弗雷特

美德的本身就是它的报酬。 ——达拉顿

黄金诚然是宝贵的，但是生气勃勃、勇敢的爱国者却比黄金更为宝贵。 ——林肯

优良的品德是内心真正的财富，而衬显这品行的是良好的教养。 ——约翰·洛克

对人无礼，不是一种恶劣性格的表现，而是多种恶习的集中，如懒散、愚蠢、妒忌、粗心大意、爱慕虚荣、对人缺乏了解而妄加轻视。 ——布鲁雅尔

德行啊！你是纯朴的灵魂的崇高科学。 ——卢梭

百种奸伪，不如一实。 ——李光地

人变得真正低劣时，除了高兴别人的不幸外，已无其他乐趣可言。 ——歌德

最高的道德就是不断地为人服务，为人类的爱而工作。 ——甘地

知识欲的目的是真，道德欲的目的是善，美欲的目的是美。真善美，即人间理想。 ——黑田鹏信

平生不做皱眉事，世上应无切齿人。 ——冯梦龙

君子虽殒，美名不灭。 ——武则天

与其修饰面容，不如修饰心胸。

——中国谚语

诚能体而存之，则众善之源，百行之本。

——朱熹

只有美德是永恒的名声。

——彼特拉克

无论你怎样地愤怒，都不要做出任何无法挽回的事来。

——培根

君子之修身也，内正其身，外正其容。

——欧阳修

道德心的功能是叫人区别好坏，让人们随心所欲地挑选一样来做。可是从这里他可以得到些什么好处呢？他不断地挑选，而十有八九他倒宁可挑选坏的。世界上不应该有什么坏事情；没有了道德心，就不会再有什么坏事情。然而人是那么一种不懂道德的动物，他们没法看到：应是因为有了道德心，他们才落到生物的最底层去。谁具有了它，谁就堕落。

——马克·吐温

道德是真理之花。 ——雨果

天下之事，患常生于忽微，而志戒于渐习。 ——程颢

我见过一些人，德行美好，而态度自然，使人们感觉到他们身怀美德，因为他们恪尽天职，毫不勉强，一切表现，如出本能。他们决不至于长篇大论，指出自己稀世的优点，因为他们自己仿佛根本不知道有这回事。

——孟德斯鸠

君子耻不修，不耻见污。——荀子

文以行为本，在先诚其中。

——柳宗元

人的行为和举止无不受习俗的制约。 ——皮浪

有嫉妒心的人，自己不能完成伟大的事业，乃尽量去低估他人的伟大，贬抑他人的伟大使之与他人相齐。

——黑格尔

经得起各种诱惑和烦恼的考验，才算达到了最完美的心灵健康。——培根

关心公益应当是每个有相当教养的人所共同的。 ——列夫·托尔斯泰

日省其身，有则改之，无则加勉。

——朱熹

对父母和同志，对集体和社会，对人民和祖国的义务感，要像一根红线一样贯穿人的一生。不懂得什么是义务和缺乏义务感，就谈不上人的道德，也谈不上集体。 ——苏霍姆林斯基

每一个伟大人物的历史意义，是以他对祖国的功勋来衡量的，他的人品是以他的爱国行为来衡量的。

——车尔尼雪夫斯基

真诚：精诚所至，金石为开

古之所谓正心而诚意者，将以有为也。 ——韩愈

打破天窗说亮话。 ——李宝嘉

真诚是通向荣誉之路。 ——左拉

金钱比起一分纯洁的良心来，又算什么呢？ ——哈代

你不同情跌倒的人的痛苦，在你遇难时也将没有朋友帮忙。 ——萨迪

诚实而无知，是软弱的、无用的；然而有知识而不诚实，却是危险的、可怕的。 ——约翰逊

你在个人生活或工作当中，可能由于诚实而丢掉某些你想要的东西。但是，在漫长的人生旅途中失掉一次应有的回报算不了什么。 ——艾琳·卡瑟拉

诚实的人从不为自己的诚实而感到后悔。 ——托·富勒

诚实的人必须对自己守信，他的最后靠山就是真诚。 ——爱默生

一个人要表现最高的真诚，就必须做到无事不可对人言。 ——泰戈尔

人与人之间，只有真诚相待，才是真正的朋友。谁要是算计朋友，等于自己欺骗自己。

——哈吉·阿布巴卡·伊芒

对于心地善良的人来说，付出代价必须得到报酬这种想法本身就是一种侮辱。美德不是装饰品，而是美好心灵的表现形式。 ——纪德

我愿证明，凡是行为善良与高尚的人，定能因之而担当患难。——贝多芬

具有才能的人总是善良的、坦白的、爽直的，决不矜持。——巴尔扎克

善良的行为有一种好处，就是使人的灵魂变得高尚了，并且使它可以做出更美好的行为。 ——卢梭

越是善良的人，越察觉不出别人的居心不良。 ——米列

诚无不动者，修身则身正，治事则事理。 ——宋杨时

世间好看事尽有，好听话极多，唯求一真字难得。 ——申居郧

天不容伪。 ——苏轼

感人以诚不以伪。 ——方苞

思诚为修身之本，而明善又为思诚之本。 ——朱熹

百虑输一忘，百巧输一诚。

——顾图河

习惯：决定性格与命运的垫脚石

习惯是我们强有力的偶像，我们都得臣服于它。 ——亚兰

美德大都包含在良好的习惯之内。

——帕利克

在儿童时期没有养成思想的习惯，将使他从此以后一生都没有思想的能力。 ——卢梭

改变好习惯比改掉坏习惯容易得多，这是人生的一大悲哀。 ——毛姆

打破成规，新世界才能出现。

——库帕法伯格

良好的习惯乃是人在其神经系统中存放的道德资本，这个资本不断地增值，而人在其整个一生中就享受着它的利息。 ——乌申斯基

在人身上，唯一能够持久的东西是从少年时期吸收得来的……一个人假如不从睡在摇篮里的时候开始养成人生的

清洁的习惯，那是最危险不过的。

——夸美纽斯

集体的习惯，其力量更大于个人的习惯。因此如果有一个有良好道德风气的社会环境，是最有利于培训好的社会公民的。

——培根

习惯之始如蛛丝，习惯之后如绳索。

——佚名

人类一生的工作，精巧还是粗劣，都由他每个习惯所养成。——富克兰林

孩子成功教育从好习惯培养开始。

——巴金

习惯不加以抑制，不久它就会变成你生活上的必需品了。

——奥古斯丁

不良的习惯会随时阻碍你走向成名、获利和享乐的路上去。

——莎士比亚

人喜欢习惯，因为造它的就是自己。

——萧伯纳

习惯，我们每个人或多或少都是它的奴隶。

——高汀

走自己的路，让别人去说。

——但丁

当你开始依照习惯行事，你的进取精神就会因此而丧失。

——乌纳穆诺

习惯支配着那些不善于思考的人们，好习惯可以保证他们不成为坏人。

——华兹华斯

许多富有创见的人并没有想到这一点，他们被习惯思维引入歧途。

——济慈

习惯比天性更顽固，习惯的力量是巨大的。

——西塞罗

美德大多存在于良好的习惯中。

——佩利

在克服恶习上，迟做总比不做强。

——利德益特

任何事物都不及习惯那么神通广大。

——奥维德

是否真有幸福并非取决于天性，而是取决于人的习惯。

——爱比克泰德

让每一个学生在学校里抬起头来走路。

——苏霍姆林斯基

儿童不是用规则可以教得好的，规则总是会被他们忘掉的。但是习惯一旦培养成功之后，便用不着借助记忆，很容易地自然地就能发生作用了。

——洛克

习惯就是习惯，谁也不能将其扔出窗外，只能一步一步地引下楼。

——马克·吐温

总以某种固定方式行事，人便能养成习惯。

——亚里士多德

坏习惯是在不知不觉中形成的。

——奥维德

习惯是在习惯中养成的。

——普劳图斯

大事使我们惊讶，小事使我们沮丧，久而久之，我们对这二者都会习以为常。

——拉布吕耶尔

根深蒂固的恶习绝非一朝一夕就能养成的。

——玉外纳

习惯实际上已成为天性的一部分。

——亚里士多德

习惯能造就第二天性。——西塞罗

习惯比天性更顽固。 ——昆图斯

是否真有幸福并非取决于天性，而是取决于人的习惯。 ——爱比克泰德

习惯就是一切，甚至爱情中也是如此。 ——沃维纳格

习惯使社会阶层自行分开，不相混杂。 ——威·詹姆斯

当你开始依照习惯行事，你的进取精神就会因此而丧失。

——乌纳穆诺

习惯是行为的女儿，不过女儿反过来养育母亲，并按母亲的模样生下自己的女儿，不过更漂亮、更幸运了。

——杰·泰勒

习惯是社会的巨大的飞轮和最可贵的维护者。 ——威·詹姆斯

美德大多存在于良好的习惯中。

——佩利

在日常事务的自理中，一盎司习惯抵得上一磅智慧。 ——托·布·里德

一个钉子挤掉另一个钉子，习惯要由习惯来取代。 ——伊拉斯谟

人应该支配习惯，而决不能让习惯支配自己。 ——奥斯特洛夫斯基

坏习惯像饼子，碎了比保存起来好。 ——英国谚语

讨饭三年懒做官。 ——日本谚语

拴惯了的狗，不能带去打猎。

——柯尔克孜族谚语

修养：品行性格的涵养

当美的灵魂与美的外表和谐地融为一体，人们就会看到，这是世上最完善的美。 ——柏拉图

涵养功夫到了顶层便是诚心诚意地大讲假话。 ——亦舒

涵养与修养并非虚伪，故意使人难堪并非率直，这里边有很大分别。

——亦舒

修养原则：有气质的淑女，不会告诉人她读过什么书，去过什么地方，有多少件衣裳，买过什么珠宝。——亦舒

每个人的喜怒哀乐完全一样，只是涵养功夫有别，十分危险。 ——亦舒

我爱上他，我知道，因为我开始对他说真话，我开始伤心，开始在乎。

——亦舒

偏执是件古怪的东西。偏执的人必然绝对相信自己是正确的，而克制自己，保持正确思想，正是最能助长这种自以为正确和正直的看法。——海明威

改造自己，总比禁止别人来得难。

——鲁迅

许多思想是从一定的文化修养上产生出来的，就如同幼芽是长在绿枝上一样。 ——歌德

人的思想是可塑的；一个人如果每天观赏一幅好画，阅读某部佳作中的一页，聆听一支妙曲，就会变成一个有文化修养的人——一个新人。——罗斯金

凡在小事上对弄虚作假理持轻率态

度的人，在大事上也是不足信的。

——爱因斯坦

劳动，不仅仅意味着实际能力和技巧，而且首先意味着智力的发展，意味着思维和语言的修养。

——苏霍姆林斯基

有文化教养的人能在美好的事物中发现美好的含义。这是因为这些美好的事物里蕴藏着希望。　——王尔德

一个人只要有耐心进行文化方面的修养，就绝不至于蛮横得有可教化。

——贺拉斯

修养之于心地，其重要犹如食物之于身体。　　　——西塞罗

如果通过修养达不到提高鉴赏力的目的，修养两字也就毫无意义了。

——波伊斯

文化修养的目的在于增强和提高鉴赏那些最高尚、最深奥的事物的真和美的能力。　　　——波伊斯

虔诚不是目的，而是手段，是通过灵魂的最纯洁的宁静而达到最高修养手段。　　　——歌德

修养的本质如同人的性格，最终还是归结到道德情操这个问题上。

——爱默生

有些老人显得很可爱，因为他们的作风优雅而美。而尽管有的年轻人具有美貌，却由于缺乏优美的修养而不配得到赞美。　　　——培根

只有美貌而缺乏修养的人是不值得赞美的。　　　——培根

文明就是要造成有修养的人。

——罗斯金

《大学》之修身、齐家、治国、平天下，基本只是正心、诚意而已。

——朱熹

清心为治本，直道是身谋。

——包拯

大人不华，君子务实。　——王符

不知道自己的无知，乃是双倍的无知。　　　——柏拉图

气质：言谈举止不落流俗的典范

气质之美与其说是来自内心的修养，不如说它是来自一种对美好事物的欣赏能力。这份欣赏力就使一个人的言谈举止不同流俗。　　——罗兰

只要你具备了精神气质的美，只要你有这样的自信，你就会拥有风度的自然之美。　　　——金马

山光水色的自然美，对人气质神韵具有深刻的潜移默化的影响，常能使人在风度与不知不觉间印上它们的影子。

——金马

做一个杰出的人，光有一个合乎逻辑的头脑是不够的，还要有一种强烈的气质。　　　——司汤达

礼仪的目的与作用本在使得本来的顽梗变柔顺，使人们的气质变温和，使他尊重别人，和别人合得来。

——约翰·洛克

名人和凡人差别在什么地方呢？名人用过的东西，就是文物了，凡人用过的就是废物；名人做一点错事，写起来叫名人逸事，凡人呢，就是犯傻；名人强词夺理，叫作雄辩，凡人就是狡辩了；名人跟人握握手，叫作平易近人，凡人就是巴结别人了；名人打扮得不修边幅，叫真有艺术家的气质，凡人呢，就是流里流气的；名人喝酒，叫豪饮，凡人就叫贪杯；名人老了，称呼变成王老，凡人就只能叫老王。 ——王选

见面时最佳的气质，才是给别人最好的礼物。 ——郑文清

你的美丽跟你的长相无关；你的气质跟你的穿着无关；相信我！自信吧！朋友！ ——人生如初

我很喜欢这句话：直起腰来，挺起身子，就像有根绳子，扯住你的头发往上拉一样！多少年来，我一直这样的经营着自己。有人说，我多少还有点儿气质，也许就是这句话的作用吧！ ——刘新吾

女人的眼神透露着她内在的气质……要想更好的爱女人，你要透过她的眼睛看到她的心…… ——李寻欢

如果她选择一些低调的品牌和有品质的面料来包装自己，那是真正懂得搭配，而不是身上超过三种颜色……我能从她的目光去感受她的自信、亲和、不张扬、不做作的气质…… ——江志强

小学生学打高尔夫球就能培养领袖能力？中国教育真是疯了！动不动就一个"贵族气质"，一个"领袖风度"。莫非我们这个民族，贫到底了，贱到头了，抑或一点儿希望都没有了！ ——刘新吾

城市的气质，决定了观众的品位。 ——段嵘

这些聪明和敏感本来是女学生似的，但这份工作让一个女性有充裕的时间和足够的机会培养分寸感。控制自己的情感，增添一些内省的气质。今天回过头再看这份工作之于一个人的意义，感慨击心。 ——柴静

脱离了男女双方在思想上、情感上、情味和气质等方面的共鸣倾慕，仅是单纯的两性关系，是不能称之为爱情的。 ——刘心武

女人美不美并不只在于长相，更在于气质。没有气质的女人，即使五官长得再好也没有用。 ——盖丽丽

人的天性虽然是隐而不露的，但却很难被压抑，更很少能完全根绝。即使勉强被压抑，只会使它在压力消除后更加猛烈。只有长期养成的习惯才能多少改变人的天生气质和性格。 ——培根

时间的掸子轻轻扫去女人脸上的红颜，但它是有教养的，还女人一件永恒的化妆品——气质。可惜有的女人很傻，把气质随手丢掉了。 ——毕淑敏

高校写作者之所以常常给人一种探索的姿态出现，主要有几个原因：一是因为年轻，年轻就意味着敢想敢干，就意味着敢于冲破旧的文学窠臼，敢于去

做艺术的冒险者；二是因为较高的文化水平，这使得他们可能在艺术的天地里游刃有余；三是青春浪漫主义的气质，爱情、理想、希望和忧伤、失落等相互交织的情感世界使得他们善于倾诉，或者非常渴望倾诉。以上几个方面的综合作用自然形成了高校文学写作者探索与冒险的原动力。

——谭旭东

如果我是花瓶，那么我就是一只景泰蓝花瓶，有气质有文化有底蕴有历史。

——萧蔷

要当一个美女，首先要有一双能够传递神韵的眼睛，因为只有眼睛能够完全不带谎言地传递一个人的内心世界，她让人轻而易举地看到自己无法掩饰的文化修养和气质。

——萧蔷

凡此种种，当散文成为女性凝视人生世界的一种方式，当散文承载女性对于一种理想世界、理想生活的期盼时，我们发现文体的这种强大的引导力与女性自身的敏感与唯美气质结合，女性回到自身，回到世俗生活的平凡琐碎，也回到心灵世界的伟大的戏剧性中。

——王虹艳

杨绛的散文将中国传统文化的根脉与西方文化素养很好地结合起来。她的散文既有丰盈的文气、淡定的气质，同时也有较广博的学识，能够在平和中见锋芒，不动声色中见惊心动魄。在新时期以后的中国散文界，杨绛的地位举足轻重，她的多篇作品都堪称中国当代散文史中的经典。

——王虹艳

做新闻职业虽然很辛苦，但生活因为新闻而不同，因为新闻而多姿多彩。更为重要的是，它满足了我的职业女性设想，比如新闻使我的生活变得充实，带来气质的变化。

——徐俐

未婚十年：你只喜欢少数几种能衬托你特殊气质的品牌，可惜常常买不到。

——朱德庸

对自己忠实，才不会对别人欺诈。习惯简直有一种改变气质的神奇力量，它可以使魔鬼主宰人类的灵魂，也可以把他们从人们的心里驱逐出去。

——莎士比亚

余光中在《猛虎与蔷薇》文里，别开生面地论述了文人的两种气质：豪放与婉约。读苏轼，读柳永，我都读出了两种气质。唯有读今人的文章，我只读出后者。也许，婉约含蓄更能代表中国文化，但为什么在中国的文学史上，苏轼的光芒一直盖过柳永？中国的传统文化看似博大精深，骨子里互相吵架的地方比比皆是。

——曹极

自从人有老少之分，老一代与少一代之间就有一道沟，可能是难以飞渡深沟天堑，也可能是一步迈过的小渎阴沟，总之是其间有个界限。沟这边的人看沟那边的人不顺眼，沟那边的人看沟这边的人不像话，也许吹胡子瞪眼，也许拍桌子卷袖子，也许口出恶声，也许真个地闹出命案，看双方的气质和修养而定。

——梁实秋

刘晓刚的小说有一种难得的气质，

这是一个对人生不断进行思索的作家写下的小说，他有耐心也有力量把这种思索贯穿到小说的始终。刘晓刚的小说也有一种血性和气势，《天雷》是一部以当下生活为题材的小说，但对世象与市景的描写并没有拖垮小说在意念上的表达。——阎晶明

美只愉悦眼睛，而气质的优雅使人心灵入迷。——伏尔泰

女性的气质是妇女最优秀人品的集中体现。——苏霍姆林斯基

气质应该说是功力所显，也是情操所现。——柏杨

人的经历都会给人留下气质性痕迹的。——柯云路

磨砺内心比油饰外表要难得多。——毕淑敏

要以学问来变化气质。——徐复观

漂亮的人怀疑自己的智慧，强有力的人怀疑自己的魅力。——莫罗阿

女性行为之美的魅力，其精髓在于情态的温柔。——金马

魅力有一种能使人开颜、消怒，并且悦人和迷人的品质。——普拉斯

魅力通常是在智慧之中，而不是在容貌之中。——孟德斯鸠

魅力是一种无形的美。
——索菲娅·罗兰

世界上最颠倒众生的，不是美丽的女人，而是最有吸引力的女人。
——柏杨

时间能够安慰我们，而人的气质能够抗拒痛苦的印象。——爱默生

男子要有刚强和自由勇敢的气质，哦！他更应该有深藏的秘密。——歌德

一个人的风度和气质应使人近而敬之，而不要敬而远之，或近而轻之。
——一凡

一个人的行为举止、风度仪表是展现一个人外在魅力的主要方式之一，优雅的行为举止使人风度翩翩。
——塞缪尔·斯迈尔斯

友善的行为、得体的举止、优雅的风度，这些都是走进他人心灵的通行证。
——塞缪尔·斯迈尔斯

襟怀纳百川，志越万仞山。目极千年事，心地一平原。——柳青

高雅的风度，不在于你喝的是什么，而在于你对待生活的态度。
——素素

美是一朵鲜艳的花，风度是一棵常青的树；时间是美的敌人，却是风度的朋友。——汪国真

风度表现着一个人的文化教养，是一个人审美观念和精神世界凝成的晶体。——金马

韵味，可以表明一个人的内涵；谈吐，可以显示一个人的修养；格调，可以说明一个人的情操。——汪国真

神韵可说是"事外有远致"，不沾滞于物的自由精神，这是一种心灵的美，或哲学的美。——宗白华

品位这东西为气为魂为筋骨为神韵，只可意会。——张抗抗

美的风度的第一条法则是：请尊重别人的自由；第二条法则是：请自己表现自由。

——席勒

多读一些书，让自己多有一点自信，加上你因了解人情世故而产生的一种对人对物的爱与宽恕的涵养。那时，你自然就会有一种从容不迫、雍容高雅的风度。

——罗兰

彬彬有礼的风度，主要是自我克制的表现。

——爱迪生

美丽的相貌和优雅的风度是一封长效的推荐信。

——伊莎贝拉

我的风度是贵族的，但我的行为却是民主的。

——雨果

风雅的人是真正的生活之王。

——托尔斯泰

衣服和风度并不能造就一个人；但对一个已经造就的人，它们可以大大增进他的仪表。所谓男子气概是指亲切、慈爱的风度，而不是指肉体上的意愿而言。

——萨迪

人之气质，由于天生，本难改变，惟读书则可以变其气质。 ——曾国藩

对自己忠实，才不会对别人欺诈。习惯简直一种改变气质的神奇力量，它可以使魔鬼主宰人类的灵魂，也可以把他们从人们的心里驱逐出去。

——莎士比亚

音乐使一个民族的气质更高贵。

——福楼拜

一个人在一生内做好一件事已足以自豪，得陇望蜀诚属不智。——亦舒

真正的友谊，必须经过严格的选择。

——莫罗阿

世界上最无法让人理解的一点，就是人人都以为世界不难理解。——彼得

事业常成于坚韧，毁于急躁。

——萨迪

人有了物质才能生存，人有了理想才谈得上生活。

——雨果

毅力：一帆风顺是不能磨炼人的

一个人做事，在动手之前，当然要详慎考虑；但是计划或方针已定之后，就要认定目标前进，不可再有迟疑不决的态度，这就是坚毅的态度。

——邹韬奋

患难困苦，是磨炼人格之最高学府。

——梁启超

吃苦是生活的第一步，不迈开这一步，什么地方都不用去。 ——亦舒

在行进时，也时时有人退伍，有人落荒，有人颓唐，有人叛变，然而只要无碍于进行，则越到后来，这队伍也就越成为纯粹、精锐的队伍了。——鲁迅

人生在勤，勤则不匮；户枢不蠹，流水不腐。 ——许名奎

一个人有了毅力，就能勤奋，就能自信，就能坚强，"不管风吹浪打，胜似闲庭信步"，就能在喧闹的世界里沉静下来，积累人生中的美丽。——佚名

世人缺乏的是毅力，而非气力。

——雨果

伟大的毅力只为伟大的目的而产生。　　　　　——斯大林

人要有毅力，否则将一事无成。

——居里夫人

伟大人物的最明显标志，就是他坚强的意志，不管环境变换到何种地步，他的初衷与希望仍不会有丝毫的改变，而终于克服障碍，以达到期望的目的。

——爱迪生

顽强的毅力可以征服世界上任何一座高峰。　　　　　——狄更斯

只有毅力才能使我们成功。而毅力是来源于毫不动摇，坚决采取为达到成功而需要的手段。——车尔尼雪夫斯基

达到目的有两个途径，即势力与毅力，势力只为少数人所有，但坚忍不拔的毅力却是多数人都有的，它的沉默力量往往可随时达到无可抵抗的地步。

——拿破仑

胜利属于最坚忍的人。——拿破仑

蜗牛靠着毅力，才能爬到安全的地方。　　　　　　——史普吉恩

我已经给自己选定了道路，我将坚定不移。既然我已经踏上这条道路，那么，任何东西都不应妨碍我沿着这条路走下去。　　　　　　——康德

如果说我有什么贡献的话，那不是我的才能的结果，完全是勤勉的毅力的结果。　　　　　　——道尔顿

一朝开始便永远能将事业继续下去

的人是幸福的。　　　　——赫尔岑

世人缺乏的是毅力，而非气力。

——雨果

一个人不能骑两匹马，骑上这匹，就会丢掉那匹。聪明人会把凡是分散精神的要求置之度外，只专心致志地学一门，学一门就要把它学好。　——歌德

一个人只要强烈地坚持不懈地追求，他就能达到目的。　——司汤达

如果你足够坚强，你就是史无前例的。　——司科特·菲茨杰拉德

强者容易坚强，正如弱者容易软弱。　　　　　　——爱默生

不害怕痛苦的人是坚强的，不害怕死亡的人更坚强。　——迪亚娜夫人

伟大人物最明显的标志，就是坚强的意志。　　　　　——英国谚语

坚强者能在命运之风暴中奋斗。

——英国谚语

顽强这就是作家技能的秘密。

——杰克·伦敦

顽强能引导人们走向幸福。

——土耳其谚语

强烈的信仰会赢取坚强的人，然后又使他们更坚强。　——华特·贝基霍

生活就像海洋，只有意志坚强的人，才能到达彼岸。　　　——马克思

胜利属于坚忍不拔的人。

——英国谚语

失败是坚韧的最后考验。

——俾斯麦

160 ｜ 格言警句

坚韧是意志的最好助手。

——欧洲谚语

事业常成于坚韧，而毁于争躁。

——伊朗谚语

工夫和坚韧使桑叶变成绸缎。

——英国谚语

哪怕是自己的一点小小的克制，也会使人变得强而有力。 ——高尔基

由于勇敢的坚韧，无可避免地祸患将会被征服。 ——欧洲谚语

坚毅可以战胜强力。——非洲谚语

伟大的事业是根源于坚韧不断的工作，以全副的精神去从事，不避艰苦。

——罗索

勇敢：另一种坦然的镇定与坚持

勇敢有时候是理性制约下的一种镇定和自信。 ——于丹

有德有仁的人才能真正做到心灵的勇敢。 ——于丹

君子之骄，骄傲的是内心的风骨。

——于丹

不入虎穴，焉得虎子。

——《后汉书》

临财勿苟得，临难勿苟免。

——《礼记》

怯弱是出卖我们灵魂的叛徒。

——泰戈尔

不怕的人前面才有路。

——有岛武信

世界是属于勇敢者的。——哥伦布

遇事无难易，而勇于敢为。

——欧阳修

死是每个人都能做到的，拿出勇气活下去才是勇敢。 ——罗教·柯迪

人的一生中可能犯的错误，就是经常担心犯错误。 ——哈伯德

所贵勇者，为其行义也。

——《吕氏春秋》

勇不动于气，义不陈于色。

——韩愈

懦夫在未死以前，就已经死过好多次；勇士一生只死一次。——莎士比亚

强者创造事变，弱者受制于上帝给他安排的事变。 ——维尼

大胆点，伟大无比的力量自会来帮助你。 ——比锡耳王

大胆是取得进步所付出的代价。

——雨果

勇者临敌而不怀生。 ——吴起

没有比害怕本身更害怕的了。

——培根

你怕狼，就别到树林里去。

——列宁

临事有三难。能见，一也；见而能行，二也；当行必果决，三也。

——张咏

生命的意义在于付出，在于给予，而不是在于接受，也不是在于争取。

——巴金

人只有献身社会，才能找出那实际

上是短暂而有风险的生命的意义。

——爱因斯坦

不要在已成的事业中逗留着！

——巴斯德

合理安排时间，就等于节约时间。

——培根

浪费别人的时间是谋财害命，浪费自己的时间是慢性自杀。 ——列宁

勇敢坚毅真正之才智乃刚毅之志向。 ——拿破仑

不经巨大的困难，不会有伟大的事业。 ——伏尔泰

坚强的信心，能使平凡的人做出惊人的事业。 ——马尔顿

今天所做之事勿候明天，自己所做之事勿候他人。 ——歌德

今天应做的事没有做，明天再早也是耽误了。 ——裴斯泰洛齐

人的一生中，最光辉的一天并非是功成名就那天，而是从悲叹与绝望中产生对人生的挑战，以勇敢迈向意志那天。 ——福楼拜

科学的每一项巨大成就，都是以大胆的幻想为出发点的。 ——杜威

好动与不满足是进步的第一必需品。 ——爱迪生

朝着一定目标走去是"志"。一鼓作气中途不停止是"气"，两者合起来就是志气。一切事业的成败都取决于此。 ——卡耐基

我们处于什么方向不要紧，要紧的是我们正向什么方向移动。——霍姆兹

真正的坚忍是当一个人无论遇到什么灾祸或危险的时候，他都能够镇静自处，尽责不辍。 ——洛克

儿童恐怖的重要基础既然是痛苦，锻炼儿童使他们不恐怖、不怕危险的方法就是使他们受惯痛苦。 ——洛克

应该教给他成人后怎样保护他自己，教他经受得住命运的打击，教他不要把豪华和贫困看在眼里，教他在必要的时候，在冰岛的冰天雪地里或者马耳岛的炽热的岩石上也能够生活。

——卢梭

真正勇敢的人，应当能够智慧地忍受最难堪的荣辱，不以身外的荣辱介怀，用息事宁人的态度避免无谓的横祸。 ——莎士比亚

不要每逢看见儿童受了一点点痛苦就去哀怜他们，或让他们自己去怜悯自己。我们此时应该尽力帮助他们，安慰他们，可是千万不能怜悯他们。因为怜悯可以使他们的心理变脆弱，使他们遭受一点点轻微的伤害就支持不住，结果往往是，他们更加沉浸于受伤的部分，伤害更加扩大化了。 ——洛克

不能以坚忍为借口，把孩子们训练得残忍。使之具有坚忍的品性，最终的目的是保证德行的存在，而使之具有仁爱之心。 ——洛克

人生的磨难是很多的，所以我们不可对于每一件轻微的伤害都过于敏感。在生活磨难面前，精神上的坚强和无动于衷是我们抵抗罪恶和人生意外的最好

武器。　　　　　　　　——洛克

勇敢是，当你还未开始就已知道自己会输，可你依然要去做，而且无论如何都要把它坚持到底。　——哈珀·李

当孩子年龄较大之后，他就应该去做他天性中所不敢做的更勇敢的事。最初要帮助他逐渐让他去做，直到练习产生了较大的自信力，做得好了为止。
　　　　　　　　　　　——洛克

要在和他玩得高兴的时候或称赞他的时候去实施，最初要从痛苦最小的事情上面开始，然后不知不觉地逐步推进。一旦能使他明白，他虽然受了痛苦，可是因为有了勇气，得到了别人的称赞，得失已足相抵；一旦他能够从他那种刚毅的表现上感到光荣，能够逃避小小的痛苦，不在他们面前畏缩，而宁愿取得勇敢的名誉之后，就不怕不能改进他的脆弱本性了。　——洛克

一个理性的动物，就应该有充分的果断和勇气，凡是自己应做的事，不应因里面有危险就退缩；当他遇到突发的或可怖的事情，也不应因恐怖而心里慌张，身体发抖，以致不能行动，或者跑开来去躲避。　　　　——洛克

要向大目标走去，就得从小目标开始。　　　　　　　　——列宁

凡是自强不息者，最终都会成功。
　　　　　　　　　　　——歌德

在奔向目标的道理上坚持不懈、持之以恒，充分意识到自己的力量。
　　　　　　　——陀思妥耶夫斯基

患难可以试验一个人的品格；非常的境遇方才可以显出非常的气节；风平浪静的海面，所有船只都可以并驱竞胜；命运的铁拳击中要害的时候，只有大勇大智的人才能够处之泰然。
　　　　　　　　　——莎士比亚

升平富足的盛世徒然养成一批懦夫，困苦永远是坚强之母。
　　　　　　　　　——莎士比亚

本来无望的事，大胆尝试，往往能成功。　　　　　　——莎士比亚

世界是归强有力者管辖的，应当做强有力者，应当超于一切之上。
　　　　　　　　　　——莫泊桑

充沛的精力加上顽强的决心，曾经创造出许多奇迹。　——狄更斯

勇气很有理由被当作人类德行之首，因为这种德行保证了所有其余的德行。　　　　　　——丘吉尔

在策划一件大事时必须预见艰险，而在实行中却必须无视艰险，除非那危险是毁灭性的。　　——培根

匹夫见辱，拔剑而起，挺身而斗，此不足为勇也。　　　　——苏轼

我唯一能信赖的，是我的狮子般的勇气和不可战胜的从事劳动的精力。
　　　　　　　　　——巴尔扎克

真正的勇气在极端的胆怯和鲁莽之间。　　　　　　　——塞万提斯

许多天才因缺乏勇气而在这世界消失。每天，默默无闻的人们被送入坟墓，他们由于胆怯，从未尝试着努力

过；他们若能接受诱导起步，就很有可能功成名就。　　——席巴·史密斯

在我们中间，就连最勇敢的人，对于自己真正理解的事拿得出勇气，也是罕见的。　　——勃朗宁

你若失去了财产——你只失去了一点，你若失去了荣誉——你就会丢掉了许多，你若失掉了勇敢——你就会把一切失去。　　——歌德

大胆的见解就好比下棋时移动一个棋子，它可能被子吃掉，但它却是胜局的起点。　　——歌德

如果一个人的激情无论在快乐还是苦恼中都保持不忘理智所教给的关于什么应当惧怕什么不应当惧怕的信条，那么我们就因他的激情部分而称每个这样的人为勇敢的人。　　——柏拉图

慎重者，始若怯，终必勇；轻发者，始若勇，终必怯。　　——苏轼

坚强、稀有的性格便是这样创造出来的；苦难，经常是后娘，有时却也是慈母；困苦能孕育灵魂和精神的力量；灾难是傲骨的奶娘；祸患是豪杰的乳汁。　　——雨果

因循观望的人，最善于惊叹他人的敏捷。　　——莎士比亚

有些人很镇定果敢，他们把危险看作一次决斗中的敌手，他们计算它的动作，研究它的进攻，他们后退只是为了喘一口气，并不是表示怯懦。他们懂得一切于自己有利的地方，能一举杀死敌人。　　——大仲马

勇敢精神正像任何精神力量一样，一定要在考验中得到锻炼和巩固。
　　——罗兰

一直在追寻强大的力量，所以他早就是他这一时代最勇敢的人。
　　——茨威格

成功的人，都有浩然的气概，他们都有是大胆的、勇敢的。他们字典上，是没有"惧怕"两个字的，他们自信他们的能力是能够干一切事业的，他们自认他们是个很有价值的人。——卡耐基

一个人的胆子大，才能有作为；畏怯的人，懦弱的人，他虽然没有身临其境的危险，但只要一听到人家的恐吓言语，早已吓得不知所措，试问这样的人可能有什么建树呢？　　——卡耐基

如果他是一棵软弱的芦草，就让他枯萎吧；如果他是一个勇敢的人，就让他自己打出一条路出来吧。——司汤达

我们要时时注意，勇气常常是盲目的，因为它没有看见隐伏在暗中的危险与困难，因此，勇气不利于思考，但却有利于实干。因为在思考时必须预见到危险，而在实干中却必须顾及危险，除非那危险是毁灭性的。所以对于有勇无谋的人，只能让他们做帮手，而绝不能当领袖。　　——培根

既然他有勇气去死，他应该有力量去干斗争。拒不接受苦难不是力量的表现，而是懦弱的表现。　——巴尔扎克

到了热血沸腾、理智允许的时候还不敢挺身向前的人，就是懦夫；达到

了预想的目的后还在冒进的人，就是小人。

——海涅

凡是我不了解的现象，我总是勇敢地迎着它走上去，不让它吓倒。我高高地站在它的上面。人应当认定自己比狮子、老虎、猩猩高一等，比大自然中的万物，甚至比他不能理解的，像是奇迹的东西都高，要不然他就算不得人，只不过是一个见着样样东西都害怕的耗子罢了。

——契诃夫

你为人像水一般软弱。这一点人家很快就会发现的。他们不用费什么劲就会发现你为人没有骨气。他们可以像对付一个奴隶一样对付你。

——马克·吐温

考验越是巨大、严峻、繁杂，对于善于承受考验的人就越有好处。无论多么强烈的痛苦，对于任何一个能够看出这痛苦给人带来非同一般的裨益的人，都会丧失效力。

——卢梭

成就的大小、高低，是不在我们掌握之内的，一半靠人力，一半靠天赋，但只要坚强，就不怕失败、不怕挫折、不怕打击——不管是人事上的，生活上的，技术上的，学术上的——打击。

——傅雷

苦和甜来自外界，坚强则来自内心，来自一个人的自我努力。

——爱因斯坦

惯于实际生活的人能坚持到底，坚持到最后结局，自我反省和空谈理论的人却不想越过他们自己所指定的边界，

而永远停在那里，他们在崇高的意向，绝对的真诚和才干的条件下，阻碍事件前进，因为山巅险峻会撞伤他们。

——屠格涅夫

要记住！情况越严重、越困难，就越需要坚定、积极、果敢，而消极无为就越有害。

——列夫·托尔斯泰

幸运所需要的美德是节制，而逆境所需要的美德是坚忍。——费·培根

我们最重要的原则是：不要叫人打倒你，也不要叫事情打倒你。

——居里夫人

世界上的事物永远不是绝对的，结果完全因人而异，苦难对天才是一块垫脚石，对能干的人是一笔财富，对弱者是一个万丈深渊。——巴尔扎克

对那些有自信心而不介意暂时成败的人，没有所谓失败！对怀着百折不挠的坚定意志的人，没有所谓失败！对别人放手，而他仍然坚持；别人后退，而他仍然前冲的人，没有所谓失败！对每次跌倒，而立刻站起来；每次坠地，反会像皮球一样跳得更高的人，没有所谓失败！

——雨果

人类所有的力量，只是耐心加上时间的混合。所谓强者既有意义，又有等待时机。

——巴尔扎克

千万人的失败，都有是失败在做事不彻底；往往做到离成功尚差一步就终止不做了。

——莎士比亚

不应当急于求成，应当去熟悉自己的研究对象，锲而不舍，时间会成全一

切。凡事开始最难；然而更难的是何以善终。　　——莎士比亚

一个人并不是生来要给打败的，你尽可把他消灭掉，可就是打不败他。

——海明威

忍耐——肉体的小心和道德的勇气的混合。　　　　　　——哈代

如果你陷入艰难的境地，一切都有同你作对，你似乎再也撑不下一分钟，千万不可放弃，因为那正是时势扭转的关键时刻与境地。

——哈里特·毕却·史多

凡是新的事物在起头总是这样的，起初热心的人很多，而不久就冷淡下去，撒手不做了。因为他已经明白，不经过一番苦功是做不成的，而只有想做的人，才能忍得过这番痛苦。

——陀思妥耶夫斯基

要从容地着手去做一件事，但一旦开始，就要坚持到底。　——比阿斯

君子之所取者远，则必有所待；所就者大，则必有所忍。——苏轼

奋始怠终，修业之贼也；缓前急后，应事之贼也；躁心浮气，蓄德之贼也是；疾言厉色，处众之贼也。

——吕坤

所谓天才，就是比任何人都先抵挡痛苦的经验本领。　　——卡莱尔

"不可能"三个字，是我字典中所没有的。　　　　　　——拿破仑

奋斗只是一种行动的昭示，而实际的行动却应该有详细的计划，清楚的段落，坚定的意志和力量。　——卡耐基

成功的第一个条件就是要有决心；而决心要不得迅速、干脆、果断又必须具有成功的信心。　　——大仲马

当一个人一心一意做好事情的时候，他最终是必然会成功的。——卢梭

如果没有勇气远离海岸线，长时间在海上孤寂地漂流，那么你绝不可发现新大陆。　　　　　　——纪德

在胆小怕事和优柔寡断的人眼中，一切事情都是不可能办到的，因为乍看上去似乎如此。　　——司各特

鲁莽往往以勇敢的名义出现，但它是另一回事，并不属于美德；勇敢直接来源于谨慎，而鲁莽则出于愚蠢和想当然。　　——凯瑟琳·雷恩

怯懦是你最大的敌人，勇敢则是你最好的朋友。——莱昂纳德·弗兰克转

一个顽强坚持自己在正义事业中的目标的人是不会因同伴发疯似的狂叫"错了"而动摇决心，也不会因暴君威胁恫吓的脸色而恐惧退缩。——贺拉斯

不懂得害怕的人不能算勇敢，因为勇敢指的是面对一切风云变幻坚强不屈的能力。　　　——里欧·罗斯顿

我这个人走得很慢，但是我从不后退。　　　——亚伯拉罕·林肯

勇猛、大胆和坚定的决心能够抵得上武器的精良。　　　——达·芬奇

临着一切不平常的急难，只有勇敢和坚强才能拯救。——沙甫慈伯利

勇敢来自斗争，勇敢在同困难顽强

奋斗中渐形成。我们青年人的座右铭就是勇敢、顽强、坚定，就是克服艰难险阻……　——奥斯特洛夫斯基

勇气就是在恐惧和狂妄之间的一种气质和平衡因素。恐惧会产生胆怯，狂妄会导致鲁莽，而勇气会使用权人们、使那些佛教徒勇敢地面对生活中不可回避的痛苦。　——菲利浦·劳顿·玛丽

勇敢就能扫除一切障碍。

——帕斯捷尔纳克

当一个人敢于用自己来冒险，敢于体验新的生活方式时，他就有可能变化和发展。　——赫伯特·奥托

除了恐惧，世界上不存在任何其他事情，其程度能与勇敢相比较。

——约翰·温赖特

生活随人的勇气大小而收缩或膨胀。　——安耐丝·尼恩

极其重大的第一条戒律：别让敌人把你吓坏了。　——埃尔默·戴维斯

怯懦只是夺去安全的手段，它不仅减削我们的卫护能力，甚至于驱使我们于毁灭之崖，使我们碰着从来无意干犯我们的灾祸。　——沙甫慈伯利

真的算得勇敢的人是那个最了解人生的幸福和灾患，然后勇往直前，担当起将来会发生的事故的人。

——伯利克里

勇气有许多种，但一等功勋应该留给那些举世无双的人们，他们单枪匹马，敢于面对整个社会，在最高法庭进行了宣判，而且整个社会都认为审判是合法公正的时候，敢于大声疾呼正义。

——房龙

勇气不仅仅是一种美德，而且还是各种美德在经受考验时，也即在最逼真的情形下的一种表现形式。

——刘易斯·西里尔·康诺利

任何卓越的胜利多少是大胆的成果。　——雨果

无畏是灵魂的一种杰出力量，它使灵魂超越那些苦恼，混乱和面对巨大危险可能引起的情感。正是靠这种力量，英雄们在那些最突然和最可怕的事件中，也能以一种平静的态度支持自己，并继续自由地运用他们的理性。

——拉罗什富科

勇者发怒，抽刃向更强者；怯者愤怒，即抽刃向更弱者。　——鲁迅

英勇是一种力量，但不是腿部和臂部的力量，而是心灵和灵魂的力量，这力量并不存在于战马和武器价值之中，而是存在于我们自身之中。　——蒙田

刚强的人尽管在内心很激动，但他们的见解和信念却像在暴风雨中颠簸船上的罗盘指针，仍能准确地指出方向。

——克劳塞维茨

勇敢的人以生命冒险，不以良心冒险。　——希拉

勇气就是一种坚韧；正因为它是一种坚韧，才使我们具有任何形式的自我否定和自我战胜的能力。因而，正是借助于这上点，勇气也多少与德行发生了关系。　——叔本华

勇气通往天堂，怯懦通往地狱。

——塞内加

我认为克服恐惧最好的办法理应是：面对内心所恐惧的事情，勇往直前地去做，直到成功为止。 ——罗斯福

勇气是人类最重要的一种特质，倘若有了勇气，人类其他的特质自然也就具备了。 ——丘吉尔

勇敢是与深思和决断为伍的。

——俞吾金

勇敢里面有天才、力量和魔法。

——歌德

你若想尝试一下勇者的滋味，一定要像个真正的勇者一样，豁出全部的力量去行动，这时你的恐惧心理将会为勇猛果敢所取代。 ——丘吉尔

谁是不可战胜的人？那种在任何时候都临危不惧的人。 ——爱比克泰德

一个有坚强心志的人，财产可以被人掠夺，勇气却不能被人剥夺。

——雨果

有胆气的人是不惊慌的人，有勇气的人是考虑到危险而不退缩的人；在危险中仍然保持他的勇气的人是勇敢的，轻率的人则是莽撞的，他敢于去冒险是因为他不知道危险。 ——康德

勇敢是处于逆境时的光芒。

——茨威格

对付贫穷要有勇气，忍受嘲笑要有勇气，正视自己营垒里的敌对者也要有勇气。 ——罗素

天下绝无不热烈勇敢地追求成功，而能取得成功的人。 ——拿破仑

勇敢征服一切：它甚至能给血肉之躯增添力量。 ——奥维德

痛苦有个限度，恐惧则绵绵无际。

——浦利尼斯二世

有德必有勇，正直的人绝不胆怯。

——莎士比亚

如果你是懦夫，你就是你自己最大的敌人；但如果你是勇者，你就是你自己最大的朋友。 ——弗兰克

大胆产生勇气，多疑却产生恐惧。

——康拉德

要坚强，要勇敢，不要让绝望和庸俗的忧愁压倒你，要保持伟大的灵魂在经受苦难时的豁达与平静。

——亚米契斯

认为痛苦是最大的不幸，是不可能勇敢的；认为享受是最大的幸福的人，是不可能有节制的。 ——西塞罗

英雄就是对任何事都要全力以赴，自始至终心无旁骛的人。

——波德莱尔

畏惧敌人徒然沮丧了自己的勇气，也就是削弱自己的力量，增加敌人的声势，等于让自己的愚蠢攻击自己。畏惧并不能免于一死，战争的结果大不了也不过一死。奋战而死，是以死亡摧毁死亡，畏怯而死，却做了死亡的奴隶。

——莎士比亚

只要你坚持的时间足够长，在恐惧之中的某一时刻来到之后，恐惧就根本不再是极端的痛苦，而不过是一种十分

讨厌、令人恼火的刺激。　——福克纳

勇敢是一种基于自尊的意识而发展成的能力。　——拿破仑

表现勇敢则勇气来；往后退缩则恐惧来。　——康拉德

侮辱那些无法要你道歉的人，本身就是怯懦的表现。

——米克沙特·卡尔曼

没有不冒风险就能克服的风险。

——皮布里吕斯让·诺安

虽然危险并未临近，而迎头邀击比长久注视其前来的好，因为如果一个人注视过久，他是很有睡觉的可能的。

——培根

人的勇气能承担一切重负；人的耐心能忍受绝大部分痛苦。

——塞缪尔·约翰逊

在不幸中所表现出来的勇气，通常总是使卑怯的心灵恼怒，而使高尚的心灵喜悦的。　——卢梭

你要像一棵橶树，大风将树吹折，然而巨大的树干却永远挺直。

——裴多菲

勇敢寓于灵魂之中，而不单凭一个强壮的躯体。　——卡赞扎基

"拿出胆量来"那一吼声是一切成功之母。　——雨果

冒险是历史富有生命力的元素，无论是对个人还是社会。

——威廉·博利多

成功不是终点，失败也不是终结，只有勇气才是永恒。

——温斯顿·丘吉尔

没有必胜的勇气，战争必败无疑。

——道格拉斯·麦克阿瑟

勇气就是在恐惧面前多坚持一秒。

在全人类中，凡是坚强、正直、勇敢、仁慈的人，都有是英雄！

——贝多芬

谁恐惧，谁就要受折磨，并且已经受着他的恐惧的折磨。　——蒙田

世间情感篇

亲情：爱的港湾与家的温馨

人们日常所犯最大的错误是对陌生人太客气而对亲密人太苛刻，把这个坏习惯改过来，天下太平。——亦舒

一家人的事最好一家人关起门来说清楚，最忌找外人来主持公道，不僵也会搞僵，外人许存看热闹之心，可能唯恐天下不乱，言语传来传去，又易生误会。——亦舒

世界上的一切光荣和骄傲，都来自母亲。——高尔基

母爱是一种巨大的火焰。
——罗曼·罗兰

必须拿出父母全部的爱、全部的智慧和所有的才能，才能培养出伟大的人来。——马卡连柯

慈母的胳膊是慈爱构成的，孩子睡在那里怎能不甜？——雨果

家庭应该是爱、欢乐和笑的殿堂。
——木村久一

温和的语言，是善良人家庭中决不可缺少的。——印度谚语

家有万贯，不如出个硬汉。
——钱大昕

治家严，家乃和；居乡恕，乡乃睦。——王豫

家教宽中有严，家人一世安然。
——吕得胜

慈母手中线，游子身上衣。临行密密缝，意恐迟迟归。谁言寸草心，报得三春晖。——孟郊

家是世界上唯一隐藏人类缺点与失败的地方，它同时隐藏着甜蜜的爱。
——萧伯纳

世界上一切其他都是假的，空的，唯有母亲才是真的、永恒的、不灭的。
——印度谚语

母爱是多么强烈，自私，狂热地占据我们整个心灵的感情。——邓肯

全世界的母亲多么的相像！他们的心始终一样，每一个母亲都有一颗极为纯真的赤子之心。——惠特曼

女人固然是脆弱的，母亲却是坚强的。——法国谚语

没有无私的，自我牺牲的母爱的帮助，孩子的心灵将是一片荒漠。
——英国谚语

世界上有一种最美丽的声音，那便是母亲的呼唤。——但丁

妈妈你在哪儿，哪儿就是最快乐的

地方。　　　　——英国谚语

人的嘴唇所能发出的最甜美的字眼，就是母亲；最美好的呼唤，就是"妈妈"。　　　　——纪伯伦

母爱是世间最伟大的力量。

　　　　　　　　　　——米尔

亲人帮亲人，无亲来帮愁煞人。

　　　　　　　——英国谚语

母亲的心灵是子女的课堂。

　　　　　　　　　——比彻

母爱只有做母亲的才知道。

　　　　　——沃·蒙塔古

孩子是母亲的生命之锚。

　　　　——蒙福克勒斯

母亲的低语总是甜蜜的。

　　　　　　　——英国谚语

没有比巴格达城更美丽，没有比母亲更可信赖。　　——伊拉克谚语

人们听到的最美的声音来自母亲，来自家乡，来自天堂。　——威·布朗

母亲在家事事顺。　——阿尔科特

人最终总要离开母亲。——贺拉斯

没有母亲，何谓家庭？

　　　　　　　——艾·霍桑

儿女抱在身，方知父母恩。

　　　　　　　——老挝谚语

父子不信，则家道不睦。

　　　　　　　　——武则天

友情：每个人都不是一座孤岛

每一个人都需要有人和他开诚布公

地谈心。一个人尽管可以十分英勇，但他也可能十分孤独。　　——海明威

友谊是精神的融合，心灵的联姻，道德的纽结。　　　　——佩恩

选择一个朋友，就是选择一种生活方式。　　　　　　　——于丹

真正的朋友，在你获得成功的时候，为你高兴，而不捧场。在你遇到不幸或悲伤的时候，会给你及时的支持和鼓励。在你有缺点可能犯错误的时候，会给你正确的批评和帮助。——高尔基

友谊有许多名字，然而一旦有青春和美貌介入，友谊便被称作爱情，而且被神化为最美丽的天使。

　　　　　　——克里索斯尔

做朋友，是论功过的，相识的日子中，如果加起来，功多于过，这个朋友还是可以维持下去。　　——亦舒

不少平庸者与周围人关系融洽，不少出众者与周围人关系紧张。——于丹

我可以把我的友谊在水彩画幅创作得光彩熠熠、衷情中义。也许有一天，当时间流逝，早已不小心掉进了遗忘的心湖。记忆的湖水冲淡了美丽的色彩，淡却了当年的铁胆铮铮之情，笑傲江湖，乘风破浪。那幅画早已变得却是醒龊不堪，不得不令人深深惋惜。也许是女娲给人类创造了甜美彩画，怕人类不珍惜，加点神水的斑迹，希望给人类带来多姿多彩的画面，在坎坷中锻造人类的灵性吧。　　　　——史铁生

比荣誉、美酒、爱情和智慧更宝

贵、更使人幸福的东西是我的友谊。

——海塞

朋友是磁石吸来的铁片儿、钉子、螺丝帽和小别针，只要愿意，从俗世上的任何尘土里都能吸来。现在，街上的小青年有江湖义气，喜欢把朋友的关系叫"铁哥们"，第一次听到这么说，以为是铁焊了那种牢不可破，但一想，磁石吸就是关于铁的东西呀。这些东西，有的用力甩甩就掉了，有的怎么也甩不掉，可你没了磁性它们就全没喽！昨天夜里，端了盆热水在凉台上洗脚，天上一个月亮，盆水里也有一个月亮，突然想到这就是朋友嘛。

——贾平凹

做人要含蓄点，得过且过，不必斤斤计较，水清无鱼，人清无徒，谁又不跟谁一辈子，一些事放在心中算了。

——亦舒

要本着平等和理性的态度去尊重每一个人，彼此之间留一点分寸，有一点余地。——于丹

宴笑友朋多，患难知交寡。

——蒲松龄

桃花潭水深千尺，不及汪伦送我情。——李白

莫愁前路无知己，天下谁人不识君。——高适

和你一同笑过的人，你可能把他忘掉，但是和你一同哭过的人，你却永远不忘。——纪伯伦

近朱者赤，近墨者黑。——傅玄

患难识朋友。——列宁

情深恭维少，知己笑谈多。

——佚名

良言一句三冬暖，恶语伤人六月寒。——佚名

酒逢知己千杯少，话不投机半句多。——佚名

真正的朋友应该说真话，不管那话多么尖锐。——奥斯特洛夫斯基

想要走得更快，请独行；要想走得更远，请结伴而行！——非洲古谚

先人而后己。——《礼记》

朋友间必须是患难相济，那才能说得上是真正的友谊。——莎士比亚

世界上没有比友谊更美好、更令人愉快的东西了；没有友谊，世界仿佛失去了太阳。——西塞罗

友正直者日益，友邪柔者日损。

——《薛之情公读书录·交友》

顺利时结交朋友，逆境中考验朋友。——拉丁谚语

与朋友交，言而有信。

——《论语》

友谊是个无垠的天地，它多么宽广啊。——罗·布朗宁

友谊与爱情一样，只有生活在能够与之自然相处，无须做作和谎言的朋友中间，你才会感到愉快。——莫洛亚

没有一宗友情是地久天长的。人们在你的生活里来去如流，有时，友情的过程是短暂的、有限的。

——索菲娅·罗兰

别有寄托的友谊，不是真正的友谊，而是撒入生活海洋里的网，到头来空收无益。　　　——纪伯伦

生活中遇到大忧大患，友谊应该是有效的安慰。　　　——巴尔扎克

坎坷的道路上可以看出毛驴的耐力，患难的生活中可以看出友谊的忠诚。　　　——米南德

每个人都不是一座孤岛，一个人必须是这世界上最坚固的岛屿，然后才能成为大陆的一部分。　　　——海明威

我们的朋友比我们想象的少，却比我们认识的多。　　——霍夫曼斯塔尔

巨大的危险有这样的妙处，它能使陌生人中间的友爱显露出来。

　　　——法国谚语

正义的人朋友多。　　——欧洲谚语

唯有对人慷慨大度，赞扬人家的优美，我们才能赢得朋友。

　　　——艾佛林·恩德希尔夫

忠厚是友谊的桥梁，欺骗是友谊的敌人。　　——维吾尔族谚语

性情爽朗的人，身边总是有三个朋友。　　——哈萨克族谚语

懒惰的马路程远，吝啬的朋友远。

　　　——蒙古谚语

破坏水堤的是腐朽的树根，破坏友谊的是言而无信的人。

　　　——柯尔克孜族谚语

只关心自己幸福的人，不能和他成为知己。　　——维吾尔族谚语

要想吸引朋友，须有好的品性。

　　　——欧洲谚语

一个有才智的人，一般地说是很难与人相处的，他选择的人是很少的。

　　　——孟德斯鸠

卑鄙与狡诈的开始，就是在友谊的终结。　　　——欧洲谚语

不信任朋友比被朋友所骗更丢脸。

　　　——英国谚语

友谊像婚姻一样，其维持有赖于避免不可宽恕的事情。　——美国谚语

虚伪的迎合是友谊的毒剂，诚恳的批评是友爱的厚礼。　——藏族谚语

朋友间最凶猛的瘟疫便是谄媚。

　　　——英国谚语

友谊使欢乐倍增、悲痛锐减。

　　　——培根

没有真挚朋友的人，是真正孤独的人。　　　——培根

人与人之间最大的信任就是关于进言的信任。　　　——培根

最能保人心神之健康的预防药就是朋友的忠言规谏。　　　——培根

只有在患难的时候，才能看到朋友的真心。　　　——克雷洛夫

有了朋友，生命才显出它全部的价值。　　　——罗曼·罗兰

人生得一知己足矣，斯世当以同怀视之。　　　——鲁迅

真正的友情，是一株成长缓慢的植物。　　　——华盛顿

亲善产生幸福，文明带来和谐。

——雨果

挚友如异体同心。——亚里士多德

在各种孤独中间，人最怕精神上的孤独。 ——巴尔扎克

单独一个人可能灭亡，两个人在一起可能得救。 ——巴尔扎克

世间最美好的东西，莫过于有几个头脑和心地都很正直的严正的朋友。

——爱因斯坦

没有朋友也没有敌人的人，就是凡夫俗子。 ——拉法特

对众人一视同仁，对少数人推心置腹，对任何人不要亏负。——莎士比亚

我的朋友，你的语声飘荡在我的心里，像那海水的低吟之声，缭绕在静听着的松林之间。 ——泰戈尔

有了朋友的生命才显出它全部的价值。一个人活着为了朋友，保护自己生命的完整，不受时间侵蚀，也是为了朋友。 ——罗曼·托尔斯泰

对所有的人以诚相待，同多数人和睦相处，和少数人常来常往，只跟一个人亲密无间。 ——富兰克林

朋友看朋友是透明的，他们彼此交换生命。双方的声音笑貌在那里互相模仿，心灵也在那里互相模仿。——罗兰

如果说，友谊能够调剂人的感情的话，那么友谊又一种作用则是能增进人的智慧。 ——培根

要做真正的知己，就必须互相信任。 ——列夫·托尔斯泰

人生在世，有个朋友是一种福气。

——列夫·托尔斯泰

悲伤可以自行料理，而欢乐的滋味如果要充分体会，你就必须有人分享才行。 ——马克·吐温

兄弟不一定是朋友，但朋友往往是兄弟。 ——富兰克林

友谊也像花朵，好好儿地培养，可以开得心花怒放。可是一旦任性或者不幸从根本上破坏了友谊，这朵心上盛开的花，是可以立刻萎颓凋谢的。

——大仲马

要是看见朋友之间出现不自然的礼貌时，就可以知道你们的感情已经开始衰落了。坦白质朴的忠实，是不用浮文虚饰的。 ——富兰克林

要想有好朋友，首先自己要成为别人的好朋友。 ——武者小路实笃

把自己的缺点告诉你的朋友是莫大的信任，把他的缺点告诉他是更大的信任。 ——富兰克林

并不是仅仅在不幸之中才需要朋友，因为幸福的人也需要朋友来共享自己的幸福。 ——罗素

我应当生活得仿佛自己的生命是为别人的利益而存在。 ——塞内加

人不能孤独地生活，他需要社会。

——歌德

凡是对人类生活提高最有贡献的人，应当是最受爱戴的人，这在原则上是对的。但是如果要求别人承认自己比同伴或者同学更高更强，或者更有才

智，那就容易在心理上产生唯我独尊的态度，这无论对个人对社会都是有害的。

——爱因斯坦

友谊！你是灵魂的神秘胶漆；你是生活的甜料，社会性的连接物！

——罗·布莱尔

科学的真正的与合理的目的在于造福于人类生活，用新的发明和财富丰富人类生活。 ——培根

打开一切科学的钥匙毫无异议的是问号，我们大部分的伟大发现应归功于"如何"，而生活的智慧大概就在于逢事都问个"为什么"。 ——巴尔扎克

所谓友情这种东西，存在于一切人的生活之中。假如一个人丧失了友情，那他可能无法生存在这个世界上。

——西塞罗

友谊之舟在生活的海洋中行驶是不可能一帆风顺的，有时会碰到乌云和风暴，在这种情况下，友谊应该受到这种或那种考验，在这些乌云和风暴后，那么友谊就会更加巩固，真正的友谊在任何情况下都会放射出新的光芒。

——马克思

人的生活离不开友谊，但要得到真正的友谊才是不容易；友谊总需要忠诚去播种，用热情去灌溉，用原则去培养，用谅解去护理。 ——马克思

在生活中，每个人都应当是春晖，给别人以温暖。在今天，人与人之间的关系，更应该如此。朋友之间，待之以诚，肝胆相照，不就是相互照耀，相互温暖吗？

——茅盾

全为实利打算，换言之，就是只要全家。充其极端，做人全无感情，全无义气，全无趣味，而人就变成枯燥、死板、冷酷、无情的一种动物。这就不是"生活"，而仅是一种"生存"了。

——丰子恺

友情在过去的生活里就像一盏明灯，照彻了我的灵魂，使我的生存有了一点点光彩。 ——巴金

用不存成见的心情和人交往，才可以交到朋友。 ——罗兰

友谊，那是心灵的神秘的结合者、生活的美化者、社会的巩固者。

——罗伯特·布拉亥

讲到名望、荣誉、享乐、财富等，如果拿来和友谊的热情相比，这一切都不过是尘土而已。 ——达尔文

人与人之间必须靠耐性来维持和谐，友谊有如一朵小花，必须靠双方小心地培育。 ——佚名

缺乏真正的朋友即是最纯粹最可怜的孤独；没有友谊则斯世不过是一片荒野。 ——培根

我们要能多多得到深挚的友谊，也许还要多多注意自己怎样做人，不辜负好友们的知人之明。 ——邹韬奋

爱朋友，喜欢朋友，用诚意去对待朋友，但不要依赖朋友，更不要苛求朋友。能做到这几点，你才可以享受到交友的快乐。 ——罗兰

友情与事业代表着人生两大乐趣，

而要想拥有这两大乐趣，一是要开朗，一是要勤劳。　　——罗兰

友谊好比一个分数，双方就是分子和分母。分子—分母失去对方，分数值就化为乌有。　　——佚名

谁要在世界上遇到过一次友爱的心，体会过肝胆相照的境界，就是尝到了天上人间的欢乐。　——罗曼·罗兰

最好的朋友是那种不喜欢多说，能与你默默相对而又息息相通的人。
　　　　　　　　　　　——高尔基

除了一个真心的朋友之外，没有一样药剂是可以通心的。　——培根

朋友需要你今天帮助，千万不要等到明天。　　　　　　——佚名

谁要求没有缺点的朋友，谁就没有朋友！　　　　　　　——佚名

朋友间保持一定的距离，而使友谊永存。　　　　　　——查理士

友情的纽带，或会因情绪激动而绷紧，但决不可折断。　　——林肯

周围都有好朋友的人，比四面楚歌的人不知幸福多少。　——卡内基夫人

独学而无友，则孤陋而寡闻。
　　　　　　　　　　　　——孔子

树直用处多，人直朋友多。
　　　　　　　　　　　　——佚名

怯懦的人，会把朋友送给刽子手。
　　　　　　　　　　——罗曼·罗兰

信任一位虚伪的朋友，增加一个敌对的证人。　　　——西班牙谚语

什么是朋友？朋友就是你可以精诚相待的人。　　　　　——西塞罗

爱情：问世间情为何物

当一个男人不再爱他的女人，她哭闹是错，静默也是错，活着呼吸是错，死了都是错。　　　　　　——亦舒

在恋爱开始的头三个月，你并不是你自己，而是你的形象大使。——佚名

感觉，是年轻人才玩得起的东西。男女之间，最昂贵的不是玩钱，是玩感觉。　　　　　　——苏岑

不能摆脱是人生的苦恼根源之一，恋爱尤其是如此。　　——塞涅卡

合该男人走运，凡是在热爱中的女人，总是被爱情迷住了眼睛，而且从来就不了解生活。　　　　——契诃夫

纯贞的爱情之花，是在革命理想中孕育的，是在和睦互励中生长的，是在共同战斗中开放的。这种扎根于志同道合的爱情之花，狂风吹不谢，利剑砍不倒，牢笼关不住，烈焰烧不毁，它经得起任何考验。　　　　　——章传家

年轻人必须注意，要在革命斗争中选择自己的对象，在这个问题上也常常表现出一个人的政治品质。不要把它摆在不适当的地位，必须严肃对待它！
　　　　　　　　　　　——王若飞

当你打算和一个人共同生活、白头偕老的时候，用五六年的时间来做巨大而又必需的考察大概不算长……我希望卡尔跟我在一起是幸福的，正像我自

己希望跟他在一起是幸福的一样。然而要做到这一点，我不仅应该成为一个贤妻良母，而且也应该成为他的同志，他的谋划人，不仅要相信而且要相敬。因为其中包括我的全部精神生活。不然的话，婚姻只不过是庸俗的契约、生锈的锁链、互相的折磨。
——燕妮

无论家庭或是爱情，都不能使人觉得生活真正美满。家庭，只是几个人；爱情，仅是一个人；而党，这是一百六十万人。只为家庭活着，这是禽兽的私心；只为一个人活着，这是卑鄙；只为自己活着，这是耻辱。
——尼古拉·奥斯特洛夫斯基

大自然规定，人在生活中某一阶段就要产生爱情。到了那个阶段，就该加紧恋爱才对……法律上写着，正常的人应该结婚。不结婚就没有幸福。那么有利的时机一到，就赶紧结婚，用不着拖拖拉拉。要紧的是别自作聪明，要按规矩办事！规矩是了不起的东西！
——契诃夫

一个经历了爱情创伤的青年，如果没有因这创伤而倒下，那就可能更坚强地在生活中站起来。
——路遥

不相信爱情的人会比平常人容易不快乐。
——安妮宝贝

感情是最难带来温度的物质。因为它不成形，因为它不持久，所以不值得信赖和依靠。
——安妮宝贝

两个恋人当中总是一方爱另一方，而另一方只是听任接受对方的爱而已。

这一点对我们大多数人来说，都是一条必须服从的痛苦的真理。可是偶尔也会有两个彼此热恋而同时又彼此被热恋的情况。
——毛姆

尤其恋爱中的男女不行，当面临两个或者两个以上各有优长的人追求的时候，往往拿不定主意。人，就是这么麻烦，没有人追，郁闷，追的人多了，也郁闷，正好的事，正好的时候，都很少，非逼得我们选择不可。
——张鸣

任何事物，凡是我们在那里面看得见依照我们的理解应当如此的生活，那就是美的；任何东西，凡是显示出生活或使我们想起生活的，那就是美的。
——车尔尼雪夫斯基

如果我们生活的全部目的仅在于我们个人的幸福，而我们个人幸福仅仅在于一个爱情，那么生活就会变成一片遍布荒芜枯冢和破碎心灵的真正阴暗的荒原，变成一座可怕的地狱。
——别林斯基

如果一个人把生活兴趣全部建立在爱情那样暴风雨般的感情冲动上，那是会令人失望的。
——居里夫人

人必须生活着，爱才有所附丽。
——鲁迅

当爱情来临，当然也是快乐的。但是，这种快乐是要付出的，也要学习去接受失望、伤痛和离别，从此人生不再纯粹。
——张小娴

爱恋着的双方，应该在政治上互相帮助、品行上互相砥砺、工作上互相促进、学习上互相切磋、生活上互相关心。爱情才能得到巩固，爱情之花方能越开越艳。

——章传家

爱情是作为伟大的因素渗入他们的生活的，但是它并不把其他因素都吞噬吮吸掉。他们并不因为爱情而割弃公民精神、艺术、科学的普遍利益；相反，他们还要把爱情的一切鼓舞、爱情的一切火焰带到这些方面去，而反过来，这些世界的广阔与宏伟也渗透到了爱情里。

——赫尔岑

恋爱给人以智慧，而它常常借智慧而支持。

——派斯格尔

爱情是叹息吹起的一阵烟；恋人的眼中有它净化了的火星；恋人的眼泪是它激起的波涛。它又是最智慧的疯狂，哽喉的苦味，吃不到嘴的蜜糖。

——莎士比亚

爱情的萌芽是智慧的结束。

——布霍特

有爱情的生活是幸福的，为爱情而生活是愚蠢的。

——佚名

爱情待在高山之巅，在理智的谷地之上。爱情是生活的升华人生的绝顶，它难得出现。

——杰克·伦敦

不害相思，幸福就没你的份。把爱情赶出了生活，你就赶出欢乐。一帆风顺的爱情，其实寡味。

——莫里哀

你见，或者不见我，我就在那里，不悲不喜；你念，或者不念我，情就在那里，不来不去；你爱，或者不爱我，爱就在那里，不增不减；你跟，或者不

跟我，我的手就在你手里，不舍不弃。

——徐志摩

心灵不在它生活的地方，但在它所爱的地方。

——英国谚语

恋爱是想一个人的心，婚姻是拴一个人的心，爱情是吞一个人的心。

——于丹

他说爱你的时候，是无心之过，别轻易感动。

——徐志摩

因为人家不爱我而生气？天下有这种道理？

——亦舒

一个人用了没有感情为借口，就可以把应尽的义务推得一干二净是一种可耻的行为。

——亦舒

一生至少该有一次，为了某个人而忘了自己，不求有结果，不求同行，不求曾经拥有，甚至不求你爱我，只求在我最美的年华里，遇到你。

——徐志摩

一个人的漠然加上另一个人的苦衷，一个人的忠诚加上另一个人的欺骗，一个人的付出加上另一个人的掠夺，一个人的笃信加上另一个人的敷衍。爱情是一个人加上另一个人，可是，一加一却不等于二，就像你加上我，也并不等于我们。这种叫作爱的情啊……如果你忘了苏醒，那我宁愿先闭上双眼。

——徐志摩

爱情赐予万事万物的魅力，其实决不应该是人生中短暂现象，这一道绚烂的生命的光芒，不应该仅仅照耀着探求和渴慕时期，这个时期其实只应该相当于一天的黎明，黎明虽然可爱、美丽，

但在接踵而至的白天，那光和热却比黎明时分要大得多。——车尔尼雪夫斯基

有了朋友，生命才显出它全部的价值；一个人活着是为了朋友；保持自己生命的完整，不受时间侵蚀，也是为了朋友。友谊要像爱情一样才温暖人心，爱情要像友谊一样才牢不可破。

——穆尔·约翰

突如其来的爱情却需要最长久的时间才能治愈。　　——拉布吕耶尔

真挚而纯洁的爱情，一定渗有对心爱的人的劳动和职业的尊重。

——邓颖超

恋爱是人格的结晶。　　——茅盾

恋爱是开启人生秘密的钥匙。

——岛崎藤村

恋爱使文盲识字。——欧里庇得斯

一个恋爱着的人，可比魔鬼和天使更有力量，能够做到一切啊。——海泽

恋爱说起话来，自有它的更善的知识，而知识说起话来，总充满着亲密的爱。　　——霭理士

恋爱是一场梦，直到结婚时才苏醒。　　——蒲柏

没有以热情恋爱过的人，人生的一半而且是人生美好的一半对他来说是被掩藏的。　　　　——司汤达

如果你在恋爱，但没有引起对方的反应，也就是说，如果你的爱作为爱没有引起对方的爱，如果你作为恋爱者通过你的生命表现没有使你成为被爱的人，那么你的爱就是无力的，就

是不幸。

——马克思

坠入情网根本说不上是人们所做的最愚蠢的事——而地心吸力也不能对此负责。

——爱因斯坦

爱情存在于奉献的欲望之中，并把情人的快乐视作自己的快乐。

——斯韦登伯格

真正的爱情不仅要求相爱，而且要求相互洞察对方的内心世界。

——苏霍姆林斯基

诗——是爱情难舍难分的姐妹。感情越是含蓄细腻、高尚，人对富于诗意的求爱方式就越敏感、越感兴趣。

——苏霍姆林斯基

建立和巩固家庭的力量——是爱情，是父亲和母亲、父亲和孩子、母亲和孩子相互之间的忠诚的、纯真的爱情。　　——苏霍姆林斯基

那些刻在椅子背后的爱情，会不会像水泥上的花朵，开出没有风的，寂寞的森林。　　——郭敬明

我想我是一个不懂得在现实中表达感情的人。我把自己的感情都错放在一个又一个的角色里，谈情说爱，七情六欲，都是电视剧和电影里头的感情世界，回到现实中，我只是一个渴望有细水长流、平淡恬静的爱情的人。

——刘德华

爱情就像银行里存一笔钱，能欣赏对方的优点，就像补充收入；容忍对方缺点，这是节制支出。所谓永恒的爱，

是从红颜爱到白发，从花开爱到花残。

——培根

假如你记不住你为了爱情而做出来的一件最傻的事，你就不算真正恋爱过；假如你不曾絮絮地讲你恋人的好处，使听的人不耐烦，你就不算真正恋爱过。

——罗兰

成熟的爱情，敬意、忠心并不轻易表现出来，它的声音是低的，它是谦逊的、退让的、潜伏的，等待了又等待。

——狄更斯

一刹真情，不能说那是假的，爱情永恒，不能说只有那一刹。——三毛

爱情是一种宗教。——罗兰

爱不需要解释，却又可以解释一切。虽然爱情只是众多情感中的一类，但它远比其他来得深刻、来得无奈。

——佚名

爱情不是花荫下的甜言，不是桃花源中的密语，不是轻绵的眼泪，更不是死硬的强迫，爱情是建立在共同的基础上的。——莎士比亚

爱是一种甜蜜的痛苦，真诚的爱情永不是走一条平坦的道路。

——莎士比亚

爱情如水，并且还是白开水，天天用，热的时候可以喝，凉了也可以喝，隔夜的你还可以用它来洗脸洗手，纯洁而且朴实，想说出它怎么个好喝或怎么有营养来，难，也用不着。精彩和浪漫都是如鱼饮水冷暖自知的事。——佚名

我承认天底下再没有比爱情的责罚更痛苦的，也没有比服侍它更快乐的事了。——莎士比亚

毫无经验的初恋是迷人的，但经得起考验的爱情是无价的。

——马尔林斯基

人的快乐和幸福不在金钱，不在于爱情，而在于真理。——捷克谚语

对盛开的花朵，寒冷的天气是敌人；对亲密的爱情，离间的怪话是敌人。——佚名

枯干的木头容易破裂，虚伪的爱情容易破裂。——佚名

山高不如男人的志气高，水深不如女人的爱情深。——鄂伦春族谚语

没有爱情的婚姻不会得到幸福，而爱情不能用金钱和物质换取。

——苗族谚语

千千万万匹走马，换不来真正的爱情。——藏族谚语

真正的爱情越久越不生锈。

——苗族谚语

爱情不是强扭的，幸福不是天赐的。——佚名

爱情是理想的一致，是意志的融合；而不是物质的代名词、金钱的奴仆。——佚名

爱情可以使弱者变得勇敢。

——佚名

喷泉的水堵不死，爱情的火扑不灭。——佚名

国王，可以说是一架报时巨钟的主发条，它无情地规定了作息时间。从生

到死的一举一动，从清晨起身到暮夜上床，甚至爱情嬉戏的瞬间片刻，不属于他自己。

——茨威格

友谊和爱情之间的区别在于：友谊意味着两个人和世界，然而爱情意味着两个人就是世界。在友谊中一加一等于二；在爱情中一加一还是一。

——泰戈尔

这是一种友谊的规律：一旦疑心从前门走进，爱情就会从后门溜走。

——毫厄尔

你说你不好的时候，我疼，疼得不知道该怎么安慰你；你说你醉的时候，我疼，疼得不能自制、思绪混乱。我的语言过于苍白，心却是因为你的每一句话而疼。太多不能，不如愿，想离开，离开这个让我疼痛的你。转而，移情别恋，却太难，只顾心疼，我忘记了离开，一次一次，已经习惯，习惯有你，习惯心疼你的一切。——徐志摩

似乎习惯了等待，单纯地以为等待就会到来。但却在等待中错过了，那些可以幸福的幸福。——徐志摩

分手原则：无论怎样的分手，无非是爱得不够深。——亦舒

恋爱是一回事，生活又是另外一回事。——亦舒

他以为我天性磊落。不。每一个女人，在她心爱的男人面前，都是最娇媚最柔弱的。我不爱他，所以冷静镇定，若无其事。——亦舒

爱情是最大的冒险大赌博，输了，

说不定哪一天他将那副可怕无情的面孔拿来对付我。赢了，我得到与我钟爱的人共度一生。都是这样。 ——亦舒

有些女人，会让人觉得，世界上无人舍得对她不好。然而，这个女人，就是得不到她一直盼望着的好。

——徐志摩

他的世界没有她，她的世界只有他。世界就是这样，从来没有公平可言。这是一场没有时限的角力战，谁在乎得越多，就输得越惨。 ——徐志摩

对于这段感情，我看法错综复杂，视心情而定，于将之划为不值，一下又觉浪漫，忙的时候忘得七七八八，闲的时候又研究一番。 ——亦舒

所有的痴恋都一样，当事人觉得伟大，旁观者只认为傻气。 ——亦舒

缘分原则：真正属于你的爱情不会叫你痛苦，爱你的人不会叫你患得患失，有人一票就中了大奖，有人写一本书就成了名，凡觉得辛苦，就是强求。

——亦舒

原来真的深爱一个人时候，内心酸涩，什么都说不出来；甜言蜜语，反而说给不相干的人听。 ——亦舒

至上的爱是什么都不计较，所谓做不到，即是爱得不够。 ——亦舒

动了真感情的人都会喜怒无常，因付出太多，难免患得患失。 ——亦舒

有人知道的委屈，便不算是委屈；能抢走的爱人，便不算是爱人。

——亦舒

一个人的心原来是世界上最寂寞的地方，每个人都渴望被爱，如果没有人主动爱人，则没有人会被爱，困难已经过去，也就不必讨论值得与否，努力面对现实是正经。 ——亦舒

只是女人天性的柔弱，注定她们的爱情掺和了太多的纵容和被纵容的成分。 ——张爱玲

女人要有女人的含蓄。女人要有一种暧昧的姿态——明明知道男人说谎也不会拆穿，而男人也知道她知道男人在说谎，如此一种疑幻疑真的感觉，是女人最大的魅力。 ——亦舒

我要你知道，在这个世界上总有一个人是等着你的，不管在什么时候，不管在什么地方，反正你知道，总有这么个人。 ——张爱玲

爱情本来并不复杂，来来去去不过三个字，不是我爱你、我恨你，便是算了吧、你好吗、对不起。 ——张爱玲

其实，女人的美，从来蕴含着千个面目，不是每个人都可以看到它，在一个足够聪明的男子面前，它会展露给你世上最微妙的色彩。彼刻，纯白艳红，呈现另一番甜美的面貌。那样曼妙的花朵，需要刻骨的爱怜、聪慧的温情，才可以灌溉。 ——张爱玲

喜欢一个人，是不会有痛苦的。爱一个人，也许有绵长的痛苦，但他给我的快乐，也是世上最大的快乐。 ——佚名

爱情要完结的时候自会完结，到时候，你不想画上句号也不行。 ——佚名

爱情不仅丰富多彩，而且还赏心悦目。 ——申斯通

爱情有一千个动人的心弦而又各不相同的音符。 ——乔·克雷布

爱神能征服一切，我们还是向爱神屈服吧。 ——维吉尔

没有什么绳索能比爱情拧成的双股线更禁拉、禁拽。 ——罗·伯顿

我告诉你，爱神是万物的第二个太阳，他照到哪里，哪里就会春意盎然。 ——查普曼

爱情会自寻出路。 ——英国谚语

去"爱"你绝对熟悉的某人或某物是不可能的。爱总是被引向那些隐藏着秘密的地方。 ——瓦莱里

恋人的秘密不可叫对方全部探了去。 ——艾迪生

爱情不能用常识衡量。 ——日本谚语

追求爱情它高飞，逃避爱情它跟随。 ——英国谚语

热得快的爱情，冷得也快。 ——威瑟

狂热的爱情总是绝不会持久的。 ——罗·赫里克

一见钟情是唯一真诚的爱情；稍有犹豫便就不然了。 ——赞格威尔

如果我的生命中没有智慧，它仅仅会黯然失色；如果我的生命中没有爱情，它就会毁灭。 ——亨利·德·蒙泰朗

爱情是生命的盐。

——约·谢菲尔德

任何时候为爱情付出的一切都不会白白浪费。 ——塔索

没有爱情的人生是什么？是没有黎明的长夜！ ——彭斯

人生下来就是为了爱；爱是人生的原则和唯一的目的。 ——迪斯累利

没有爱情的人生叫受罪。

——威·康格里夫

生命是花，爱是蜜。 ——法国谚语

还有什么比两性相爱更美丽的？

——格兰维尔

爱的欢乐寓于爱之中，享受爱情比唤起爱更加令人幸福。——拉罗什富科

把爱拿走，我们的地球就变成一座坟墓了。 ——法国谚语

只要男女真心相爱，即使终了不成眷属，也还是甜蜜的。 ——丁尼生

爱的力量是和平，从不顾理性、成规和荣辱，它能使一切恐惧、震惊和痛苦在身受时化作甜蜜。 ——莎士比亚

爱神奏出无声旋律，远比乐器奏出的悦耳动听。 ——托·布朗

一旦你确实需要爱，你就会发现它正在等待着你。 ——王尔德

每一个女子的灵魂中都同时存在红玫瑰和白玫瑰，但只有懂得爱的男子，才会令他爱的女子越来越美，即使是星光一样寒冷的白色花朵，也同时可以娇媚地盛放风情。 ——张爱玲

对于大多数女人，爱的意思，就是被爱。 ——张爱玲

没有阳光花儿不香，没有爱情生活不甜。 ——法国谚语

什么是爱情？爱情是大自然的珍宝，是欢乐的宝库，是最大的愉快，是从不使人生厌的祝福。 ——查特顿

爱情，只有情，可以使人敢于为所爱的人献出生命；这一点，不但男人能做到，而且女人也能做到。——柏拉图

水会流失，火会熄灭，而爱情却能和命运抗衡。 ——纳撒尼尔·李

爱情使所有的人变成雄辩家这话说得绝对正确。 ——罗格林

爱情，是爱情，推动着世界的发展。 ——维吉尔

爱情是不受制约的，一旦制度想施淫威，爱神就会振翅远走高飞。爱神和其他诸神一样，也是自由自在的。

——乔叟

爱情使顺从变成易事。

——英国谚语

喷泉的水堵不死，爱情的火扑不灭。 ——佚名

爱情有着奇妙的魔力，它使一个人为另一个人所倾倒。 ——瑟伯与怀特

爱情是自由自在的，而自由自在的爱情是最真切的。 ——丁尼生

发号施令在爱情中是行不通的。

——蒙田

爱情没有规则，也不应该有条件。

——黎里

爱情是不讲法律的。——圣哲罗姆

爱情没有特定的法则。 ——高尔

爱情不能用常识衡量。

　　　　　　　　　　——日本谚语

谁都没有真正的爱情，而只有一见钟情。 ——查普曼

年轻女子的爱情像杰克的豆茎一样，长得飞快，一夜之间便可渗入云天。 ——萨克雷

爱情使是非概念混淆不清；强烈的爱情和骄傲的野心都是没有疆界的。

　　　　　　　　　　——约·德莱顿

爱情往往开始于见面的头一眼。

　　　　　　　　　　——俄罗斯谚语

爱情献出了一切，却依然富有。

　　　　　　　　　　——菲·贝利

爱情不是索取，而是给予。

　　　　　　　　　　——范戴克

爱情存在于奉献的欲望之中，并把情人的快乐视作自己的快乐。

　　　　　　　　　　——斯韦登伯格

爱情和仇恨，二者皆盲目。

　　　　　　　　　　——英国谚语

爱情一失败，一切毛病都发现。

　　　　　　　　　　——英国谚语

爱情的欢乐中掺杂着泪水。

　　　　　　　　　　——罗·赫里克

爱情中的欢乐和痛苦是交替出现的。 ——乔·拜伦

最甜美的是爱情，最苦涩的也是爱情。 ——菲·贝利

爱情付报酬，劳苦也轻松。

　　　　　　　　　　——英国谚语

爱情不只是月夜里并肩散步，更是风雨中的携手同行。 ——欧洲谚语

爱情是温柔的，却又像荆棘一样刺人。 ——英国谚语

拌着眼泪的爱情是最动人的。

　　　　　　　　　　——司各特

爱情中的苦与乐始终都在相互争斗。 ——绪儒斯

爱情中的甜浆可以抵消大量的苦液，这就是对爱情的总的褒誉。

　　　　　　　　　　——济慈

爱情无须言做媒，全在心领神会。

　　　　　　　　　　——哈佛格尔

爱情埋在心灵深处，并不是住在双唇之间。 ——丁尼生

爱情先甜后来酸。 ——英国谚语

爱情是可爱的虐政，情人们甘受它的折磨。 ——英国谚语

治愈爱情创伤的好药是没有的。

　　　　　　　　　　——阿拉伯谚语

证明爱情要用事实，而不能用理智。 ——西班牙谚语

真正的爱情是不能用言语表达的，行为才是忠心的最好说明。

　　　　　　　　　　——莎士比亚

爱情这不是一颗心去敲击另一颗心，而是两颗心共同撞击的火花。

　　　　　　　　　　——俄罗斯谚语

爱比杀人重罪更难隐藏；爱情的黑夜有中午的阳光。 ——莎士比亚

爱情和谋杀一样，总是要暴露的。

　　　　　　　　　　——威·康格里夫

爱情和红鼻子一样是遮掩不住的。

——霍尔克罗夫特

爱情和咳嗽是瞒不住人的。

——欧洲谚语

爱情和战争都是不择手段的。

——弗·斯梅德利

爱情所需要的唯一礼物就是爱情。

——盖伊

爱情只能用爱情来偿还。

——爱·芬顿

爱情须用爱情来报答。

——约翰·克拉克

真正持续的爱情必须有尊敬才能成立。

——德国谚语

一切真正的爱情的基础都是互敬。

——维利而斯

爱情换爱情是最公平的交易。

——欧洲谚语

爱情从爱情中来。——拉布吕耶尔

爱情不只是一种感情，这同样是一种艺术。

——法国谚语

培育爱情必须用和声细语。

——奥维德

爱情需要合理的内容，正像熊熊烈火要油来维持一样；爱情是两个相似的天性在无限感觉中的和谐的交融。

——别林斯基

爱情的王国不用刀剑来统治。

——英国谚语

不太热烈的爱情才会维持久远。

——莎士比亚

所有的爱都可被忠贞不渝的爱情征服。

——奥维德

男人的爱情如果不专一，那他和任何女人在一起都会感到幸福。

——王尔德

爱情的火焰需要不断添加忠诚的干柴。

——苏联谚语

忠诚的胸怀是爱情的安全的港口。

——德国谚语

挑剔就是扼杀爱情；凡事都不可太挑剔。

——约·布朗

看中了就不应太挑剔，因为爱情不是在放大镜下做成的。

——托·布朗

爱情总藏在温柔的心里。

——意大利谚语

猜疑是爱情之树上的一把斧头。

——欧洲谚语

志同道合是爱情的基础。

——欧洲谚语

谁的爱情宫殿是用美德奠基，用财富筑墙，用美丽发光，用荣耀铺顶，谁就是最幸福的人。

——弗·夸尔斯

有钱，爱情就能长久。

——卡克斯顿

为了爱情，无钱结婚，夜来欢娱，白天悔恨。

——英国谚语

当贫穷从门外进来，爱情便从窗口溜走。

——托·富勒

缺少食物和酒，爱情是冷的。

——拉丁谚语

爱情的萌芽是智慧的结束。

——布霍特

爱情和智慧，二者不可兼得。

——培根

适当地用理智控制住爱情，有利无弊；发疯似的滥施爱情，有弊无利。

——普劳图斯

爱情把我拽向这边，而理智却要把我拉向那边。 ——奥维德

爱情进入，友情完结。

——英国谚语

如果从表面效果来判断，爱情与其说像友谊不如说像仇恨。

——拉罗什富科

友谊是两个平等者之间的无私交往；爱情则是暴君与奴隶之间的卑下交流。 ——奥立弗·哥尔斯密

何为爱情？一个身子两颗心。何为友谊？两个身子一颗心。

——约瑟夫·鲁

爱情所要求的比友谊要少得多。

——非洲谚语

如果钱财是新娘，爱情很难持久。

——德国谚语

爱情是不能买卖的。——英国谚语

闲人把爱情当作正事，忙人把爱情当成消遣。 ——布尔沃·利顿

爱情是一个平台，上面聚集着形形色色的人。 ——吉尔伯特

说到底，爱情就是一个人的自我价值在别人身上的反应。 ——爱默生

爱情是兴致勃勃的外来客，是外来的自我。 ——爱默生

爱情能化陋室为宫殿。

——德国谚语

乌云过后阳光更欢，不和之后爱情越甜。 ——拉丁谚语

啊，男人有性欲时，爱情才表现得很强烈；而女人的爱情却是持久的，不断增长的，哪怕是等待的时候。

——劳·豪斯曼

爱情是女人一生的历史，而只是男人一生中的一段插曲。 ——史达尔

爱情对于男人不过是身外之物，对于女人却是整个生命。 ——乔·拜伦

女人的一生就是一部爱情的历史。

——华·欧文

一旦爱情得到了满足，他人魅力也就荡然无存了。 ——高乃依

爱情就像财富，有赖于命运之轮，它始终处于剧烈的上下颠簸之中。

——范布勒

爱情是个变幻莫测的家伙，它渴望得到一切，却几乎对一切都感到不满。

——马德莱娜·德·斯居代里

爱情是一首美好的歌，但它不容易谱写成功。 ——苏联谚语

短暂的离别会促进爱情，长久的分离却会将它扼杀。

——夏尔·德·圣埃弗雷芒

离别使爱情热烈，相逢则使它牢固。 ——托·富勒

爱情是心中的暴君；它使理智不明，判断不清；它不听劝告，径直朝痴

狂的方向奔去。　　——约·福特

爱情是耗尽锐气的激情，爱情是置意志于一炬的火焰，爱情是把人骗入泥潭的诱饵，爱情将剧毒抹在命运之神的箭上。　　——梅斯菲尔德

爱情不过是一种疯。——苏士比亚

既然真理和坚贞均告徒劳，既然爱情、痛苦和理智的力量都不能将其说服，那么就让榜样作为警戒吧！

——乔·格兰维尔

每个人身上都有一口泉眼，不断喷涌出生命、活力、爱情。如果不为它挖沟疏导，它就会把周围的土地变成沼泽。　　——马克·拉瑟福德

要是爱情不允许彼此之间有所差异，那么为什么世界上到处都有差异呢？　　——泰戈尔

幸福的爱情和美满的家庭不需要媒人。　　——土耳其谚语

无酒之处无爱情。　——尤里披蒂

美能激发人的感情，爱情净化人的心灵。　　——约·德莱基

谈话有一种魅力，就像爱情和醇酒，神不知鬼不觉地就能诱使我们说出自己的秘密。　　——塞涅卡

让青年人歌颂爱情，让成年人崇尚军事。　　——拉丁谚语

爱情是友谊的精华，书信是爱情的妙药。　　——詹·豪厄

仁爱占上风时，新闻才得以变成爱情、真理和美德的传送工具。

——威·柯珀

人只有在不断追求中才能得到满足。像爱情一样，诗、哲学、科学的真正精神恰恰就是不断地追求，永远站在起跑线上。　　——赵鑫珊

金钱是爱情的基础，也是战争的基础。　　——托·富勒

男女之间真正的爱情，不是靠肉体或者精神所能实现的，只有彼此的精神和肉体相互融合的状态中才可能实现。

——朱耀燮

要想使产生后代动力的爱情健康，爱情就必须是肉体的爱。既然是肉体的爱，那么就一定要喜欢对方的肉体。

——斯特林堡

舞蹈音乐和爱情之子。

——约·戴维斯

习俗是爱情的天敌。

——布尔沃·利顿

毁于虚荣心的女性，比毁于爱情的还要多。　　——德芳

淑女的眼睛是爱情的灿烂的明星。

——丁尼生

忠诚是爱情的桥梁，欺诈是友谊的敌人。　　——维吾尔族谚语

珠宝，爱情的演说家，男人深知它能打动女人的心。　　——塞·丹尼尔

自由之于人类，就像亮光之于眼睛、空气之于肺腑、爱情之于心灵。

——英格索尔

婚姻：走进爱的围城，还是走出围城

彼此都有意而不说出来是爱情的最高境界，因为这个时候两人都在尽情享受媚眼，尽情地享受目光相对时的火热心理，尽情地享受手指相碰时的惊心动魄。一旦说出来，味道会淡许多。

——张爱玲

婚姻的杀手有时不是外遇，而是时间。

——于丹

不但要用眼睛，也要用耳朵去选择爱人。

——柏拉图

爱情是两颗灵魂的结合。

——约翰逊

只有一个男子的专恋能够适应一个少女的初恋要求；也只有少女的初恋能够满足一个男子的末恋的欲望。

——海克尔

不能使你发奋的爱，不如不爱。

——拿破仑

成功的婚姻的秘诀在于：把大灾难看成小事故，而不要把小事故看成大灾难。

——佚名

真诚的爱情的结合是一切结合中最纯洁的。

——卢梭

婚姻的唯一伟大之处，在于唯一的爱情，两颗心的互相忠实。

——罗曼·罗兰

如果不是每个丈夫都觉得他的妻子美，至少是每个未婚夫都觉得他的未婚妻是美的。

——黑格尔

哪里有没有爱情的婚姻，哪里就有不结婚的爱情。

——富兰克林

婚姻，若非天堂，即是地狱。

——德国谚语

婚姻就好比桥梁，沟通了两个全然孤寂的世界。

——基尔·凯丝勒

在父母的眼中，孩子常是自我的一部分，子女是他理想自我再来一次的机会。

——费孝通

婚姻实质上是伦理关系。婚姻是具有法定意义的伦理性的爱。——黑格尔

婚姻是完整人生的精髓。

——奥斯瓦尔德·施瓦茨

对于亚当，天堂是他的家，而他的后裔，家就是天堂。——伏尔泰

婚姻的基础是爱情，是依恋，是尊重。

——列昂尼多娃

没有冲突的婚姻，几乎同没有危机的国家一样难以想象。——莫鲁瓦

婚姻是一本书，第一章写的是诗篇，而其余则是平淡的散文。

——巴法利·尼克斯

承担义务是幸福而长久的婚姻关系的基础。——弗罗伦斯

婚姻的持久靠的是两颗心，而不是双方的肉体。——绪儒斯

家庭是政治社会的原始模型：首领是父亲的影子，人民就是孩子的影子。

——卢梭

家庭是第一个源泉，伟大的爱国主义情感和信念的巨流是从这里开始奔流的。——苏霍姆林斯基

我相信家庭与外界是决然不同的，它可以充满爱、关怀及了解，成为一个人养精蓄锐的场所。

——萨提尔

人的一生中最要紧的是发现自己，而在婚姻中则是被人所发现。

——冉拉尔

爱情是两个人的利己主义。

——拉萨尔

美满的婚姻是人生最大的幸福之一，不幸的婚姻无异于活着下地狱。

——奥斯瓦尔德·施瓦茨

恋爱是美丽的，婚姻却是神圣的。

——伊丽莎白

恋爱视快乐为目的，而婚姻视整个人生为目标。

——巴尔扎克

迁就、容忍、屈服、接纳、适应、宽恕、谅解、妥协、韧力、认命，婚姻爱情可训练出"十项全能"。——佚名

幸福的婚姻不仅需有交流思想，也要感情交流，把感情关在自己心里，也就把妻子推到自己的生活之外了。

——奥斯汀

信任是婚姻关系中两个人所共享的最重要特质也是建立愉快的、成长的关系所不可短缺的。 ——尼娜·欧尼尔

如果两个人的结合只是性意义上的结合的话，那么他们的幸福只能是短暂的一瞬。度过灿烂辉煌的一瞬之后，接踵而来的是空寂和漠然。

——箱崎总一

为了能使家庭的幸福长久，精神恋爱始终都应伴随肉体的性爱；同样，肉体的性爱如果不和谐美满，也会影响人的精神恋爱，使人彼此疏远、冷漠。

——尤·留利柯夫

为了爱情的继续，婚姻的美满，妻子固要取悦丈夫，丈夫也要取悦妻子，至于如何取悦，乃是一种高级的艺术。

——柏杨

同是一件婚事，一些人视之为儿戏，而另一些人，则视之为世界上最庄重的事情。 ——列夫·托尔斯泰

有时婚姻也会使一个女性迷失自己——不然，世界上杰出的女性原应多得多。 ——三毛

与所爱的人长期相处的秘诀是：放弃改变对方的念头。 ——萨尔丹

与其与一个冷漠无情的聪明女子结婚，毋宁和一个多情鲁钝的女人结合。

——卡尔·波普尔

已婚的人从对方获得的那种快乐，仅仅是婚姻的开头，绝不是其全部意义。婚姻的全部含义蕴藏在家庭生活中。 ——列夫·托尔斯泰

以爱情为基础的婚姻，乃是人间无可比拟的幸福。 ——梁实秋

在幸福的婚姻中，每个人应尊重对方的趣味与爱好。以为两个人可有同样的思想，同样的判断，同样的欲望，最最荒唐的念头。 ——摩路瓦

在婚姻上，最具毁灭性的问题在于缺乏沟通，尤其是爱情、性和金钱方面。 ——奥茨

在婚姻中，每个人都要付出，同时

也要收回点什么；这是供求规律。

——罗曼·罗兰

在决定离婚之前，有一段漫长的、痛苦的、艰难的思索理由的过程，即从个人的需要、利益、见解、价值观的角度全面为自己的决定提出根据的过程。

——瑟先科

要想美好地度过一生，就只有两个人结合，因为半个球是无法滚动的，所以每个成年人的重要任务就是找到和自己相配的一半。 ——马克思

你"匆匆忙忙地嫁人"，就是甘冒成为不幸者的风险。——苏霍姆林斯基

男人因结婚而知女人之贤淑；女人因结婚而知男人之愚蠢。 ——长谷川

其实婚姻就像是两只刺猬过冬，靠近了就会互相伤害对方，不靠紧又冷！非得彼此拔了一边的刺才能靠近好好过日子！ ——佚名

只为金钱而结婚的人其恶无比；只为恋爱而结婚的人其愚无比。

——约翰逊

只有爱情才能使婚姻神圣，只有使爱情神圣的婚姻才是真正的婚姻。

——列夫·托尔斯泰

只追求容貌的婚姻通常只是一种庸俗的交易。 ——罗格林

不贞，是破坏家庭，破坏感情中最大的力量。 ——柏杨

夫妻生活中最可贵的莫过于真诚、信任和体贴。 ——穆尼尔·纳索夫

夫妻间是应由相互认识而了解，进而由彼此容忍而敬爱，才能维持一个美满的婚姻。 ——巴尔扎克

和丈夫志同道合，就是婚姻美满的一个基础。 ——卡内基

婚姻需要两个明智的人的不断地培育，关键在于不要自满，要永远去改善你的婚姻。 ——弗罗伦斯·伊萨克斯

婚姻是两个人精神的结合，目的就是要共同克服人世的一切艰难、困苦。

——高尔基

婚姻是要联合两个完整的独立个体，不是一个附和，不是一个退路，不是一种逃避或一项弥补。

——西蒙娜·德·波伏瓦

婚姻是一种非常高的思想，它的解决需要我们做出许多的努力和创造活动，不是身心健康的人是很难负起这个重担的。 ——阿德勒

婚姻是一次长谈，杂以争辩。

——史蒂文森

婚姻首先出于依恋之情，如果你愿意，也可以说是出于爱情；有了这种感情，婚姻可以说是神圣的。

——列夫·托尔斯泰

婚姻应该是两方面的伴侣友谊，存心要长久，至少要支持到儿女长大的时候，不能认为是一种临时的私情，随完随了的。 ——罗素

婚姻一开始两方面就不能以身以心赤诚相爱，一旦瓦解起来也就比什么都快。 ——弗洛伊德

婚姻产生人生，爱情产生快乐，快

乐消灭了，婚姻依旧存在，且诞生了比男女结合更可宝贵的价值。故欲获得美满的婚姻，只需具有那种对于人类的缺点加以宽恕的友谊便够。——巴尔扎克

婚姻并非如浪漫蒂克的人们所想象的那样，而是于一种本能上的制度，且其成功的条件不独要有肉体的吸引力，且也得要有意志、耐心、相互的接受和容忍。
——莫罗阿

婚姻的幸福并不完全建筑在显赫的身份和财产上，却建筑在互相尊敬上。这种幸福的本质是谦逊和朴实的。
——巴尔扎克

结婚是青春的终点，也是奔向幸福人生的出发点。为了让它结出美好果实，千万不要焦急，要慎重，要有诚意。
——池田大作

结婚不是互相凝视对方的眼睛，而是互相凝视共同的目标，共同前进。
——池田大作

结婚后夫妇间的关系并不是单方面的要求和给予，还要各尽所能、各得其所，才可能发挥到极致。 ——萧伯纳

结婚就是两颗心结合在一起。
——泰戈尔

结婚就意味着平分个人权益，承担双份义务。 ——叔本华

结婚就其实质而言，既有避风港的一面，同时，它又是一个自我磨炼的沙场。
——国分康孝

建立在理性上的婚姻才可能是幸福

的婚姻。
——列夫·托尔斯泰

结婚是爱情的坟墓，但是如果不结婚，爱情就死无葬身之地。 ——佚名

不但要用眼睛，也要用耳朵去选择爱人。
——柏拉图

现代的婚姻是情感的产物，更是竞争的结晶。
——于丹

婚姻原则：人们爱的是一些人，与之结婚的又是另一些人。 ——亦舒

一个有爱情的家庭里面的孩子，无论生活如何的不安定，仍旧是赋予自信心与同情——积极，进取，勇敢。
——张爱玲

精神恋爱的结果永远是结婚，而肉体之爱往往就停顿在某一个阶段，很少结婚的希望。
——张爱玲

夫妻缘来都是极相爱的人，才有勇气决定共度一生，但三年五年，十年八年，总会腻的，不分手也只是如亲人一样生活在一起。可是如果是亲人，又何必再做夫妻呢？你没有答案，我也没有。同样张爱玲没有。 ——张爱玲

人因为心里不快乐，才浪费，是一种补偿作用。例如丈夫对她冷淡，就乱花钱。
——张爱玲

幸福：这是一项伟大的事业

幸福是要自己去寻找的，无论你在空间的哪一个角落，在时间的哪一时刻，你都可以享受幸福，哪怕是你现在

正在经历着一场大的浩劫，你也应该幸福，因为你可以在浩劫中看到曙光，能从浩劫中学到很多别人可能一辈子都学不到的东西，当你拥有了别人所不曾拥有的东西那你就是唯一。　　——史铁生

为人类的幸福而劳动，这是多么壮丽的事业，这个目的有多么伟大！

——圣西门

每一个人可能的最大幸福是在全体人所实现的最大幸福之中。　　——左拉

真正的幸福只有当你真实地认识到人生的价值时，才能体会到。

——穆尼尔·纳素夫

有研究的兴味的人是幸福的！能够通过研究使自己的精神摆脱妄念并使自己摆脱虚荣新的人更加幸福。

——拉美特利

把别人的幸福当作自己的幸福，把鲜花奉献给他人，把棘刺留给自己！

——巴尔德斯

只要你有一件合理的事去做，你的生活就会显得特别美好。　——爱因斯坦

科学绝不是一种自私自利的享乐。有幸能够致力于科学研究的人，首先应该拿自己的学识为人类服务。

——马克思

即使自己变成了一撮泥土，只要它是铺在通往真理的大道上，让自己的伙伴们大踏步地冲过去，也是最大的幸福。　　　　——吴运铎

人类的一切努力的目的在于获得幸福。　　　　　——欧文

唯独革命家，无论他生或死，都能给大家以幸福。　　　——鲁迅

牛吃草，马吃料，牛的享受最少，出力最大，所以还是当一头黄牛最好。我甘愿为党、为人民当一辈子老黄牛。

——王进喜

人在履行职责中得到幸福，就像一个人驮着东西，可心头很舒畅。人要是没有它，不尽什么职责，就等于驾驶空车一样，也就是说，白白浪费。

——罗佐夫

我的艺术应当为贫苦的人造福。啊，多么幸福的时刻啊！当我能接近这地步时，我该多么幸福啊！——贝多芬

创造，或者酝酿未来的创造。这是一种必要性：幸福只能存在于这种必要性得到满足的时候。　——罗曼·罗兰

幸福越与人共享，它的价值越增加。　　　　　——森村诚一

科学家的天职叫我们应当继续奋斗，彻底揭露自然界的奥秘，掌握这些奥秘便能在将来造福人类。

——约里奥·居里

只有整个人类的幸福才是你的幸福。　　　　　——狄慈根

如果幸福在于肉体的快感，那么就应当说，牛找到草料吃的时候是幸福的。　　　——赫拉克利特

如果有一天，我能够对我们的公共利益有所贡献，我就会认为自己是世界上最幸福的人了。　　——果戈理

个人的痛苦与欢乐，必须融合在时

代的痛苦与欢乐里。　　——艾青

安得广厦千万间，大庇天下寒士俱欢颜。　　——杜甫

一个人有了远大的理想，就是在最艰苦的时候，也会感到幸福。

　　——徐特立

作家当然必须挣钱才能生活、写作；但是他决不应该为了挣钱而生活、写作。　　——马克思

一无所有的人是有福的，因为他们将获得一切！　　——罗曼·罗兰

猝然死去本无甚苦痛，长期累死倒真难以忍受。　　——佚名

幸福，假如它只是属于我，成千上万人当中的一个人的财产，那就快从我这儿滚开吧！　　——别林斯基

幸福的斗争不论它是如何的艰难，它并不是一种痛苦，而是快乐，不是悲剧的，而只是戏剧的。

　　——车尔尼雪夫斯基

人类之所以感到幸福的原因，并不是身体健康，也不是财产富足；幸福的感受是由于心多诚直、智慧丰硕。

　　——德谟克利特

建筑在别人痛苦上的幸福不是真正的幸福。　　——阿·巴巴耶娃

想不付出任何代价而得到幸福，那是神话。　　——徐特立

穿掘着灵魂的深处，使人受了精神的苦刑而得到创伤，又即从这得伤和养伤和愈合中，得到苦的涤除，而上了苏生的路。　　——鲁迅

人真正的完美不在于他拥有什么，而在于他是什么。　　——王尔德

谦卑并不意味着多顾他人少顾自己，也不意味着承认自己是个无能之辈，而是意味着从根本上把自己置之度外。

　　——威廉·特姆坡

人类是唯一会脸红的动物，或是唯一该脸红的动物。　　——马克·吐温

人生并非游戏，因此，我们并没有权利只凭自己的意愿放弃它。

　　——列夫·托尔斯泰

严肃的人的幸福，并不在于风流、娱乐与欢笑这种种轻佻的伴侣，而在于坚忍与刚毅。

　　——西塞罗

世界上无所谓幸福，也无所谓不幸，只有一种境况与另一种境况相比较。只有那些曾经在大海里抱着木板经受凄风苦雨的人，才能体会到幸福有多么的可贵。尽情地享受生命的快乐吧，永远记住，在上帝揭开人类未来的图景前，人类的智慧就包含在两个词中：等待和希望。

　　——大仲马

你想成为幸福的人吗？但愿你首先学会吃得起苦。　　——屠格涅夫

我们手里的金钱是保持自由的一种工具。　　——卢梭

幸福的秘诀是得到自由，而自由的秘诀是勇气。　　——修西得底斯

生活中最幸福之所在是我们一直以来搭建的情感网络。　　——佚名

一个人的激情与理想越多，越有可能幸福。　　——夏洛特·凯瑟琳

意志力是幸福的源泉，幸福来源于自我约束。　　——乔治·桑塔耶那

一个人成为他自己了，那就是达到了幸福的顶点。

　　——德西得乌·伊拉斯谟

真正的幸福来自全身心地投入到对我们目标的追求之中。

　　——威廉·考伯

幸福永远是不会光顾那些不珍惜自己所有的人。　　——佚名

不是因为身处何处何种情境，而是因为精神世界，让人或高兴或悲伤。

　　——罗杰·莱斯特兰奇

幸福来自成就感，来自富有创造力的工作。　　——富兰克林·D.罗斯福

笨人寻找远处的幸福，聪明人在脚下播种幸福。　　——詹姆斯·奥本汉

智者乐水，仁者乐山。智者动，仁者静。智者乐，仁者寿。　　——孔子

真正的幸福包含了一个人能力与天资的完全运用。——道格拉斯·斐杰斯

幸福不是被巨大的灾难或者是致命的错误扼杀的，而是被不断重复出现的小错一点点分解掉的。

　　——欧内斯特·蒂姆尼特

野心终止了，幸福就开始了。

　　——佚名

幸福就像香水，不是泼在别人身上，而是洒在自己身上。

　　——拉尔夫·沃尔多·爱默生

如果你希望别人快乐，那么请你学会同情。如果你希望自己快乐，那么也

请你学会同情。　　——佚名

幸福来源于我们自己。

　　——亚里士多德

幸福永远存在于人类不安的追求中，而不存在于和谐与稳定之中。

　　——鲁迅

我从来不把安逸和享乐看作生活目的本身。　　——爱因斯坦

通向荣誉的路上，并不铺满鲜花。

　　——但丁

奇迹多在厄运中出现。　　——培根

清贫，洁白，朴素的生活，正是我们革命者能够战胜许多困难的地方！

　　——方志敏

一个人只有物质生活没有精神生活是不行的；而有了充实的革命精神生活，就算物质生活差些，就算困难大些，也能忍受和克服。　　——陶铸

一个人，如果过分地追求吃喝玩乐，整天沉湎于个人主义的小天地，那么他所追求的东西就难免有一天要成为沉重的负担，使自己深陷泥潭而不能自拔。　　——吴运铎

我们不得不饮食、睡眠、游情、恋爱，也就是说，我们不得不接触生活中最甜蜜的事情；不过我们必须不屈服于这些事物。　　——约里奥·居里

俭朴的生活，不但可以使精神愉快，而且可以培养革命品质。

　　——徐特立

重要的是，开头就要习惯于在不好的地方也能睡觉，这是以后不怕遇到坏

床的办法。一般地说，艰苦的生活一经变成了习惯，就会使愉快的感觉大为增加，而舒适的生活将是会带来无限的烦恼的。 ——卢梭

人们的举止应当像他们的衣服，不可太紧或过于讲究，应当宽舒一点，以便于工作和运动。 ——培根

利己的人最先灭亡。他自己活着，并且为自己而生活。如果他的这个"我"被损坏了，那他就无法生存了。 ——奥斯特洛夫斯基

让别人过得舒服些，自己没有幸福不要紧，看见别人得到幸福生活也是舒服的。 ——鲁迅

一切幸福，都是由生命热血换来的。 ——王烬美

真正的幸福，双目难见。真正的幸福存在于不可见事物之中。 ——扬格

我是广大劳苦大众当中的一员，我能帮助人民克服一点困难，是最幸福的。 ——雷锋

我觉得人生在世，只有勤劳，发愤图强，用自己的双手创造财富，为人类的解放事业——共产主义贡献自己的一切，这才是最幸福的。 ——雷锋

我们每个人的幸福也依赖于祖国的繁荣，如果损害了祖国的利益，我们每个人就得不到幸福。 ——雷锋

我觉得一个革命者就得应该把革命利益放在第一位，为党的事业贡献自己的一切，这才是最幸福的。 ——雷锋

一个人吃好、穿好，不算幸福，只

有天下穷苦的人都过上美好的生活，才是真正的幸福。 ——王杰

人只有为自己同时代的人完善，为他们的幸福而工作，他才能达到自身的完善。 ——马克思

在选择职业时，我们应该遵循的主要方针是人类的幸福和我们自身的完美。 ——马克思

那些为共同目标劳动因而使自己变得更加高尚的人，历史承认他们是伟人；那些为最大多数人们带来幸福的人，经验赞扬他们为最幸福的人。 ——马克思

当一个人专为自己打算的时候，他追求幸福的欲望只有在非常罕见的情况下才能得到满足，而且绝不是对己对人都有利。 ——恩格斯

在富有、权力、荣誉和独占的爱当中去探求幸福，不但不会得到幸福，而且还一定会失去幸福。 ——列夫·托尔斯泰

幸福存在于生活之中，而生活存在于劳动之中。 ——列夫·托尔斯泰

幸福并不在于外在的原因，而是以我们对外界原因的态度为转移，一个吃苦耐劳惯了的人就不可能不幸。 ——列夫·托尔斯泰

幸福不表现为造成别人的哪怕是极小的一点痛苦，而表现为直接促成别人的快乐和幸福。照我看来，它在这一方面可以最为简明地表达为：幸福在于勿

恶、宽恕和热爱他人。

——列夫·托尔斯泰

不错，达到生活中真实幸福的最好手段，是像蜘蛛那样，漫无限制地从自身向四面八方撒放有黏力的爱的蛛网，从中随便捕捉落到网上的一切。

——列夫·托尔斯泰

爱和善就是真实和幸福，而且是世界上真实存在和唯一可能的幸福。

——列夫·托尔斯泰

为了要活得幸福，我们应当相信幸福的可能。 ——列夫·托尔斯泰

被人爱和爱别人是同样的幸福，而且一旦得到它，就够受用一辈子。

——列夫·托尔斯泰

感到自己是人们所需要的和亲近的人——这是生活最大的享受，最高的喜悦。这是真理，不要忘记这个真理，它会给你们无限的幸福。 ——高尔基

太阳是幸福的，因为它光芒四照；海也是幸福的，因为它反射着太阳欢乐的光芒。 ——高尔基

书籍使我变成了一个幸福的人，使我的生活变成轻快而舒适的诗，好像新生活的钟声在我的生活鸣响了。

——高尔基

凡是创造自己幸福的人，应该做全体工人和农民的幸福的匠人和创造者。当他成为一切人幸福的匠人时，他就会成为自己自身幸福的匠人了。

——加里宁

生活是欺骗不了的，一个人要生活得光明磊落。 ——冯雪峰

为了美好的生活，必须让每一个人都成为生活的平等的、完全的主人。

——高尔基

不要慨叹生活的痛苦！慨叹是弱者。 ——高尔基

不管一切如何，你仍然要平静和愉快。生活就是这样，我们也必须对待生活，要勇敢、无畏、含着笑容地——不管一切如何。 ——罗莎·卢森堡

应该相信，自己是生活的战胜者。

——雨果

他们必须对生活有信心然后才能使生活永远延续下去。而所谓信心，就是希望。 ——保罗·郎之万

在对生活存着理智的清醒的态度的情况下，人们就能够战胜他们过去认为不能解决的悲剧。——车尔尼雪夫斯基

一切利己的生活，都是非理性的、动物的生活。 ——列夫·托尔斯泰

生活中如果只充满一个"病"字，精神便会空虚和烦恼。只有把自己的身心同壮丽的共产主义事业联系起来，生活才会变得充实而有意义。——高士其

我感到逐渐虚弱，所以我趁着我还能觉出心中的烈火，趁着我的脑子还清楚，我就赶快抓紧每一分钟的时间。死亡在守候着我，我就更加强了我对生活中的一切悲惨遭遇：瞎眼、不能动、剧烈的疼痛。尽管这个样子，我仍然是非

常幸福的人。　　——奥斯特洛夫斯基

我的生活过得像钟表的机器那样有规则，当我的生命告终时，我就会停在一处不动了。　　——达尔文

书本上的知识而外，尚须从生活的人生中获得知识。　　——茅盾

在我们懒惰的人看来，都以为省出来的时间，只是为休息休息，哪知人家工作之外，还要读书。省出来的时间愈多，就是读书的时间愈多，使工不误读，读不误工，工读打成一片，才是真正人的生活。　　——李大钊

我在日常生活中严守着一个美好的准则："贵在自知之明。"我是素以此来鞭策自己的。　　——安格尔

愚昧从来没有给人带来幸福；幸福的根源在于知识。　　——左拉

攀登科学高峰，就像登山运动员攀登珠穆朗玛峰一样，要克服无数艰难险阻，懦夫和懒汉是不能享受到胜利的喜悦和幸福的。　　——陈景润

快乐没有本来就是坏的，但是有些快乐的产生者却带来了比快乐大许多倍的烦扰。　　——伊壁鸠鲁

人生如画，生活本身是一幅画，但在涉世未深时，我们都是阅读观画的读者，而经过了风雨，辨别了事物，我们又变成书中的主角，在各自演绎着精彩。幸福更是一种感觉，幸福是一缕花香，当花开放在心灵深处，只需微风轻轻吹动，便能散发出悠悠的、让人陶醉的芳香。我们都有责任！　　——史铁生

希望：黑暗前的黎明破晓的曙光

总是在冗长的梦境里完成生命现实里不愿上演的别离和割舍。这样的梦境，是否太过冰凉与残忍。看世界多危险多难。如反复无常的气象。没有地图。我们一路走一路被辜负，一路点燃希望一路寻找答案。　　——徐志摩

永远没有人力可以击退一个坚决强毅的希望。　　——金斯莱

我的希望是想确定因为我生活在这个世界上，才使这个世界变得好了一些。　　——林肯

幸运的不是始终去做你所希望做的事而是始终希望达到你所做的事情的目的。　　——列夫·托尔斯泰

幸运并非没有许多的恐惧与烦恼；厄运也并非没有许多的安慰与希望。　　——培根

在一切情愫中，希望是最有益于我们的。　　——爱·扬格

希望是全人类共有的东西，即使是不名一文的乞儿也有。　　——泰勒斯

只有能够实现的希望才能产生爱，只有希望才能保持爱。　　——奥维德

对明天的希望会驱走所有的悲伤。　　——奥修

希望是对未来荣耀的某种期待。　　——但丁

说到希望，却是不能抹杀的，因为希望是在于将来的。　　——鲁迅

每一个人对明天都有所希冀。每一个人对于未来总有个目的和计划。

——显克微支

生活失去了希望，就不再是生活；它的名副其实的名字就该是磨难。

——阿米尔

强大的勇气、崭新的意志——这就是希望。

——路德

生活在前进。它之所以前进，是因为有希望在；没有了希望，绝望就会把生命毁掉。

——特罗耶波尔斯基

希望的灯一旦熄灭，生活刹那间变成了一片黑暗。

——普列姆昌德

希望的烦恼，尽管时常发生，但总是没有希望的破灭那么可怕。

——约翰逊

对于一切事物，希望总比绝望好。

——歌德

对一切人们的疾苦，希望是唯一价廉而普遍的治疗方法；它是俘虏的自由，病人的健康，恋人的胜利，乞丐的财富。

——克鲁利

要不是希望，心会碎的。——席勒

在生活水平中应当抱有莫大的希望，并以热情和毅力来开拓自己的希望。

——雷马克

我的希望是想确定因为我生活在这个世界上，才使这个世界变得好了一些。

——林肯

我们抱乐观的希望，而如果有所得，就希望得到更好的。

——佚名

延搁的希望，会使人心烦；希望之实现，会使生命充实。

——佚名

从未有过恐惧的人，决不会有希望。

——柯柏

我们应该不要让自己的畏惧阻挠我们去追求自己的希望。

——肯尼迪

上帝为了补偿人间诸般烦恼事，给了我们希望和睡眠。

——伏尔泰

聪明的人依靠自己的工作，愚蠢的人依靠自己的希望。

——佚名

要学孩子们，他们从不怀疑未来的希望。

——泰戈尔

每天都有新日光，每人都有新希望。

——佚名

远大的希望造就伟大的人物。

——佚名

没有绝望的处境，只有对处境绝望的人。

——哈尔西

失望虽然常常发生，但总没有绝望那么可怕。

——约翰逊

一个真正而且热切地工作的人总是有希望的——只有怠惰才是永恒的绝望。

——卡莱尔

我们必须对生活先有信心，然后才能使生活永远延续下去，而所谓信心，就是希望。

——郎之万

希望是坚强的勇气，是新生的意志。

——马丁·路德

尽管希望愚弄人，但人仍需要希望，因为希望本身就是快乐。

——约翰逊

希望是唯一所有的人都共同享有的好处；一无所有的人，仍拥有希望。
——塞利斯

希望比已经占有更令人感到快乐。
——佚名

希望是穷人啃不完的面包。
——佚名

忍耐是涌起希望的技能。
——瓦福纳德

人类的精髓，是心愿和希望。
——齐佩尔

没有希望，就没有努力。
——约翰逊

只要一息尚存，一个人就不应当放弃希望。
——佚名

在人的幻想和成就中间有一段空间，只能靠希望来通过。
——纪伯伦

与其说我们是活在功业里，毋宁说是活在希望里。
——胡华

眼前的哀伤，总有一个补救的办法，无论你怎样受苦，希望吧！希望是人的最大快乐。
——金斐

在人生的道路上，当你的希望一个个落空的时候，你也要坚定、要沉着。
——朗费罗

希望消失时，恐惧就产生。
——格拉西安

希望和记忆不断促使我们延长、扩大自我，这在我们日常生活中起着极大的作用。
——罗伊斯

最大的希望产生于最大的悲惨境遇中。
——罗素

希望至少是穷人易于得到的快乐。
——罗曼·罗兰

人生是海洋，希望是舵手的罗盘，使人们在暴风雨中不致迷失方向。
——狄德罗

没有了希望，一个人就不能维持他的信仰，保守他的精神，或保全他的内心纯洁。
——巴尔扎克

希望便是快乐，创造便是快乐。
——冰心

为着一个美丽的希望，我们才如此受苦、流泪、滴血。
——佚名

墓穴之门已经打开了，但人们仍然抱着希望。
——佚名

许多人说他的生活已无希望，其实这只是骗人的话，只要他活在世界上一刻，希望便会跃动于他的心中。
——洛弗尔

痛苦的人眼里必定有火花闪耀；如果那火花熄灭，他就毫无价值了。那火花一定包含着希望，尽管他自己不承认。
——伊来亚斯·卡内蒂

如果你希冀进入无限的境界，那就该对有限的事物进行彻底的探索。
——歌德

愉快中有眼泪，狂喜也有尽止，只有希望像一剂猛烈但却无害的兴奋剂；它能使我们的心马上鼓舞而沉着起来，又不需要我们为快乐而付出智慧作代价。
——扬格

希望往往是错误的向导，尽管它常常是出色的旅伴。
——佚名

希望是支撑着世界的柱子。希望是一个醒着的人的美梦。　——普契尼

我们必须经常保持旧的记忆和新的希望。　——毛姆

你还喜爱别的什么？我的希望。
　——尼采

强烈的希望是人生中比任何欢乐更大的兴奋剂。　——尼采

希望和恐惧不可分离，没有希望就没有恐惧，没有恐惧亦没有希望。
　——拉罗什富科

如果你不去希望，你就不会发现什么东西超出了你的希望。——圣克雷芒

一个希望的突然失落会留下一处伤痕，即使那希望最终实现，也决不能使它完全平复。　——托马斯·哈代

希望和耐心是每个人的救命药；灾难临头时，它们是最可靠的依赖、最柔软的倚垫。　——罗·伯顿

只要你抱着希望，死去的意志就会在你内心复活。　——罗曼·罗兰

你若烦恼不断，请用希望来治疗；人类最大的幸福就是希望在抱。
　——雪莱

倘使人能够完成他所希望的一半，那么，他的麻烦也将加倍。
　——富兰克林

希望像一个家庭一样，没有它，你会觉得生活乏味；有了它，你又觉得天天为它辛劳，是一种烦恼。
　——马克·吐温

人所希望的很多，而所需要的则很少。　——歌德

希望本身是一种幸福，也许是这个世界能够提供的主要幸福。
　——塞缪尔·约翰逊

像那闪烁的微光，希望把我人的道路照亮；夜色越浓，它越放射出耀眼的光芒。　——哥尔斯密

希望犹如日光，两者皆以光明取胜。前者是荒芜之心的神圣美梦，后者使泥水浮现耀眼的金光。　——魏尔伦

人们对待希望应当像对待驯养的家禽：剪断它们的翅膀，好让它们不要飞过墙头。　——哈利法克斯

若是忧虑就应抱希望。人生最大的幸福经常是希望、希望。　——谢林

不希望的事情可能随时发生，希望的事情可能久待不来。——迪奥克里塔

只有希望而没有行动的人，只能靠做梦来收获所得。　——佚名

彻底放弃无益的希望的人，在不断增长的安静中得到补偿。　——吉辛

一个最困苦、最卑微、最为命运所屈辱的人，可以永远抱着希望而无所恐惧。　——佚名

希望价值连城。——托马斯·富勒

不要因为不能使别人成为你希望的那样而生气，因为你也不能使你自己成为你希望的模范。　——托马斯

没有希望便没有恐惧，没有恐惧也就不会有希望。　——斯宾诺莎

希望是一个常常愚弄人的恶作剧的孩子。　——佚名

我们谈及希望，但希望不过是恐惧的一个比较文雅的名称罢了。——兰顿

希望是一顿美好的早餐，但却是一顿糟糕的晚餐。——培根

你不去希望，我就不会发现什么东西超出了你的希望。——佚名

珍贵的希望呀，你是业已许诺的幸福的开端。——维兰

坚持意志伟大的事业需要始终不渝的精神。——伏尔泰

公共的利益，人类的福利，可以使可憎的工作变为可贵，只有开明人士才能知道克服困难所需要的热忱。

——佚名

在希望与失望的决斗中，如果你用勇气与坚决的双手紧握着，胜利必属于希望。——普里尼

人生的价值，即以其人对于当代所做的工作为尺度。——徐玮

聪明的冒险是人类谨慎中最值得赞誉的一部分。——哈利法克斯

从根本上说，生活是冒险；要舒畅地生活，就要有勇气增强自己的力量，坚定自己的信心。——马尔兹

干起来，要勇敢些，在冒险中增长智慧。——贺拉斯

如果我们不敢去冒风险，那就算我们没有种。——罗曼·罗兰

有冒险才有希望。——塔西佗

不冒点风险，不遭些挫折，新字就创造不出来。——因为一旦新字被人们接受，褒誉是极其平常的；然而一旦被

人们贬斥，奚落就会接踵而来。

——琼森

风险越大，甘冒风险的自傲感也越强。——罗曼·罗兰

冒险精神是荣誉的代名词，它既有阳刚之美，又有柔媚之艳，我们应该把它归功于浪漫。——桑塔亚那

冒险胜于谨慎，因为命运是女人。

——马基雅弗利

冒险的步骤通常会有成功的结局。

——显克微支

一个人要知道如何冒险。——离经叛道的行为与种种谬误常带来危险，但生命中我们必须冒着这些险，唯有冒险才能使我们安于斯，满足于此生。

——庞陀彼丹

喜爱冒险的人将死于危险之中。

——罗伦哈根

精彩的世界！冒险的人生！我命运的"冒出"！种种惊人的未知数都在等着我！——纪德

我知识之树上的果实已被人摘去，这果实就是："只有不畏艰险的人才能享受冒险的乐趣。"——本·迪斯累里

大多数人在战争中为了保持他们的名誉是相当冒险的，但很少人愿意总是这样冒险——甘冒超过冒险者的计划取得成功所必需的危险。——拉罗什富科

仅仅为了名声而冒险的人毕竟是愚蠢的。

——史蒂文森

在一个人生命的初始阶段，最大的危险就是：不冒风险。——克尔恺郭尔

旧道德叫我们回避危险，但是新道德就是不冒险就什么也得不到。

——罗曼·罗兰

不敢冒险的人既无骡子又无马；过分冒险的人既丢骡子又丢马。

——拉伯雷

要生活就得担风险。——爱默生

冒险常常带来乐趣。——培根

春蚕到死丝方尽，人至期颐亦不休。一息尚存须努力，留作青年好范畴。

——吴玉章

但愿每次回忆，对生活都不感到负疚。

——郭小川

寄托有时便是断送。——雨果

情感和愿望是人类一切努力和创造背后的动力，不管呈现在我们面前的这种努力和创造外表上是多么高超。

——爱因斯坦

一支拉普兰歌曲的诗句，直到如今也不能遗忘："孩子的愿望是风的愿望，青春的思想是悠长的思想。"

——朗费罗

生活里没有做不到的事，但需要有强烈的愿望，必要时应该不惜生命。

——列·列昂诺夫

假如你的孩子仅仅受到实现自己的愿望的训练，他是不会有最大的意志的。

——马卡连柯

人类的心理统统就是这样，而且，似乎永远是这样；越是得不到手的东西，就越是想得到它，而且在实现这一愿望的过程中所遇到的困难越大，奋斗的意志就越是坚强。

——乔万尼奥里

"思考"应当走到众人前面去，"愿望"不妨留在后面。——富兰克林

持久的愿望的确有起死回生之力。

——巴尔扎克

在友谊里，不用言语，一切的思想，一切的愿望，一切的希冀，都在无声的喜乐中发生而共享了。——纪伯伦

正义是给予每个人他应得的部分的这种坚定而恒久的愿望。——优士丁尼

当一个人因为厌倦的缘故而失去观赏美的东西的愿望的时候，欣赏那种美的要求也不能不消失。

——车尔尼雪夫斯基

只有唤起人类追求美的愿望，她才能获得美的本身。——邓肯

没有理想，既没有某种美好的愿望，也就永远不会有美好的现实。

——陀思妥耶夫斯基

人必须像天上的星星，永远很清楚地看出一切希望和愿望的火光，在地上永远不熄地燃烧着火光。——高尔基

心中没有愿望，等于地上没有空气。

——布尔韦尔·科顿

每一个有良好愿望的人的责任，就是要尽其所能，在他自己的小天地里做坚定的努力，使纯粹人性的教义，成为一种有生命的力量。——爱因斯坦

有愿望才会幸福。——席勒

光有知识是不够的，还应当运用；光有愿望是不够的，还应当行动。

——歌德

愚蠢总希望自己有追随者与伙伴，而不希望孤行。 ——塞万提斯

愚昧将使你得不到任何成果，并在希望和忧郁之中自暴自弃。
——意大利谚语

科学既是人类智慧的最高成果，又是最有希望的物质福利的源泉。
——贝尔纳

有些人希望靠财富而被人尊重，但它只会更加暴露他们的空虚和愚蠢。
——欧洲谚语

人类最可宝贵的财富是希望，希望减轻了我们的苦恼，为我们在享受当前的乐趣中描绘出来日乐趣的远景。
——伏尔泰

希望是个必须去冒的风险。
——贝尔纳诺斯

希望——不平静的人生海洋上空的一颗明星。 ——保·穆·詹姆斯

希望是人的一部分；人类的行动是超越的，那就是说，它总是在现在中孕育，从现在朝向一个未来的目标，我们又在现在中设法实现它；人类的行动在未来找到它的结局，找到它的完成；在行动的方式中始终有希望在。——萨特

希望从来也不抛弃弱者。
——里·帕尔玛

希望是最好的财富。只有不抱希望的人才是十足的可怜虫，也只有极少数人才落魄到那种地步。 ——哈兹里特

希望见诸行动是博爱，美好见诸行动是善良。 ——乌纳穆纳

希望是永久的喜悦。它像人们拥有的土地那样，每年有收益，是取之不尽的可靠财产。 ——史蒂文森

希望是不幸之人的第二灵魂。
——歌德

希望永远是我们的宗教？能在今天看到只有明天才能看到的事物，是莫大的幸福。 ——雨果

希望是醒着的梦。——亚里士多德

乐观者在一个灾难中看到一个希望，悲观者在一个希望中看到一个灾难。 ——英国谚语

只有希望而没有实践，只能在梦里收获。 ——菲律宾谚语

不付诸行动的希望，有如不结果实的大树。 ——阿拉伯谚语

远大的希望造就伟大的人物。
——英国谚语

啊，希望啊，人生中最美好的东西应该是希望，而不是现实。尽管希望是多么虚幻，至少它能领导我们从一条愉快的道路走完人生的旅途。
——托马斯·曼

希望——一件事物如果能使人高兴，则我们在思想自己将来能惬意地享受它时，心中便泛起一种快乐，这就是所谓希望。 ——洛克

为了取得前进的力量，我们就必须怀抱达到一个乐土的希望。
——列夫·托尔斯泰

人类最可宝贵的财富是希望，希望减轻了我们的苦恼，为我们在享受当前

的乐趣中描绘出来乐趣的远景。如果人类不幸到目光只限于考虑当前，那么人就会不再去播种、不再去建筑、不再去种植，人对什么也不准备了：从而在这尘世的享受中，人就会缺少一切。

——伏尔泰

希望——给贤者以活力，诱骗自命不凡和逍遥自在的人，因为两者都会轻易相信希望的许诺。 ——沃夫拿格

真正的希望如飞翔的燕子那样快；有了希望，君王可以成神明，平民可以成君王。 ——莎士比亚

希望是热情之母，它孕育着荣誉，孕育着力量，孕育生命。一句话，希望是世间万物的主宰。 ——普列姆昌德

人遭不幸，希望就是救星。

——米南德

对来生不抱希望的人，从此刻起，他已死去。 ——罗曼·罗兰

希望，希望，用这希望的盾，抗拒那空虚中的暗夜的袭来。 ——鲁迅

绝大多数人活在世上，就是因为世上存在着希望。 ——索福克勒斯

不死就有生命，也就是说，有生命就有希望。 ——塞万提斯

一个社团的基本努力或许就是设法使其成员平等，但其成员个人的自尊心却总是希望自己出人头地，在某处形成某种对自己有利的不平等。

——德·托克维尔

美丽的女性实际上是诗人，她能驯服野蛮的同伴，在她周围的人的心里播下温情、希望和雄辩的种子。

——爱默生

有些人希望靠财富而被人尊重，但它只会更加暴露他们的空虚和愚蠢。

——欧洲谚语

有牺牲精神才能有成功的希望。

——日本谚语

良心是一种内心的感觉，是对于躁动于我们体内的某种异常愿望的抵制。

——弗洛伊德

黑夜无论怎样悠长，白昼总会到来。 ——莎士比亚

快乐：一种心灵开放的原动力

真正快乐的力量来自心灵的富足，来自一种教养，来自对理想的憧憬，也来自良朋益友。 ——于丹

幽默与严肃互为验石，因为不愿接受善意的玩笑，其中必有疑处，而经不住审度的玩笑也一定是智慧。

——高尔克亚

心灵的房间，不打扫就会落满灰尘。蒙尘的心，会变得灰色和迷茫。我们每天都要经历很多事情，开心的，不开心的，都在心里安家落户。心里的事情一多，就会变得杂乱无序，然后心也跟着乱起来。有些痛苦的情绪和不愉快的记忆，如果充斥在心里，就会使人萎靡不振。所以，扫地除尘，能够使黯然的心变得亮堂；把事情理清楚，才能告别烦乱；把一些无谓的痛苦扔掉，快乐

就有了更多更大的空间。 ——史铁生

快乐好比一只蝴蝶，你若伸手去捉它，往往会落空；但如果你静静地坐下来，它反而会在你身上停留。 ——佚名

我们曾经为欢乐而斗争，我们将要为欢乐而死。因此，悲哀永远不要同我们的名字连在一起。 ——伏契克

乐人之乐，人亦乐其乐；忧人之忧，人亦忧其忧。 ——白居易

一个人的特色就是他存在的价值，不要勉强自己去学别人，而要发挥自己的特长。这样不但自己觉得快乐，对社会人群也更容易有真正的贡献。
——罗兰

各人有各人理想的乐园，有自己所乐于安享的世界，朝自己所乐于追求的方向去追求，就是你一生的道路，不必抱怨环境，也无须艳羡别人。 ——罗兰

一个人如能让自己经常维持像孩子一般纯洁的心灵，用乐观的心情做事，用善良的心肠待人，光明坦白，他的人生一定比别人快乐得多。 ——罗兰

开朗的性格不仅可以使自己经常保持心情的愉快，而且可以感染你周围的人们，使他们也觉得人生充满了和谐与光明。 ——罗兰

快乐应该是美德的伴侣。
——巴尔德斯

不应该追求一切种类的快乐，应该只追求高尚的快乐。 ——德谟克利特

真正的快乐是内在的，它只有在人类的心灵里才能发现。 ——布雷默

所谓内心的快乐，是一个人过着健全的、正常的、和谐的生活所感到的快乐。 ——罗曼·罗兰

一个人也许会相信许多废话，却依然能以一种合理而快乐的方式安排他的日常工作。 ——诺曼·道格拉斯

人生所有的欢乐是创造的欢乐：爱情、天才、行动——全靠创造这一团烈火迸射出来的。 ——罗曼·罗兰

快乐没有本来就是坏的，但是有些快乐的产生者却带来了比快乐大许多倍的烦扰。 ——伊壁鸠鲁

没有一回的快乐是无烦扰的。
——福莱

牙齿痛的人，想世界上有一种人最快乐，那就是牙齿不痛的人。
——萧伯纳

世界上没有比快乐更能使人美丽的化妆品。 ——布雷顿

只有信念使快乐真实。 ——蒙田

人生最大的快乐不在于占有什么，而在于追求什么的过程。 ——本生

做好事是人生中唯一确实快乐的行动。 ——西德尼

真正的快乐是内在的，它只有在人类的心灵里才能发现。 ——布雷默

人生最大的快乐是致力于一个自己认为伟大的目标。 ——萧伯纳

快乐，是人生中最伟大的事！
——高尔基

快乐，使生命得以延续。快乐，是

精神和肉体的朝气，是希望和信念，是对自己的现在和未来的信心，是一切都该如此进行的信心。 ——果戈理

快乐不在于事情，而在于我们自己。 ——理查德·瓦格纳

人们需要快乐，就像需要衣服一样。——玛格瑞特·科利尔·格雷厄姆

允许孩子们以他们自己的方式获得快乐，难道还有比这更好的方法？
——塞缪尔·约翰逊

最幸福的似乎是那些并无特别原因而快乐的人，他们仅仅因快乐而快乐。
——威廉姆·拉尔夫·英奇

当我偶尔对人生失望、对自己过分关心的时候，我也会沮丧，也会悄悄地怨几句老天爷，可是一想起自己已经有的一切，便马上纠正自己的心情，不再怨叹，高高兴兴地活下去。不但如此，我也喜欢把快乐当成一种传染病，每天将它感染给我所接触的社会和人群。
——三毛

健康的身体加上不好的记忆，会让我们活得更快乐。的确，世上的闲言闲语实在太多了，不值得让它们留在脑海中。 ——英格丽·褒曼

光荣：一种成长的绽放的光芒

不要借别人的高贵来自豪。
——伊索

先义而后利者荣，先荣而后义者辱。荣者常通，辱者常穷。 ——荀子

让别人来称赞比自己称赞好。
——德谟克利特

承认贫困并不是可耻的。相反，不为改变贫困而努力才是确实可耻的。
——修昔底德

只因忘宠辱，到此不伤神。
——惠严

谁追悔而不知道羞耻，他就得永远追悔。 ——席勒

人有羞耻心——就会更聪明。
——叶夫图申科

性清者荣，性浊者辱。 ——左芬

心出是非外，迹辞荣辱中。
——许浑

贫莫贫于不闻道，贱莫贱于不知耻。 ——李西沤

贵以贱为本，高以下为基。
——老子

卑贱贫穷，非士之耻也。——刘向

名誉是人生的第二生命。
——格拉蒂

履行诺言是名誉的保证。
——法国谚语

被同一块石头绊倒两次可说是奇耻大辱。 ——西塞罗

哪里有懦怯，哪里就有耻辱。
——罗马尼亚谚语

荣辱之责，在乎己而不在乎人。
——魏征

避开耻辱，但别去追求荣耀，没有什么东西的代价比荣耀的代价更大。
——西德尼·史密斯

对于光荣的企求，和生物所同具的保全生命的本能，其间并无区别。能将自己的生命寄托在他人记忆中，生命仿佛就加长了一些；光荣是我们获得的新生命，其可珍可贵，实不下于天赋的生命。

——孟德斯鸠

凡真心希冀起初而永久的光荣者，不介意暂时的光荣。　——纪德

光荣常常不是沿着闪光的道路走来的，有时通过遥远的世俗的小路才能够得到它。　　——达·芬奇

好胜者必争，贪勇者必辱。

——林逋

美名胜过大财，恩宠强如金银。

——佚名

贫困不是耻辱，羞于贫困才是耻辱。　　　——托·富勒

屈服在权威的前面是一种耻辱。

——佚名

死是可怕的。耻辱的生命是尤其可恼的。　　　——莎士比亚

最可耻的，却是那些袭父祖的余荫，不知绍述先知，一味妄自尊大的人。最好的光荣应该来自我们自己的行动，而不是倚恃家门。　——莎士比亚

富以苟不如贫以誉，生以辱不如死以荣。　　　　——王聘珍

见其可欲也，则不虑其可恶也者，见其可利也，则不顾及可害也者。是以动则必陷，为则必辱，是偏伤之患也。

——荀子

见辱于市人，越夕而忘；见羞于君子，累世不泯。

——钱琦

君子不以利害义，则耻辱安从生哉！　　　　　——孔子

名人对生命的依恋程度不同，所以对于光荣的敏感程度也不一致。

——孟德斯鸠

如果你打算谋求一己的幸福，你就不要为扬名显迹最大的光荣并不在于从来不摔跤，而在于每次摔倒后都爬起来。

——哥尔德·斯密斯

愤怒：当愤怒的小鸟遇到笑眯眯的猪

拖延时间是压制恼怒的最好方式。

——柏拉图

动怒的人张开他的口，但却闭上眼睛。　　　　——卡托

量小者易怒。　　——戴里

愤怒以愚蠢开始，以后悔告终。

——毕达哥拉斯

战胜恼怒，比战胜劲敌更难。

——基鲁

稍忍须臾是压制恼怒的最好办法。

——柏拉图

请提防善忍者的愤怒。——特莱顿

寻求报复的人使创痕常新，如果不是这样，那么创痕早就痊愈了。

——培根

义理之怒不可无。　　——佚名

恨和爱一样，是容易使人轻信的。

——卢梭

当面怕你的人，背后一定会恨你。

——托·福莱

不轻易发怒，胜于勇士。

——所罗门

生气，是拿别人的错误惩罚自己。

——康德

在一个人发怒的时候观察他吧，因为那时候他的真性会完全显露出来。

——阿莱曼

如果在愤怒时说话，将会做出最出色的演讲，但却会令你终生感到悔恨。

——安布罗斯·比尔斯

血气沸腾之际，理智不太清醒，言行容易逾分，于人于己都不宜。

——梁实秋

以愤怒开始，以羞愧告终。

——富兰克林

在人含怒时千万要注意两点：第一不可恶语伤人；第二不可因怒而轻泄隐秘。

——培根

在你生气的时候，如果你要讲话，先从一数到十；假如你非常愤怒，那就先数到一百然后再讲话。 ——杰斐逊

恼怒将理智的灯吹熄，所以在考虑解决一个重大问题时，要心平气和、头脑冷静。 ——英格索尔

治疗愤怒的最好办法是等待。

——塞内加

"愤怒"一旦与"愚蠢"携手并进，"后悔"就会接踵而来。

——富兰克林

动辄发怒是放纵和缺乏教养的

表现。

——普鲁塔克

愤怒是一种最坏的感情。它可以顿时改变一个人的脾气，造成一切其他坏事，一起卷入它的毒焰。 ——迦尔托斯

愤怒使别人遭殃，但受害最大的却是自己。 ——列夫·托尔斯泰

最好……就是在盛怒之后回想当时的情景。无论你怎样地表示愤怒，却不要做出任何无法挽回的事来。 ——培根

狂怒是一种短暂的疯狂。如果你的情感不服从你，你要对正在支配你的情感加以控制。你一定要用缰绳和镣铐限制它。

——贺拉斯

医治愤怒的最好疗药是拖延。

——塞涅卡

发脾气的人比被发脾气的对象所受的损失更大。

——霍姆斯

愤怒是为了别人的过错而惩罚自己。

——蒲柏

愤怒不能同公道和平共处，正如鹰不能同鸽子和平共处一样。

——普鲁斯特

愤怒对别人有害，但愤怒时受害最深者乃是本人。 ——列夫·托尔斯泰

忧伤：淡然而莫名其妙的惆怅

旋转木马是最残忍的游戏，彼此追逐却有永恒的距离。 ——徐志摩

回忆永远是惆怅的！愉快的使人觉得，可惜已经完了；不愉快的，想起来还是伤心。 ——张爱玲

人的故乡，并不止于一块特定的土地，而是一种辽阔无比的心情，不受空间和时间的限制。这一心情一经唤起，就是你已经回到了故乡。　——史铁生

当一个人沉醉在一个幻想之中，他就会把这幻想成模糊的情味，当作真实的酒。你喝酒为的是求醉；我喝酒为的是要从别种的醉酒中清醒过来。

——徐志摩

往事如烟，像是看过的一场电影，听过的一支歌，逛过的名胜，过去便是过去，无凭无据。　——亦舒

小小的忧愁和困难可以养成严肃的人生观。　——张爱玲

强作欢娱的忧伤，是和兴尽悲来一样使人难堪的。　——莎士比亚

庸俗的心灵，决不能了解无边的忧伤对一个受难的人的安慰。只要是庄重伟大的，都是对人有益的。痛苦的极致就是摆脱。压抑心灵，打击心灵，致心灵于万劫不复之地的，莫如平庸的痛苦、平庸的欢乐、自私而猥琐的烦恼。

——罗曼·罗兰

理智：比疯狂适合，比感性靠谱

我们可能把幻想作为伴侣，但必须以理智作为我们的指引。　——约翰逊

让我们首先遵循理智吧，它是可靠的向导。　——法朗士

很难说什么是办不到的事情，因为昨天的梦想可以是今天的希望，并且还可以成为明天的现实。　——罗伯特

理智一旦产生，支配它们，那便是美德。　——蒙田

理智是人的最高天赋，是人本质上区别于低级动物的特征。　——海克尔

失掉理智就是失去了做人的一切。

——佚名

经常讲究服饰华丽永远意味着理智的萎缩。　——拉吉舍夫

理智是最高的才能，但是假设不克制感情，它就不可能获胜。——果戈理

理智的人面临危险，会急中生智，可以说，比平时更聪明。　——司汤达

假设一个人的豪情，不管在快乐还是苦恼中，都有保持不忘理智所教给的关于什么应当恐惧、什么不应当惧怕的信条，那么我们就因他的豪情部分而称每一个这样的人为大胆的人。

——柏拉图

爱情不会由于理智而变得淡漠，也不会由于雄心壮志而丧失殆尽。它是第二生命。它渗进灵魂，热和着每条血管，跳动在每次脉搏当中。——爱迪生

人抛弃理智就要受感情的安排，脆弱的感情泛滥不可整理，像一只船不当心驶进深海，找到碇泊处。

——马克·吐温

你不能保持平静而且理智，你必须要到达发狂的地点。——杰克·韦尔斯

极少数人有理智，多数人有眼睛。

——查尔斯·丘吉尔

没有一个没有理智的人，能够接受理智。　　　——弗洛伊德

酒是理智的坟墓。　　——乔叟

童年是理智的睡眠期。　——卢梭

无理性不一定不理智。

——刘易斯·纳米尔

信仰比理智更有才华。

——菲·贝利

安宁只有凭理智而获得。

——塞涅卡

适当地用理智控制住爱情，有益无弊；发疯似的滥施爱情，有弊无利。

——普劳图斯

逻辑只是理智，感情经常是知己；前者是从人类本身来的，后者是从天上来的。　　　　　——雨果

感情压倒理智，这就是人间产生罪行的缘由。　　——欧里庇得斯

理智要比心灵为高，思想要比感情可靠。　　　　——高尔基

理性分割一切，直觉连接一切。

——莱文

理智之命令我们，要比一个主人更专横得多；因为不服从主人我们就会不幸，而不服从理智我们都会成为蠢材。

——帕斯卡

要取得理智，须付出昂贵的代价，它必须以青春为代价。——拉法耶特夫

与其时时刻刻提心吊胆，害怕人家的暗算，宁可爽爽快快除去一切可能的威胁。　　　　——莎士比亚

既怒且恼的就容易丧失理智。

——亚里士多德

狂热者的脑袋里没有理智的地盘。

——拿破仑

没有理智的支配，任何事物都不会持久。　　　　　——昆图斯

别的动物也都具有智力、热情，理性只有人类才有。　——毕达哥拉斯

高贵的精神是不会停步不前的，它经常使人勇敢而无所畏惧。

——苏霍姆林斯基

最可怕的敌人，就是没有坚强的信念。　　　　——罗曼·罗兰

当感情支配一切的时候，理智就显得无能为力。　　——约·德莱顿

我们航行在生活的海洋上，理智是罗盘，感情是大风。　——蒲柏

理智像太阳，它的光是恒久的，不变的，持续的……　——塞·约翰逊

人每违背一次理智，就会受到理智的一次惩罚。　——托·霍布斯

欲望：希望撒下的雄心的种子

人，真正的名字是欲望。

——史铁生

情欲犹如炭火，必须使它冷却，否则，那烈火会把心儿烧焦。

——莎士比亚

人们不能给情欲规定一个时间。

——罗曼·罗兰

最大的仇敌，莫过于自己的情欲。

——伊朗谚语

财富和声誉的宠儿们在我们眼前纷纷落马，却不能改变我们的雄心。

——沃维纳格

名望的滋味如此甘美，所以我们热爱与它有关的一切甚至死亡。

——帕斯卡

即使是智者，也难摒弃追求功名这个弱点。 ——塔西佗

功名欲是人类一种不合情理的欲望；甚至连哲学家们自己似乎也极不愿意摒弃追求功名这个弱点。 ——蒙田

追求功名几乎是崇尚优秀的代名词。 ——赫兹里特

没有什么东西比功名欲更自私，为别人劳动只是为了换取自己的名声。

——兰多

对知识的渴求是人类的自然意向，任何头脑健全的人都会为获取知识而不惜一切。 ——塞缪尔·约翰逊

对知识的渴望如同对财富的追求，越追求，欲望就越强烈。 ——斯特恩

人是未知数的仇敌。

——土耳其谚语

能力有限，欲海无边；人是贬入凡间的神，他没有忘记天国的一切。

——拉马丁

动物如果需要某样东西，它知道自己需要的程度和数量，而人类则不然。

——德谟克利特

骆驼驮的货物，商人总是嫌少。

——维吾尔族谚语

木头百条，也填不饱火坑；江河百条，也流不过大海。 ——印度谚语

人一旦成为欲念的奴隶，就永远也解脱不了了。 ——察·高吉迪

欲望是人遭受磨难的根源。诚然，欲望可以使人得到欢乐和幸福；但这欢乐、幸福的背后却是苦难，乐极是要生悲的；一切欲望实现之后，却也免不了灾难。 ——佚名

假如人能够遏制住自己的种种欲望，过着无求的生活，那么，他才算主宰了自己的生活，掌握了自己的命运。

——尤素福·西巴伊

社会素描篇

处世：人情冷暖的风向标

世上的人原本如此，要踩大家一起踩一个人，要捧起来争着捧。——亦舒

友情在我过去的生活里就像一盏明灯，照彻了我的灵魂，使我的生存有了一点点的光彩。 ——巴金

要热爱书，它会使你的生活轻松；它会友爱地来帮助你了解纷繁复杂的思想情感和事件；它会教导你尊重别人和你自己；它以热爱世界热爱人类的情感来鼓舞智慧和心灵。 ——高尔基

打开一切科学的钥匙毫无异议的是问号，我们大部分的伟大发现应归功于"如何"，而生活的智慧大概就在于逢事都问个"为什么"。 ——巴尔扎克

幸福，就在于创造新的生活，就在于改造和重新教育那个已经成了国家主人的、社会主义时代的伟大的智慧的人而奋斗。 ——奥斯特洛夫斯基

感谢财富和政治，本市花了一万七千元造了市政府，但也许一百年内它不会为了生命的智慧贝壳内的真正的肉，花这么多钱。为冬天办文法学校每年募到一百二十五元，这笔钱比市内任何同样数目的捐款都花得更实惠。我们生活在19世纪，为什么我们不能享受19世纪的好处？为什么生活必须过得这样褊狭？如果我们要读报纸，为什么不越过波士顿的闲谈，立刻来订一份全世界最好的报纸呢？不要从"中立"的报纸去吮吸柔软的食物，也不要在新英格兰吃娇嫩的"橄榄枝"了。 ——梭罗

智慧与教育之间的区别是，智慧会让你过上舒适的生活。 ——佚名

智慧最后的结论是：生活也好，自由也好，都要天天去赢取，这才有资格去享有它。 ——歌德

生活中最重要的是礼貌，它比最高的智慧，比一切学识都重要。
——赫尔岑

多余的财富只能换取奢靡者的生活，而心灵的必需品是无须用钱购买的。 ——梭洛

生活的智慧大概就在于逢事都问个为什么。 ——巴尔扎克

个人如果单靠自己，如果置身于集体的关系之外，置身于任何团结民众的伟大思想的范围之外，就会变成怠惰的、保守的、与生活发展相敌对

的人。　　　　　　——高尔基

生活中常常是这样：流言一传十，十传百，会把任何伟大的、造福于民的、经过苦苦思索、历尽种种磨难才获得的思想歪曲成于己、于真理都无益的邪说。　　　　　——艾特玛托夫

在寂寞无聊中，一个人才能感到跟关于思想的人在一起生活的好处。

——卢梭

为什么恰恰到了老年，人才注意到自己的感受，批评自己的行动呢？为什么年轻的时候就不管这些？到了老年，就是没有这一套也已经够难受的了。年轻的时候整个生活不留痕迹地滑过去，几乎没触动思想，可是到了老年，每一个极小的感受都像钉子那样钉在头脑里，引起一大堆问题。　——契诃夫

生活是恼人的牢笼。一个有思想的人到成年时期，对生活有了成熟的感觉，他就不能不感到他关在一个无从脱逃的牢笼里面。　　　——契诃夫

近代风俗制造出来的三种阶级是：劳动者，思想者，一无所为者。因而就有三种相当完整的公式，表现各色生活，从浪人的富有诗意与充满流浪生涯的小说，一直到立宪国王的单调与催眠的历史，都表现了出来：忙碌生活；艺术家生活；风雅生活。　——巴尔扎克

有两种容易悄悄过生活的方法，就是相信一切或怀疑一切。两种方法都使我们省却思考。　——科齐布斯基

用感情生活的人的生命是悲剧，用思想生活的人的生命是喜剧。

——布律耶尔

异端是生活的诗歌，因此有异端思想是无伤于一个诗人的。　——歌德

思想上的努力，正如可以长出大树的种子一般，在眼睛里是看不见的。但，人类社会生活的明显的变化正发生于其中。　　——列夫·托尔斯泰

愉快的生活是由愉快的思想造成的。　　　　　　——牛顿

人要有三个头脑，天生的一个头脑，从书中得来的一个头脑，从生活中得来的一个头脑。　　——蒙田

怎样思想，就有怎样的生活。

——爱默生

书籍的使命是帮助人们认识生活，而不是代替思想对生活的认识。

——科尔查克

教育者的个性、思想信念及其精神生活的财富，是一种能激发每个受教育者检点自己、反省自己和控制自己的力量。　——苏霍姆林斯基

最为贤明的生活方式是蔑视时代的习惯，同时又一点也不违反它地生活着。　　　——芥川龙之介

在你过去的生活中，你伤害过谁，也早已忘记了，可是被你伤害的那个人却永远不会忘记你。他决不会记住你的优点，而是记住你对他的伤害。

——戴尔·卡耐基

合理安排儿童每天的生活，使之总是忙于有益的事情避免无事生非或虚度

时光。　　　　　　——夸美纽斯

我的主要办法，首先是通过孩子们对共同生活的初步感觉和在发展他们初步的能力上，使他们产生姊妹兄弟般的友爱，把整个团体融化于一种大的家庭的朴实精神中；并且就在这种基础上，以及由此而产生的情感中，鼓舞他们一般的义务感和道德感。——裴斯泰洛齐

科学给青年以营养，给老人以慰藉；她让幸福的生活锦上添花，她在你不幸的时刻保护着你。——罗蒙诺索夫

不要因为长期埋头科学而失去对生活、对美、对诗意的感受能力。
　　　　　　　　　　——达尔文

一切自然科学知识都是从实际生活需要中得出来的。　——阿累尼乌斯

没有时间思索的科学家，那是一个毫无指望的科学家，他如果不能改变自己的日常生活制度，挤出足够的时间去思索，那他是最好放弃科学。
　　　　　　　　　　——柳比歇夫

生活的美化者，社会的巩固者。
　　　　　　　——罗伯特·布拉亥

友谊之舟在生活的海洋中行驶是不可能一帆风顺的，有时会碰到乌云和风暴，在这种情况下，友谊应该受到这种或那种考验，在这些乌云和风暴后，那么友谊就会更加巩固，真正的友谊在任何情况下都会放射出新的光芒。
　　　　　　　　　　——马克思

在生活中，每个人都应当是春晖，给别人以温暖。在今天，人与人之间的关系，更应该如此。朋友之间，待之以诚，肝胆相照，不就是相互照耀，相互温暖吗？　　　　　　——茅盾

三人行，必有我师焉。择其善者而从之，其不善者而改之。　——孔子

益者三友，损者三友，友直，友谅，友多闻，益矣；友便辟，友善柔，友便佞，损矣。　　　　——孔子

匹夫不可以不慎取友。友者，所以相有也。　　　　　　　——荀子

不要对一切人都以不信任的眼光看待，但要谨慎而坚定。——德谟克利特

选择朋友一定要谨慎！地道的自私自利，会戴上友谊的假面具，却又设好陷阱来坑你。　——《克雷洛夫寓言》

在你有权力有名望的时候，卑鄙的人是不敢抬起嫉妒的眼睛看你一眼的；然而，到你一落千丈的时候，显示最大的毒辣的就是他们。
　　　　　　——《克雷洛夫寓言》

一个人不应该与被财富毁了的人交接来往。　　　　　——居里夫人

我只请求你们一件事：假如你们能活过这个时代，那么不要忘记，不要忘记好人也不要忘记坏人。——伏契克

不要过分地醉心于放任自由，一点也不加以限制的自由，它的害处与危险实在不少。　　——《克雷洛夫寓言》

一个人必须学习与自己不同类型的人相处，不然生活何其孤苦。——亦舒

为工作出力永远获得报酬，为一个人费心事最划不来。　　——亦舒

孩子是要别人教的，毛病是要别人医的，即使自己是教员或医生。但做人处世的法子，却恐怕要自己斟酌，许多人开来的良方，往往不过是废纸。

——鲁迅

交际：与志同道合的朋友同行

怀着乐观和积极的心态，把握好与人交往的分寸，让自己成为使他人快乐的人。

——于丹

知音，能有一两个已经很好了，实在不必太多。朋友之乐，贵在那份踏实的信赖。

——三毛

太当心了，做人没有意思。放松一点，给人家利用一下，人家自然会拿东西来交换，彼此得益。一定要板着面孔等别人来真心奉献，不问报酬，肯定活该失望，世上哪有这种事。 ——亦舒

最难忍受的孤独莫过于缺少真正的友谊。

——培根

理解绝对是养育一切友情之果的土壤。

——威尔逊

人生最美好的东西，就是他同别人的友谊。

——林肯

友谊是个无垠的天地，它多么宽广啊！

——罗·布朗宁

真诚的友谊好像健康，失去时才知道它的可贵。

——歌尔登

友谊！你是灵魂的神秘胶漆；你是生活的甜料，社会性的连接物！

——罗·布莱尔

友谊之于人心，其价值真有如炼金术上常常所说的，他们的宝石之于人身一样。

——培根

为门庭增添光彩的是来做客的朋友。

——爱默生

父亲是财源，兄弟是安慰，而朋友既是财源，又是安慰。 ——富兰克林

和太强的人在一起，我会感觉不到自己的存在。交朋友不是让我们用眼睛去挑选那十全十美的，而是让我们用心去吸引那些志同道合的。 ——罗兰

交易场上的朋友胜过柜子里的钱款。

——托·富勒

不是真正的朋友，再重的礼品也敲不开心扉。

——弗·培根

恋爱使人坚强，同时也使人软弱。友情只使人坚强。

——勃纳尔

对于一个病人来说，仁爱、温和、兄弟般的同情，有时甚至比药物更灵。

——陀思妥耶夫斯基

要把同道的人当作朋友，而不必把同利的人当作朋友。

——罗兰

当你身处顺境，只在接受邀请才来访，而当你身处逆境时不邀自来的人，才是真正的朋友。 ——奇奥佛拉斯塔

我们想的是如何养生，如何聚财，如何加固屋顶，如何备齐衣衫；而聪明人考虑的却是怎样选择最宝贵的东西——朋友。

——爱默生

当穷神悄然进来，虚伪的友情就越窗仓皇而且逃。

——米尔

友谊！世界上有多少人在说这个字

的时候指的是茶余酒后愉快的谈话和相互间对弱点的宽容！可是这跟友谊有什么关系呢？
——法捷耶夫

真正的友谊从来不会平静无波。
——赛维涅夫人

交一个读破万卷书邪士，不如交一个不识一字端人。
——金缨

得不到友谊的人将是终身可怜的孤独者。没有友情的社会则只是一片繁华的沙漠。
——培根

世间最好的东西，莫过于有几个头脑和心地都很正直的严正的朋友。
——爱因斯坦

你通常会发现自己跟没有什么话可说的人在一起时反而话更多。
——帕菲萨

保持友谊的最好办法是不出卖朋友。
——米兹涅尔

友谊是我们哀伤时的缓和剂，激情的疏解剂，是我们的压力的流泄口，我们灾难时的庇护所，是我们犹疑时的商议者，是我们脑子的清新剂，我们思想的散发口，也是我们沉思的锻炉和改进。
——杰利密·泰勒

友谊是天地间最可宝贵的东西，深挚的友谊是人生最大的一种安慰。
——邹韬奋

破裂的友谊虽然能恢复，但却再也达不到亲密无间的程度了。
——托·富勒

要想得到别人的友谊，自己就得先向别人表示友好。
——爱默生

大量的友谊使生命坚强。爱与被爱是生活中最大的幸福。
——西德尼·史密斯

友谊的主要效用之一就在使人心中的愤懑抑郁之气得以宣泄施放，这些不平凡之气是各种的情感都可以引起的。
——培根

老的树最好烧，老的马最好骑，老的书最好读，老的酒最好喝，老的朋友最可信赖。
——莱特

我们粗心的错误，往往不知看重我们自己所有的可贵的事物，直至丧失了它们以后，方始认识它们的真价。我们的无理的憎嫌，往往伤害了我们的朋友，然后再在他们的坟墓之前捶胸哀泣。
——莎士比亚

宁肯与好人一起咽糟糠，不愿与坏人一起吃筵席。
——托马斯·富勒

真正的友谊是一种缓慢生长的植物，必须经历并顶得住逆境的冲击，才无愧友谊这个称号。
——华盛顿

衡量朋友的真正标准是行为而不是言语；那些表面上说尽好话的人实际上离这个标准正远。
——华盛顿

真正的友谊，无论从正反看都应一样，不可能从前面看是蔷薇，而从反面看是刺。
——吕克特

在一切创造物中间没有比人的心灵更美、更好的东西了。
——海涅

有恬静的心灵就等于把握住心灵的全部；有稳定的精神就等于能指挥自己！
——米贝尔

你失掉的东西越多，你就越富有：因为心灵会创造你所缺少的东西。

——罗曼·罗兰

无所事事并非宁静，心灵的空洞就是心灵的痛苦。 ——库柏

心灵建造了天国，也建造了地狱。

——弥尔顿

没有情感的理智，是无光彩的金块，而无理智的情感，是无鞍镫的野马。 ——郁达夫

经营不需要很多学问，但需要机灵变通、殷勤好客、言谈中肯、和颜悦色、服务周到、吃苦耐劳。

——牡丹

理智——对欲望盲从的可怜人，和对理性倾耳的认真的人同样正确。

——福楼拜

我们所有的知识都开始于感性，然后进入到知性，最后以理性告终。没有比理性更高的东西了。 ——康德

世上最无谓的事就是按钟声安排自己的行动，而不按照正常的理性与智慧的裁夺。 ——拉伯寺

你愿意征服一切事物吗？那么就让你自己服从理智吧。 ——塞涅卡

理智的最后一步就是意识到有无数事情是它力所不及的。 ——帕斯卡

理智可以制定法律来约束感情，可是热情激动起来，就会把冷酷的法令蔑弃不顾；年轻人是一头不受拘束的野兔，会跳过老年人所设立的理智的藩篱。 ——莎士比亚

一个勇敢而率真的灵魂，能用自己的眼睛观照，用自己的心去爱，用自己的理智去判断；不做影子，而做人。

——罗曼·罗兰

管理首先是人为达到自己目的而进行的自觉活动。 ——阿法纳西耶夫

管理关系就是人的关系。

——阿法纳西耶夫

成功的管理艺术有赖于在一个充满偶然性的环境里为自己的活动确定一个理由充分的成功比率。 ——卡斯特

管理就是预测和计划、组织、指挥、协调以及控制。——亨利·法约尔

在对生活存在理智的清醒的态度的情况下，人们就能够战胜他们过去认为不能解决的悲剧。——车尔尼雪夫斯基

现代管理最主要的任务是应付变化。 ——卡斯特

管理的控制工作是务使实践活动符合于计划。 ——戈茨

有效的管理总是一种随机制宜的，或因情况而异的管理。

——哈罗德·孔茨、西里尔·奥唐奈

每个人的心灵深处都有着只有他自己理解的东西。 ——列夫·托尔斯泰

一个拥有真正美的心灵总是有所作为的，并且是一个实实在在的人。

——黑格尔

有理智的教育和培养能带来益处，而失去理智将带来危害。——苏格拉底

管理职责这一概念意味着：管理机

构应该做出努力，要反对任何人为了自己得到好处而降低合作的效率。

——亨利·艾伯斯

说真话是一种义务，而且这对他们也是更有利的。——德谟克利特

人有很强的说话能力，但是他的大部分话是空洞的、骗人的。

——达·芬奇

实话是我们最宝贵的东西。我们节省着使用它吧。——马克·吐温

谁告诉我真话，即使他的话里藏着死亡，我也会像听人家恭维我一样听着他。——莎士比亚

宁可因为说真话负罪，也不要说假话开脱。——萨迪

不可巧言令色，曲从苟合，以求人之与己也。——程颢、程颐

发言须句句有着落方好。人于忙处，言或妄发，所以有悔。——薛瑄

谈话犹如立遗嘱：话越少讼争越少。——格拉西安

简洁是智慧的灵魂。——莎士比亚

君子之精神命脉存乎言，考言而责实存乎德。故言也者，德之华也，不可伪也。——王崇庆

假如发生的事情都是伟大的，就不会有琐碎的谈话。——赫兹里特

如果有人知道，我们总是多么易于误解别人，他就不愿在人前信口开河了。——歌德

绳是长得好，话是短得好。——列夫·托尔斯泰

话多的人是最不聪明的人，在一个演说家和一个拍卖人之间，几乎没有区别。——纪伯伦

思想麻醉的力量远不如言语那么强。一个人话说多了，会对自己的话信以为真。——巴尔扎克

在语言交际中要善于找到一种分寸，使之既直爽又不失礼。这是最难又是最好的。——弗·培根

切忌浮夸铺张。与其说得过分，不如说得不全。——列夫·托尔斯泰

酒食上得来的朋友，等到酒尽樽空，转眼成为路人。——莎士比亚

友谊只能在实践中产生并在实践中得到保持。——歌德

飞黄腾达的路上一定点缀着破碎的友谊。——威尔斯

在业务的基础上建立的友谊，胜过在友谊的基础上建立的业务。

——洛克菲勒

很多提出问题的人，渴望的并不是答案，而是同情。——亦舒

良心：行为和理智的捍卫者

良心是由人的知识和全部生活方式来决定的。——马克思

守法和有良心的人，即使有迫切的需要也不会偷窃，可是，即使把百万金元给了盗贼，也没法儿指望他从此不偷不盗。——克雷洛夫

人世间的煊赫光荣，往往产生在罪

恶之中，为了身外的浮名，牺牲自己的良心。 ——莎士比亚

良心是守护个人为自我保存所启发的社会秩序的保护神。 ——毛姆

良心才是我们唯一不可收买的至宝。 ——菲尔丁

良心是最佳的决定者。

——罗曼·罗兰

善的光荣是在他们的良心中，而不在人们的话语里。 ——托尔斯泰

幸灾不仁，乘危不武。 ——张廷玉

太阳能比风更快地脱掉你的大衣；仁厚、友善的方式比任何暴力更容易改变别人的心意。 ——卡耐基

唯一真正的责任，就是走向你自己的潜力，走向你自己的聪明才智和觉知，然后按照这样来行动。 ——佚名

良知只是个是非之心。 ——王守仁

知贤，智也；推贤，仁也；引贤，义也。有此三者，又何加焉？ ——韩婴

不仁者不可以久处约，不可以长处乐。 ——《论语》

万事莫贵于义。 ——墨子

良心是神作为唯一的审判官能进去的神的宫殿。 ——拉姆奈

智者不危众以举事，仁者不违义以要功。 ——《后汉书》

良心是信念的感情哨兵。

——苏霍姆林斯基

良知是什么？是未知世界的指针。

——雨果

大仁不仁。 ——庄子

良心不是儿戏，谁能使一个人开脱掉自己良心的责备呢？良心是每个凡人的上帝。 ——米南德

良心！你是善与恶的万无一失的评判者。 ——卢梭

良心，对于大多数人来说，是他人意见的预告。 ——亨利·泰勒

每个人都必须按自己心灵的良心来生活，但不是按任何理想。使良心屈从于信条，或理念，或传统，甚至是内在冲动，那是我们的堕落。 ——劳伦斯

白日精心干事务，但勿作有愧于良心之事，俾夜间能坦然就寝。

——托马斯·曼

对人民来说，唯一的权力是法律；对个人来说，唯一的权力是良心。

——雨果

善良之心，就是最好的法律。

——麦克莱

两个良心绝对不会一模一样。

——萧伯纳

任何大人物的章饰，无论是国王的冠冕、摄政的宝剑、大将的权标，或是法官的礼服，都比不上仁慈那样更能衬托出他们的庄严高贵。 ——莎士比亚

良心的法则，我们自诩为出自天性，其实却源于风俗。 ——蒙田

没有良心的人，等于一无所有。

——拉伯雷

以仁义服人，何人不服。

——吴敬梓

丧失了良知的才智比没有才智

更糟。　　　　　　——爱·扬格

凡是对真理没有虔诚的热烈的敬意的人，绝对谈不到良心，谈不到崇高的生命，谈不到高尚。　——罗曼·罗兰

良心的觉醒就是灵魂的伟大。
　　　　　　　　　　——雨果

一个人最伤心的事情无过于良心的死灭，一个社会最伤心的现象无过于正义的沦亡。　　　　　——郭沫若

永不沉睡的良心，不断地鞭笞着人们。　　　　　　　——蒙田

一颗善良的心就是一席永恒的筵席。　　　　　——夸美纽斯

当理智和感情完全一致的时候，良心的声音就会在心灵中占据统治地位。
　　　　　——苏霍姆林斯基

以爱己之心爱人，则仁不可胜用矣；以恶人之心恶己，则义不可胜用矣。　　　　　　　——晁补之

仁者谓其中心欣然爱人。
　　　　　　　　——《韩非子》

仁生于歉，义生于丰，故富而教之斯易也。　　　　　　——王通

志于道，据于德，依于仁，游于艺。　　　　　　　——《论语》

没有良心的知识，会毁灭人的灵魂。　　　　　　　——布拉莱

恻隐之心，仁之端也；羞恶之心，义之端也：辞让之心，礼之端也；是非之心，智之端也。　　　——孟轲

仁慈是心灵美，而不是行为美的体现。　　　　　　——艾迪生

压抑自己良心的声音，这是很危险的事情。　　　——苏霍姆林斯基

良心始终是不顾一切人为的法则而顺从自然的秩序。　　　——卢梭

君子于仁也柔，于义也刚。
　　　　　　　　　　——扬雄

巧言令色，鲜矣仁！——《论语》

大仁之极，而大勇生焉。
　　　　　　　　　——谭嗣同

不求有天使和牛马的懿德，只求有人的良心。　　　　　——蒙田

君子之行，动则思义，不为利回，不为义疚。　　　　——《后汉书》

再没有比自身良心的审判更痛苦的审判了。　　　——田德里亚科夫

有两样东西是必不可少的：良心和美名。　　　　　　——乔叟

道德的损害是良心的完全麻痹。
　　　　　　　　——芥川龙之介

道德活动既受政府长官支配，又受良心的制约。　　　　　——洛克

仁慈必须建立在正义的基础之上，而决不能取代正义。　——亨·乔治

良心唯有经常以沉默形式来讲话。
　　　　　　　　——海德格尔

仁者莫大于爱人。　——《礼记》

极端公正和善良的心是不属于庸俗的人的。良心的觉醒就是灵魂的伟大。
　　　　　　　　　　——雨果

幸灾不仁，乘危不武。
　　　　　　　　　——《明史》

寡廉鲜耻的人是不会有良心的。

——托·富勒

以至诚为道，以至仁为德。

——苏轼

当你感到自己是一个人时，唯一的限制是良知。 ——马丹·杜·加尔

人须有自信之能力，当从自己良心上认定是非，不可以众人之是非为从违。 ——章太炎

人可以由虚荣心知道什么是荣耀，可以由良心知道什么是正义。——兰多

好良心是柔和的枕头。 ——雷伊

至仁不为恩，至义不为功。

——姚莹

仁以为己任。 ——《论语》

约束一个人的，只有他自己的良心。 ——佚名

在人世间，要幸福只有一条路。不是怀着大公无私的良心，便是完全不怀良心。

——奥格伦·纳休

在这个世界上，良知被分配得最为公平。 ——笛卡尔

良心是人生的根本。 ——雷利

良心自问正当的，对流言一笑置之。 ——奥维德

良心是公正廉洁的法官。

——拉蒙纳斯

如果你没有良心，先得把心革新。

——佚名

使人做自己举止行为的最严厉的评判者的力量是什么？是良心，它成为行为和理智的捍卫者。——苏霍姆林斯基

啊！良心！良心！人类最忠实的朋友。

——高尔基

宽容：对于不重要的人，人们常常很宽容

许多事不可做，许多事不屑做，又有许多事做不出。既不能解释，又不能抱怨。 ——亦舒

情绪这种东西，非得严加控制不可，一味纵容地自悲自怜，便越来越消沉。 ——亦舒

宽容是文明的唯一考核。

——海尔普斯

智慧的艺术就是懂得该宽容什么的艺术。 ——威廉·詹姆斯

宽宏精神是一切事物中最伟大的。

——欧文

生活中有许多这样的场合：你打算用愤恨去实现的目标，完全可能由宽恕去实现。 ——西德尼·史密斯

诚挚地宽恕，再把它忘记。

——英国谚语

宽宥是人性的，而忘却是神性的。

——詹姆斯·格兰

宽容的人最为性急，耐受力强的人最不宽容。 ——贝尔奈

最高贵的复仇是宽容。 ——雨果

生活过，而不会宽容别人的人，是不配受到别人的宽容的。但是谁能说是不需要宽容的呢？ ——屠格涅夫

正义之神，宽容是我们最完美的所

作所为。　　　　　——华兹华斯

只有勇敢的人才懂得如何宽容；懦夫决不会宽容，这不是他的本性。
　　　　　——斯特恩

宽容要么对人有益，要么对人有害。　　　　　——伯克

损着别人的牙眼，却反对报复，主张宽容的人，万勿和他接近。——鲁迅

欲温而和畅，不欲察察而明切也。
　　　　　——《晋书》

爱之深，责之严。　——法国谚语

尽量宽恕别人，而决不要原谅自己。　　　　　——西拉斯

人们应该彼此容忍：每一个人都有弱点，在他最薄弱的方面，每一个人都能被切割捣碎。　　　　　——济慈

一个伟大的人有两颗心：一颗心流血；另一颗心宽容。　——纪伯伦

不会宽容别人的人，是不配受到别人的宽容的。　　　　　——贝尔奈

宽容就如同自由，只是一味乞求是得不到的，只有永远保持警惕，才能拥有。　　　　　——汪国真

一个不懂宽容的人，将失去别人的尊重；一个一味地宽容的人，将失去自己的尊严。　　　　　——佚名

对待别人的宽容，我们应该知道自惭；我们宽容地对待别人，应该知道自律。　　　　　——佚名

宽容者让别人愉悦，自己也快乐；刻薄者让别人痛苦，自己也难受。
　　　　　——佚名

如果别人已不宽容，就不要去使劲儿乞求宽容，乞求得来的宽容，从来不是真正的宽容。　　　　　——佚名

得放手时须放手，得饶人处且饶人。　　　　　——佚名

唯宽可以容人，唯厚可以载物。
　　　　　——薛日宣

宽容意味着尊重别人的任何信念。
　　　　　——爱因斯坦

如果两个人争吵起来，错在那个是比较聪明的人。　　　　　——歌德

尊敬别人，才能让人尊敬。
　　　　　——笛卡尔

世界上最宽阔的是海洋，比海洋更宽阔的是天空，比天空更宽阔的是人的胸怀。　　　　　——雨果

没有宽宏大量的心肠，便算不上真正的英雄。　　　　　——普希金

海纳百川有容乃大，山高万仞无欲则刚。　　　　　——林则徐

有时宽容引起的道德震动比惩罚更强烈。　　　　　——苏霍姆林斯基

人心不是靠武力征服，而是靠爱和宽容征服。　　　　　——斯宾诺莎

不责人小过，不发人阴私，不念人旧恶——三者可以养德，也可以远害。
　　　　　——洪应明

度尽劫波兄弟在，相逢一笑泯恩仇。　　　　　——鲁迅

宽恕而不忘却，就如同把斧头埋在土里而把斧柄留在外面一样。
　　　　　——巴斯克里

忍耐是痛苦的，但它的结果是甜蜜的。
　　　　　　　——卢梭

紫罗兰把它的香气留在那踩扁了它的脚踝上。这就是宽恕。
　　　　　　　——马克·吐温

宽容就像天上的细雨滋润着大地。它赐福于宽容的人，也赐福于被宽容的人。　　——莎士比亚

胸中天地宽，常有渡人船。
　　　　　　　——佚名

太山（泰山）不让土壤，故能成其大；河海不择细流，故能就其深；王者不却众庶，故能明其德。　——李斯

能容小人，方成君子。
　　　　　　　——冯梦龙

最高贵的复仇是宽容。　——雨果

只有勇敢的人才懂得如何宽容；懦夫决不会宽容，这不是他的本性。
　　　　　　　——斯特恩

人之谤我也，与其能辩，不如能容。人之侮我也，与其能防，不如能化。　　　　——弘一大师

人非尧舜，谁能尽善。　——李白

毋以小嫌疏至戚，毋以新怨忘旧恩。　　　　　——金缨

度量如海涵春育，应接如流水行云。　　　　　——金缨

和以处众，宽以待下，恕以待人，君子人也。　　　　——林逋

圣人贵宽，而世人贱众。
　　　　　　　——陆贾

人本该是有良心的，就连最残酷的心也会有宽恕他人的短暂、美好的记忆。　　　　——塞弗尔特

忍耐记心间，烦恼不沾边。
　　　　　　　——佚名

能忍能让真君子，能屈能伸大丈夫。　　　　　——佚名

山锐则不高，水狭则不深。
　　　　　　　——刘向

宽恕一个敌人要比宽恕一个朋友容易。　　　　——布莱克

关公放了曹丞相，丈夫要有容人量。　　　　　——佚名

抬眸四顾乾坤阔，日月星辰任我攀。　　　　　——苏轼

与人为善就是善于宽谅。
　　　　　　　——弗罗斯特

有忍，其乃有济；有容，德乃大。
　　　　——《尚书·周书·君陈》

以大度兼容，则万物兼济。
　　——《宋朝事实类苑·祖宗圣训》

能下人，故其心虚；其心虚，故所广取；所广取，故其人愈高。
　　　　　　　——李贽

东海广且深，由卑下百川；五岳虽高大，不逆垢与尘。　——曹植

事不三思终有悔，人能百忍自无忧。　　　　——冯梦龙

遇方便时行方便，得饶人处且饶人。　　　　　——吴承恩

开诚心，布大度。　　——康有为

忍一句，息一怒，忍一事，少一事。　　　　　——佚名

一忍可以支百勇，一静可以制百动。　　　　——苏洵

恶人胆大，小人气大，君子量大。

　　　　　　　　　　　　——佚名

虚荣：戴着面具赢得声望的赞许

虚荣如杀手，有朝一日会败露行迹。　　　　——韩拿·柯里

凭虚名也可能飞黄腾达，到头来终不免要变粪土。　　——佚名

宁愿因你的所作所为被怀恨，也不要以不实际的虚名而受爱戴。——纪德

向往虚构的利益，往往是丧存的幸福。　　　　——伊索

在企望不可能的尽善尽美的同时，人们反而会失去本可得到的美好的东西。　　　　——佚名

年轻的姑娘，特别是你们，必须知道好名誉比任何修饰都来得宝贵，而且好名誉像春天的花朵一样，一阵风就能把它毁了。　　——克雷洛夫

虚荣是虚伪的产物。　——卡莱尔

虚荣是一件无聊的骗人的东西；得到它的人，未必有什么功德，失去它的人，也未必有什么过失。——莎士比亚

贫困不是耻辱，羞于贫困才是耻辱。　　　　——托·富勒

虚荣是使我们装扮成不是我们本来的面目以赢得别人的赞许，虚伪却鼓动我们把我们的罪恶用美德的外表掩盖起来，企图避免别人的责备。——菲尔丁

虚荣的人注视着自己的名字；光荣的人注视着祖国的事业！　——王杰

举行盛大的葬礼，与其说是向死者致哀，不如说是为了满足生者的虚荣。

　　　　　——拉罗什富科

虚荣是其他人的骄傲。　——佚名

虚荣几乎全部储蓄在自身中，因此，最好是对虚荣打开一条缝隙，免受虚荣的任意驱使。也就是说，有必要每天排水。　　　　——三木清

有些人的虚荣心，比为了保全生命所必需的分量更多，对于这种人，虚荣心所起的作用何等恶劣！这些人竭力使别人不愉快，想借此引起别人的钦佩。他们设法要出人头地，结果反而更不如人。　　——孟德斯鸠

虚名是一个下贱的奴隶，在每一座墓碑上说着谀媚的诳话，倒是在默默无言的一荒土之下，往往埋葬着忠臣义士的骸骨。　　　　——莎士比亚

虚荣心强的人，时而批评自己，时而夸赞自己，借此从中渔利，谦虚的人却自始至终不为自己吭一声。

　　　　　　——拉·封丹

爱好虚荣的人，把一件富丽的外衣遮掩着一件丑陋的内衣。——莎士比亚

虚荣会开花，但不会结果。

　　　　　　　　——佚名

每一个人的虚荣是和他的愚蠢程度相等的。　　　　——波普

人类的虚荣心会使面对难题的头脑僵硬起来。
——雪莱

一个人过分的谦卑，就暗示着他的虚荣心特别强。
——雨果

谁要是看不见人世的虚荣，他本人就一定是非常之虚荣的。——孟德斯鸠

骄傲：不过是掩饰自己的卑怯

骄傲自满是我们的一座可怕的陷阱，而且，这个陷阱是我们自己亲手挖掘的。
——老舍

人不可有傲气，但不可无傲骨。
——徐悲鸿

傲骨不可无，傲心不可有。无傲骨则近于鄙夫，有傲心不得为君子。
——张潮

学人一骄便不能为学，所以第一要去"骄"字。
——谭嗣同

忘了自己的缺点，就产生骄傲自满。
——德谟克利特

与超过自己的人去较量的人，结果是骄傲自大得更为恶劣。
——德谟克利特

骄傲的人，往往通过骄傲来掩饰自己的卑怯。
——哈代

骄傲是无知的产物。——苏格拉底

一个骄傲的人，结果总是在骄傲中毁灭了自己。
——莎士比亚

越是没有本领的就越加自命不凡。
——邓拓

傲慢的性格只会偶尔伤害你，而傲慢的表情却会使你不断受到伤害。
——狄德罗

傲慢是一种得不到支持的尊严。
——巴尔扎克

骄傲是所有英雄人物都能受到伤害的处所。
——雨果

风险越大，甘冒风险的自傲感也越强。
——罗曼·罗兰

唯有对自己卓越的才能和独特的价值有坚定、不可动摇之确信的人才被称为骄傲。
——叔本华

不要让骄傲支配了你们。由于骄傲，你们会在该同意的时候固执起来；由于骄傲，你们会拒绝有益的劝告和友好的帮助；而且，由于骄傲，你们会失掉客观的标准。
——巴甫洛夫

谁也不满足自己的财产，谁都满足于自己的聪明。
——列夫·托尔斯泰

小人大言不惭，简直把自己的祖宗也说成是他们生的。
——艾加

自夸聪明的人，有如囚犯夸耀其囚室宽敞。
——西蒙

自负是安抚愚人的一种麻醉剂。
——莱辛

一个羞赧的失败比一个骄傲的成功还要高贵。
——纪伯伦

对骄傲的人不要谦虚，对谦虚的人不要骄傲。
——杰弗逊

骄傲、嫉妒、贪婪是三个火星，它们使人心爆炸。
——但丁

骄傲，是一位殷勤的"向导"，专门把无知与浅薄的人带进满足与狂妄的

大门。　　　　　　　——佚名

最没有防备的是打胜仗的人。

　　　　　　　　　——显克微支

夸夸其谈是软弱的首要标志，而那些能够铸出大事的人往往是守口如瓶的。　　　　　　——西塞罗

把自己的长处想得太多的人，就是要别人想及他的短处。——赫兹利特

最大的骄傲与最大的自卑都表示心灵的最软弱无力。　——斯宾诺莎

我们各种习气中再没有一种像克服骄傲那么难的了。虽极力藏匿它，克服它，消灭它，但无论如何，它在不知不觉之间，仍旧显露。——富兰克林

傲慢的人不会成长，因为，他不会喜欢严正的忠告。　——卡内基

言谈：人与人之间沟通的桥梁

得意之事更不能说，你有，人家没有，说来无益。俗云，财勿露帛，露帛要赤脚，母亲是常常说的，我亦紧紧牢记在心，行走江湖，不听老人言，吃亏在眼前。　　　　　　——亦舒

用言语把你的悲伤倾泄出来吧，无言的悲痛是会向那不堪重负的心。低声耳语，叫它裂成片片的。

　　　　　　　　　——莎士比亚

有风趣的谈吐，可使粗肴成美味；恶劣的谈话，可使珍馐难下咽。

　　　　　　　　　——班扬

人，是活在人与人之间的动物，联系其间的则是言语。　——池田大作

语言是我们所知道的最庞大最广博的艺术，是世世代代无意识地创造出来的无名氏的作品，像山岳一样伟大。

　　　　　　　　　——余秋雨

要使人信服，一句言语常常比黄金更有效。　　　——德谟克利特

赠人以言，重于金石珠玉；观人以言，美于黼黻文章；听人以言，乐于钟鼓琴瑟。　　　　　　——荀子

风恬浪静中，见人生之真境；味淡声稀处，识心体之本然。——洪应明

讲真知有人不喜欢，但还是要讲。

　　　　　　　　　——周扬

如果思想腐化语言，则语言也能腐化思想。　　　　　——奥威尔

经常直言不讳，卑鄙小人就会避开你。　　　　　　——布莱克

永清池风底，话透心里明。

　　　　　　　　　——佚名

幽默是生活波涛中的救生圈。

　　　　　　　　　——拉布

语言是最危险的武器：马剑刺的伤口要比语言刺的伤口容易治愈。

　　　　　　　　　——卡德龙

语言作为工具对我们的思想之必要正如骏马之于骑士，既然最好的马适合于最好的骑士，那么最好的语言就适合于最好的思想。　　　——但丁

一句温暖的言语，暖和了漫长的

冬天。　　　　　　——日本谚语

当爱情发言的时候，就像诸神的合唱，使整个的天界陶醉于仙乐之中。
　　　　　　——本·琼森

语言既可以掩饰思想，也可以暴露思想。　　　——本·琼森

言语之力，大到可以从坟墓唤醒死人，可以把生者活埋，把侏儒变成巨人，把巨人彻底打垮。　——海涅

没有蠢人陪伴，一个幽默风趣的人常常会施展开他的本领。
　　　　　　——拉罗什富科

在一切使人喜悦的艺术中，说话的艺术占第一位，只有通过它才能使被习惯钝化的感官获得新的乐趣。——卢梭

语言是为了装饰人的思想而存在的。　　　　　——塔列兰

人们以为他们的理性支配言语，偏偏有时言语反而支配理性。——培根

花言巧语是比引诱鱼儿上钩的香饵或是毒害羊群的肥美的苜蓿更甜蜜更危险的。　　　　——本·琼森

因为有言语，你胜于野兽；若是语无伦次，野兽就胜于你。　——萨迪

语言和行为是神力的截然相反的表现，语言是一种行动，行动也是一种语言。　　　　——爱默生

语言的真正用处，在于隐匿，并不在于太多的表露。　——哥尔斯密

一言而造无穷之福，一言而去无穷之害。　　　　　——胡达源

机智是会话中的辣椒，人生的盐。
　　　　　　——罗马谚语

千言无用，倒不如一语中的，只要言而及物，也不必什么大意见、大文章，照样有它问世的价值。——洪生

要知道对好事的称颂过于夸大，也会招来人们的反感、轻蔑和嫉妒。
　　　　　　——培根

重复言说多半是一种时间上的损失。　　　　　——培根

当你听别人介绍情况时，最好首先耐心听，而不要急于插话。因为话头一被打断，陈述者就不得不把旧题重复一遍。所以那些乱插话者，甚至比发言冗长者更令人讨厌。　——培根

客套话有如隔着面纱接吻。
　　　　　　——雨果

在交谈中，如同在外科手术中一样，介入时要小心谨慎。专门经营真诚的人制造出纯洁无瑕的友谊与爱情，但他们却因此而遭死亡。　——莫洛亚

不能用温和语言征服的人，用严肃的语言更不能征服。　——契诃夫

切忌浮夸铺张。与其说得过分，不如说得不全。　——列夫·托尔斯泰

良好的意见往往像能源那样藏在人们心里。可是，这种燃料大部分都不会好好地燃烧，甚至根本烧不起来，除非有一朵火焰或一个火花从别赌气，无论什么事，做给你自己看已经足够，千万别到街上乱拉观众。　——亦舒

社交：每个人都试图表现并不具备的品质

多思、多想、多听、多看、谨言、慎行，这么做的好处就是让自己的少一点后悔。
——于丹

装扮得很像样的人，在像样的地方出现，看见同类，也被看见，这就是社交。
——张爱玲

大丈夫处世，当交四海英雄。
——陈寿

社交的秘诀，并不在于讳言真实，而是在讲真话的同时也不激怒对方。
——狄原塑太郎

交际场上的机智不能表现太过，也不能不予重视；因为这不仅牵涉到一个体面的问题，而且还关系到公务和政府。
——弗·培根

在受到溺爱便会忘形这一点上，所有的人都和孩子一样；因此，不应当对人宽厚，也不应当对人太优柔。
——叔本华

上交不谄，下交不骄。
——扬雄

心诚色温，气和辞婉，必能动人。
——薛瑄

受人恩情，当为将来报答之地，不可多求人也。
——曾国藩

对那些不值得信任的人不要存有幻想！
——达·芬奇

信任少数人，不害任何人，爱所有人。
——莎士比亚

以势交者，势倾则绝；以利交者，利穷则散。
——王通

花径不曾缘客扫，蓬门今始为君开。
——杜甫

沉默较之言不由衷的话更有益于社交。
——蒙田

相熟的人表现出恭而敬之的样子总是叫人感到可笑。
——歌德

你信任人，人才对你忠实。以伟人的风度待人，人才表现出伟人的风度。
——爱默生

打动人心的最高明的办法，是跟他谈论他最珍贵的事物。
——卡耐基

记住人家的名字，而且很轻易地叫出来，等于给别人一个巧妙而有效的赞美。
——卡耐基

请觉悟"与人共同生活"的重要性，常怀感恩的心，以不忘恩，不忽略感谢，尊重义气的心与人相交往。
——松下幸之助

如果你是对的，就要试着温和地、技巧地让对方同意你；如果你错了，就要迅速而热诚地承认。这要比为自己争辩有效和有趣得多。
——卡耐基

承认自己也许会弄错，就能避免争论，而且，可以使对方跟你一样宽宏大度，承认他也可能有错。
——卡耐基

不尊重别人感情的人，最终只会引起别人的讨厌和憎恨。
——卡耐基

即使你享受幸福，享尽荣华富贵，要是没人像你那样衷心替你高兴，怎能有莫大的快乐？同时，处在逆境时，如果没有人把它当作比你更沉重的重荷，必然更难以忍受。
——西塞罗

社交之所以让人觉得累，是因为每个人都试图表现并不具备的品质。
——佚名

一个只有老总在不停社交的企业是没有市场竞争力的企业，要把企业的营销人员都能推向社交的前沿，他们才是企业在市场舞台上能创造财富的真正主角。
——沙玛阿迪

好习惯是一个人在社交场中所能穿着的最佳服饰。
——苏格拉底

我既不穿燕尾服，也不喝鸡尾酒。——我讨厌一切社交活动。
——李敖

社交场中的闲逸是令人厌恶的，因为它是被迫的；孤独生活中的闲逸是愉快的，因为它是自由的、出于自愿的。
——卢梭

女人会在快乐的爱情中忽视自己，当她预感到有危险时，会重新开始关心自己的仪态、衣着、打扮，重新开始整理房间，积极出没于社交场所，这架势有如在打仗。
——白桦林

良好的守时习惯正在成为被遗忘的社交礼节，新的一代都认为迟到很正常，不是应该避免的失礼行为。
——戴维·霍姆斯

缄默和谦虚是社交的美德。
——蒙田

社交场上的信心比机智更加重要。
——拉罗什富科

金钱：帮穷人解决问题，帮富人制造问题

钱太多了，就用不着考虑；完全没有钱，也用不着考虑了。
——张爱玲

在我眼里金钱像粪便一样，如果你把它散出去，就可以做很多的事，要是把它藏起来，它就会变得臭不可闻。
——洛克菲勒

用别人的钱，即使是父母的遗产，也不如用自己赚来的钱自由自在，良心上非常痛快。可是用丈夫的钱，如果爱他的话，那却是一种快乐，愿意想自己是吃他的饭，穿他的衣服。那是女人的传统权利，即使女人现在有了职业，还是舍不得放弃的。
——张爱玲

为什么一个人要富有？为什么他一定要有马匹，精致的衣服，漂亮的住宅，到公共场所与娱乐场所去的权利？因为缺少思想。你给他的心灵一个新的形象，他就会逃遁到一个寂寞的花园或是阁楼上去享受它，这梦想使他们那样富有，即使给他一州作为采邑，也还抵不过它。但是我们最终是因为没有思想，所以才发现我们没有钱。我们最初是因为耽溺于肉欲，所以才觉得一定要有钱。
——爱默生

金钱是能让我们去除了天堂以外的任何地区性方面的一份护照；同时，它也能向我们提供除了幸福以外的任何东西。
——查尔斯·兰姆

一个非常喜爱钱财的人，是很难在任何时候也同样非常喜爱他的儿女的。这二者就仿佛上帝和财神一样，形同冰炭。　——塞缪尔·巴特勒

金钱和时间是人生两种最沉重的负担，最不快乐的就是那些拥有这两种东西太多，却不知怎样使用的人。

——约翰生

如果你把金钱当成上帝，它便会像魔鬼一样折磨你。　——菲尔丁

如果您失去了金钱，失之甚少；如果您失去了朋友，失之甚多；如果您失去了勇气，失去一切。　——歌德

有钱能使鬼推磨。　——佚名

钱不应当是生命的目的，它只是生活的工具。　——比才

金钱这种东西，只要能解决个人的生活就行；若是过多了，它会成为遏制人类才能的祸害。　——诺贝尔

把金钱奉为神明，它就会像魔鬼一样降祸于你。　——菲尔丁

没有钱是悲哀的事。但是金钱过剩则倍过悲哀。　——托尔斯泰

钱不是万能的，但是没有钱却是万万不能。　——佚名

有了金钱就能在这个世界上做很多事，唯有青春却无法用金钱来购买。

——莱曼特

时间就是金钱。　——佚名

金子，黄黄的，发光的，宝贵的金子！只要一点点儿，就可以使黑的变成白的，丑的变成美的，错的变成对的，卑贱的变成尊贵的，老人变成少年，懦夫变成勇士。　——莎士比亚

有钱的人从来不肯错过一个表现俗气的机会。　——巴尔扎克

大凡不亲手挣钱的人，往往不贪财；亲手赚钱的人才有一文想两文。

——柏拉图

金钱和享受的贪求不是幸福。

——《伊索寓言》

金钱能让你买到一条最好的狗，但是只有爱才能让它摇尾巴。　——佚名

金钱是慢慢流向那些愿意储蓄的人。每月至少存入十分之一的钱，久而久之可以累积成一笔可观的资产。

——佚名

金钱如爱一般，缓慢并痛苦地折磨着独占着它的人，使得愿意给予他人的人变得快活。　——卡里·纪伯伦

狗没有钱。这难道不是很神奇的一件事吗？这尽管打破了它们的整个生活，但它们也度过了。你知道为什么狗没有钱吗？因为它们没有口袋。

——杰瑞·宋飞

你真正能完成的只有一些你喜欢的事情。不要让金钱成为你的目标。相反，追求你喜爱的事情，然后去做并把它做好，之后你自然会成为大家眼中的焦点。　——玛雅·安吉洛

先别告诉我你有哪些优先权，先告诉我你把你的钱花在了哪儿，然后我会

告诉你们它们究竟意味着什么。

——詹姆斯·W.弗里克

太多人花他们还没赚到手的钱，买他们不想要的东西，然后给人留下他们不喜欢的印象。　——威尔·史密斯

时间比金钱更为宝贵。你可以赚到更多的钱，但是你不可以拥有更多的时间。　——吉米·罗恩

早睡早起可以使你保持健康、拥有财富和聪明才智。　——富兰克林

借给你的朋友二十美元，如果他不还给你则证明他不是你的朋友。通过二十美元看懂了一个人，这钱花得值得。　——泰德·尼古拉斯

金钱永远赚不来一个好想法，但是一个好想法却可以赚取到金钱。

——W.J.卡梅隆

钱从未使一个人快乐，将来也不会。它本就不可以产生幸福。一个人拥有的钱越多，他就越想拥有更多的钱，这是个填不满的空缺。　——富兰克林

在每个人都在抛售时买入，待到所有人都买入时售出，这不仅仅是一句吸引人的标语，而是成功投资的精华所在。　——J.保罗·盖蒂

人们通常都无法知晓他从哪得到他的下一美元，也不知他最后一美元花在了哪。　——佚名

先听后说，先想再写，先赚钱后花钱，先调查后投资，先静观再评论，先原谅后祈祷，先尝试再放弃，在退休前

学会储蓄，在死亡前学会给予。

——威廉·A.华德

金钱愿意为懂得运用它的人工作。那些愿意打开心胸，听取专业的意见，将金钱放在稳当的生利投资上，让钱滚钱，利滚利，将会源源不断创造财富。

——佚名

金钱会留在懂得保护它的人身边。重视时间报酬的意义，耐心谨慎地维护它的财富，让它持续增值，而不贪图暴利。　——佚名

金钱会从那些不懂得管理的人身边溜走。对于拥有金钱而不善经营的人，一眼望去，四处都有投资获利的机会，事实上却处处隐藏陷阱，由于错误的判断，它们常会损失金钱。

——佚名

金钱会从那些渴望获得暴利的人身边溜走。金钱的投资报酬有一定的限度，渴望投资获得暴利的人常被愚弄，因而失去金钱。缺乏经验或外行，是造成投资损失的最主要原因。　——佚名

金钱是什么？金钱是浇花的水。浇得适量，可以使花木健壮、繁花似锦、花开四季鲜艳夺目。浇得过量，就使得花木连根腐烂。　——佚名

我丝毫不为自己的生活简陋而难过。使我感到难过的是一天太短了，而且流逝得如此之快。——居里夫人

生活越紧张，越能显示人的生命力。　——恩格斯

假如一切能从头开始，那么我将会

在牙牙学语的婴儿就结婚，而不会把时间荒废在磨牙和打碎瓶瓶罐罐上。

——马克·吐温

一个好好过生活的人，他的时间应该分做三部分：劳动、享乐、休息或消遣。

——佚名

一切利己的生活，自以时间来衡量生命。爱，则无所不为；过于自爱，则一无所为。

——吕坤

应当赶紧地、充分地生活，因为意外的疾病或悲惨的事故随时都可以突然结束他的生命。

——奥斯特洛夫斯基

人的一生，是很短的，短暂的岁月要求我好好领会生活的进程……

——高尔基

人们说生命是很短促的，我认为是他们自己使生命那样短促的。由于他们不善于利用生命，所以他们反过来抱怨说时间过得太快；可是我认为，就他们那种生活来说，时间倒是过得太慢了。

——卢梭

浪费时间叫虚度，剥用时间叫生活。

——扬格

今是生活，今是动力，今是行为，今是创作。

——李大钊

在人类生活中，时间刹那而过，它的本体是处于一个流动状态中，知觉是昏钝的，整个肉体的构成是易腐朽的，灵魂是一个疾转之物，运气是很难预料的，名望是缺乏见识的东西。

——马尔库·奥勒留

财富：勤奋的副产品，也会有副作用

真正的财富是一种思维方式，而不是一个月收入数字。　——于丹

财富可以成为一件宝物，因为它意味着权力，意味着安逸，意味着自由。

——詹·拉·洛威尔

日益增长的财富与日益增长的安逸为人类带来文明。　——迪斯累利

聚敛财富也即自寻烦恼。

——富兰克林

财富可以弥补许多不足之处。

——塞万提斯

财富减轻不了人们心中的忧虑和烦恼。　——提卢布斯

财富可以放在家里，武器却要带在身上。　——索马里

财富应当用正当的手段去谋求，应当慎重地使用，应当慷慨地用以济世，而到临死时应当无留恋地与之分手，当然也不必对财富故作蔑视。　——培根

啊，健康！健康！富人的幸福，穷人的财富！　——本·琼森

贤妻和健康是一个男子最宝贵的财富。　——斯珀吉翁

财富、知识、荣耀，不过是权力几种类型。　——霍布斯

财富造成的贪婪人，比贪婪造成的富人要多。　——佚名

人们嘴上挂着的法律，其真实含义是财富。　——爱默生

谁因为害怕贫穷而放弃比财富更加富贵的自由，谁就只好永远做奴隶。

——西塞罗

财富不应当是生命的目的，它只是生活的工具。 ——比才

没有财富，地位和勇敢连海草都不如。 ——贺拉斯

财富，帝国和权力不是满足欲望的更有力的手段，又是什么？

——威·康格里夫

鸟翼上系上了黄金，鸟就飞不起来了。 ——泰戈尔

无知和富有在一起，就更加身份大跌了。 ——叔本华

财富得之费尽辛苦，守则日夜担忧，失则肝肠欲断。 ——托·富勒

好脾气是人生的一笔财富。

——威·赫兹里特

有财富的人被称为有价值的人。

——蒲柏

财富是美德的包袱。 ——培根

节约与勤勉是人类两个名医。

——卢梭

贫穷要一点东西，奢侈要许多东西，贪欲却要一切东西。 ——高里

贫穷的人往往富于仁慈。——甘地

生命是永恒不断的创造，因为在它内部蕴含着过剩的精力，它不断流溢，越出时间和空间的界限，它不停地追求，以形形色色的自我表现的形式表现出来。 ——泰戈尔

绝望是走向死亡的疾病。

——吉尔凯高尔

任何问题都有解决的办法，无法可想的事是没有的，要是你果真弄到了无法可想的地步，那也只能怨自己是笨蛋，是懒汉。 ——爱迪生

一个人有了发明创造，他对社会做出了贡献，社会也就会给他尊敬和荣誉。 ——罗·特雷塞尔

有些人希望靠财富而被人尊重，但它只会更加暴露他们的空虚和愚蠢。

——佚名

科学是人类的共同财富，而真正的科学家的任务就是丰富这个令人类都能受益的知识宝库。 ——科尔莫戈罗夫

道德是永存的，而财富是每天都在更换主人的。 ——佚名

美德可以打扮一个人，而财富只有装饰房子。 ——佚名

这真是一个大城市，在这里真可享受一番权势和财富的滋味。

——贝纳勉特

理想的社会状态不是财富均分，而是每个人按其贡献的大小，从社会的总财富中提取它应得的报酬。

——亨·乔治

生活是锻炼灵魂的妙方。

——勃朗宁

论成败者，固以为人事为主。

——刘知几

谗言败坏君子，冷箭射死英雄。

——佚名

你必须用笑声摧毁敌手的严肃，或是用严肃击败敌手的笑声。

——高尔吉亚

战罢玉龙三百万，败鳞残甲满天飞。

——张元

被人揭下面具是一种失败，自己揭下面具却是一种胜利。——雨果

一个生意人不想破产，好比一个将军永远不预备吃败仗，只自得半个商人。——巴尔扎克

一个人失败的原因，在于本身性格的缺点，与环境无关。——毛佛鲁

势败奴欺主，时乖鬼弄人。

——佚名

欲思其利，必虑其害。欲思其成，必虑其败。——诸葛亮

谋成于密而败于泄，三军之事莫重于密。——揭暄

不管先人是多么富贵，一个败家子就足以损坏门楣。——拜伦

一个国家如果纲纪不正，其国风一定颓败。——塞内加

有时候一个人为不花钱得到的东西付出的代价最高。——爱因斯坦

能处处寻求快乐的人才是最富有的人。——梭罗

啜饮蜜糖的苍蝇在甜蜜中丧生。

——盖伊

按照我所能归纳的最好理论，人类是由两个截然不同的种族构成的，即借方与出借方。——兰姆

财富对有些人只做了一件事：使他们担心会失去财富。——里瓦罗尔

财富的增长和闲暇的增多是人类文明的两大要素。——迪斯累利

聪明人会用雄心本身来治愈雄心。他的目标如此高尚，财富、地位、幸运和恩惠都无法使他满足。

——拉布吕耶尔

伟大的思想能变成巨大的财富。

——塞内加

商人的兴趣就在那些能找到财富的地方。——埃伯克

黄金和财富是战争的主要根源。

——塔西佗

美德与财富很难集于一人之身。

——罗·伯顿

富人和伟人的罪恶被错当作谬误，穷人和凡人的过失却被错当作犯罪。

——布莱辛顿

正如我的一位祖母说过的那样，这个世界上只有两家人：那就是富人和穷人。——塞万提斯

一经打击就灰心泄气的人，永远是个失败者。——毛姆

不怕百战失利，就怕灰心丧气。

——佚名

所有存在都是独创。——穆勒

不存在的事物可以想象，也可以虚构，但只有真实的东西才能够被发现。

——罗斯金

财富是勤奋的副产品。

——洛克菲勒

世界的设计创造应以人为中心，而不是以谋取金钱，人并非以金钱为对象而生活，人的对象往往是人。

——普希金

假如人只能自己单独生活，只去考虑自己，他的痛苦将是难以忍受的。

——帕斯卡

生活不是局限于人类追求自己的实际目标所进行的日常行动，而是显示了人类参加到一种宇宙韵律中来，这种韵律以形形色色的方式证明其自身的存在。

——泰戈尔

没有斗争就没有功绩，没有功绩就没有奖赏，而没有行动就没有生活。

——别林斯基

我们活在世上不是为自己而向生活索取什么，而是试图使别人生活得更幸福。

——奥斯勃

社会：社会是本书，事实就是教材

我们的事业就是学习再学习，努力积累更多的知识，因为有了知识，社会就会有长足的进步，人类的未来幸福就在于此。

——契诃夫

对于我，做一个战士是最大的幸福……一切个人问题都不如社会主义事业那样永久。　——奥斯特洛夫斯基

任何职业都不简单，如果只是一般地完成任务当然不太困难，但要真正事业有所成就，给社会做出贡献，就不是那么容易的，所以，搞各行各业都需要树雄心大志，有了志气，才会随时提高标准来要求自己。

——谢觉哉

凡是对人类生活提高最有贡献的人，应当是最受爱戴的人，这在原则上是对的。但是如果要求别人承认自己比同伴或者同学更高更强，或者更有才智，那就容易在心理上产生唯我独尊的态度，这无论对个人对社会都是有害的。

——爱因斯坦

在艰苦中成长成功之人，往往由于心理的阴影，会导致变态的偏差。这种偏差，便是对社会、对人们始终有一种仇视的敌意，不相信任何一个人，更不同情任何一个人。爱钱如命的悭吝，还是心理变态上的次要现象。相反的，有气度、有见识的人，他虽然从艰苦困难中成长，反而更具有同情心和慷慨好义的胸襟怀抱。因为他懂得人生，知道世情的甘苦。

——南怀瑾

集体生活是儿童之自我向社会化道路发展的重要推动力；为儿童心理正常发展的必需。一个不能获得这种正常发展的儿童，可能终其一身只是一个悲剧。

——陶行知

父亲子女兄弟姊妹等称谓，并不是简单的荣誉称号，而是一种负有完全确定的异常郑重的相互义务的称呼，这些义务的总和便构成这些民族的社会制度的实质部分。

——恩格斯

良好的品格是人性的最高表现。好的品性不仅是社会的良心，而且是

国家的原动力；因为世界主要是被德行统治。——史迈尔

我想人的一生也不必求什么富贵，什么势力，只要能为国家尽义务，为社会造幸福，就算是好国民。——陈逸群

因为有黑暗，所以有光明。而且，从黑暗里走出来的人，真正懂得光明的可贵。社会上不只充满了幸福，因为有不幸，所以才会有幸福。
——小林多喜二

每一个有良好愿望的人的责任，就是要尽其所能，在他自己的小天地里做坚定的努力，使纯粹人性的教义，成为一种有生命的力量。如果他们在这方面，做了一番忠诚的努力，而没有被他同时代的人践踏在脚下，那么，他可以认为他自己和他个人处的社会都是幸福的了。——爱因斯坦

我在自己的一生里也曾经历过被遗弃和背叛的痛苦。可是有一种东西却救了我：我的生活永远是有目的、有意义的，这就是为社会主义而奋斗。
——奥斯特洛夫斯基

检验一个人的理想之果如何，不是看他从社会上得到什么，而是看他给了人类什么。——王伯勋

有理想充满社会利益的，具有明确目的的生活是世界上最美好和最有意义的生活。——加里宁

一个人要开化一个最闭塞的地方，有了钱还不行，他还得有知识；而且知识，正直，爱国心，如果没有坚定的意志，把个人的利益丢掉，献身于一种社会的理想，那也是白费。——巴尔扎克

不参加变革社会的斗争，理想永远是一种幻影。——吴运铎

理想的社会状态不是财富均分，而是每个人按其贡献的大小，从社会的总财富中提取它应得的报酬。
——亨·乔治

社会犹如一条船，每人都要有掌舵的准备。——易卜生

生产劳动和教育的早期结合是改造现代社会的最强有力的手段之一。
——马克思

人的本质并不是单个人所固有的抽象物，实际上，它是一切社会关系的总和。——马克思、恩格斯

我们最好把自己的生命看作前人生命的延续，是现在共同生命的一部分，同时也后人生命的开端。如此延续下去，科学就会一天比一天灿烂，社会就会一天比一天更美好。——华罗庚

没有和平的家庭，就没有和平的社会。——池田大作

年老受尊敬是出现在人类社会里的第一种特权。——拉法格

高雅的品位，崇高的道德标准，向社会大众负责及不施压力威胁的态度——这些事让你终有所获。
——李奥贝纳

认为大众可以被愚弄牵着鼻子走的人，就是低估社会大众；当然，他在广

告圈也不会有什么大成就。

——李奥贝纳

我们制作销售产品的广告，但也请记住，广告负有广泛的社会责任。

——李奥贝纳

品行是一种很复杂的成果，不仅是意识的成果，而且也是知识、力量、习惯、技能、适应、健康以及最重要的社会经验的成果。 ——马卡连柯

一个人最伤心的事情无过于良心的死灭，一个社会最伤心的现象无过于正义的沦亡。 ——郭沫若

良心是守护个人为自我保存所启发的社会秩序的保护神。 ——毛姆

良好的品格是人性的最高表现。好的品性不仅是社会的良心，而且是国家的原动力；因为世界主要是被德行统治。 ——史迈尔

道德能帮助人类社会升到更高的水平，使人类社会摆脱劳动剥削制。

——列宁

社会就是书，事实就是教材。

——卢梭

文盲现象是最不可容忍的社会病症之一，是最可耻的，或者说得正确些，最使人不快的一种社会现象。

——加里宁

一个社会，只有当他把真理公之于众时，才会强而有力。 ——左拉

生活的美化者，社会的巩固者。

——罗伯特·布拉亥

个人离开社会不可能得到幸福，正如植物离开土地而被扔到荒漠不可能生存一样。 ——列夫·托尔斯泰

只有美的交流，才能使社会团结，因为它关系到一切人都共同拥有的东西。 ——席勒

社会的进步就是人类对美的追求的结晶。 ——马克思

保持健康，这是对自己的义务，甚至也是对社会的义务。 ——富兰克林

社会的目的在于尽可能地给自己每个成员以必要的福利，保证每个成员能够满足自己真正的需要，而每个成员对社会应尽的义务则是为大众福利贡献自己的全部能力，以报答自己所获得的福利。 ——皮佑

友谊，那心灵的神秘的结合者，生活的美化者，社会的巩固者！

——罗伯特·布拉亥

舆论虽有令人生畏的力量，但它是由一群无知的自鸣得意的傻瓜营造出来的。我认识几百个记者，其中大多数的个人见解并不值钱，但当他们在报纸上说话时，那就成了报纸的意见，于是，他们的话也就成了震撼社会的雷鸣般的预言。 ——马克·吐温

社会上的深仇宿恨，不管是为了政治还是私事，不管在女人之间还是在男人之间，原因都不外乎被人拿住了赃证。物质的损失，面子的伤害都还能补救，甚至挨了巴掌也没什么大不了，唯独犯案的时候被人撞破是无法挽回的！罪犯和见证的决斗一定得拼个你死我活

才罢休。　　　　　　　　——巴尔扎克

社会只拿小丑取乐，没有其他的要求，一转眼就把他们忘了；不比看到一个器局伟大的人，一定要他超凡入圣才肯向他下跪。各有各的规律：历久不磨的钻石不能有一点儿瑕疵，一时流行的出品不妨单薄，古怪，华而不实。

　　　　　　　　　　　　——巴尔扎克

哲学家是忠于智慧和健全理智的，因而是坏蛋贼骗子。社会应该使仇恨教会的人受火刑。这些恶棍竟提醒人们当心：在尘世，不要两眼朝天被掏走钱袋。　　　　　　　——霍尔巴赫

女人一般都喜欢注意眼前的生活。在没有结婚之前，她一心想赢得你。结婚之后，你只是她生活中的许多因素之一。在某种意义上说，你的重要性只占第二位，因为她已经占有了你，而其他的一切却在变动——孩子们、家庭生活、新衣服、社会关系。

　　　　　　　　　　——赫尔曼沃克

结婚——这是一种社会团体，由一个老板一个老板娘和两个奴隶组成，四者合而为二。　　　　——安比尔斯

决定经济向前发展的并不是财富强，他们只决定媒体、报纸、电视的头条，真正在GDP中占百分比最大的还是那些名不见经传的创新的中小企业；真正推动社会进步的也不是少数几个明星式的CEO，而是更多默默工作着的人，这些人也同样是名不见经传，甚至文化程度教育背景都不高，这些人中，有经理人、企业家，还有创业者。

　　　　　　　　　　——彼得·德鲁克

对我来说，在享受人生的乐趣方面，有钱和没钱的差别是微乎其微的。在我这一种人看来，金钱就是安全和避免小苛政的工具：假使社会能给予我这两件东西，我将要将我的钱抛到窗外去，因为保管金钱是很麻烦的事情，而且又吸引寄生虫，并且招来人们的忌恨。　　　　　　　——萧伯纳

年少风流自然有人趋奉，上流社会从自私出发，也愿意照顾他们喜欢的人，好比看到乞丐，因为能引起他们同情，给他们一些刺激，而乐于施舍；可是许多大孩子受惯了奉承照顾，高兴非凡，只知道享受而不去利用。他们误解应酬交际的意义和动机，以为永远能看到虚假的笑容；想不到日后头发秃了，光彩褪尽，一无所有，既没有价值也没有产业的时候，被上流社会当作年老色衰的交际花和破烂的衣服一般，挡在客厅外面，扔在墙角下。　——巴尔扎克

活着就要做个对社会有益的人。

　　　　　　　　　　　　——张海迪

去生活，不管怎样，不管什么地方！睁开眼睛，瞧文明席卷而去的一切：好的坏的意想不到的不可想象的！兴许此后你才能对人对社会对自己说出点见解！　　　　　　——杜·伽尔

我的生命属于整个社会。在我有生之年，尽我力所能及为整个社会工作，这就是我的特殊的荣幸。　——萧伯纳

人生价值的大小是以人们对社会贡献的大小而制定。　　——向警予

任何一种不为集体利益打算的行为，都是自杀的行为，它对社会有害。
　　——马卡连柯

良好的态度对于事业与社会的关系，正如机油对于机器一样重要。
　　——富兰克林

社会上崇敬名人，于是以为名人的话就是名言，却忘记了他所以得名是那一种学问和事业。　　——鲁迅

劳动受人推崇。为社会服务是很受人赞赏的道德理想。　　——杜威

不要在别人的痛苦泪水中去驾驶自己的快乐之舟吧。当你在行使"恋爱自由"权利的时候，请不要忘记遵守起码的社会公德。　　——陈玉蜀

青年人对于社会的要求也高，失望也快，却很少注意到，一个成功的中年人或老年人的背后，往往有着许多辛酸血泪的故事。这尚不够，那份持续的认真与努力，也是一个成功者必然的付出。这以上说得又不完全，智慧才是一个人成功最大的条件之一，缺了它，什么也不成。　　——三毛

生活娱乐篇

生活：别在愚昧平庸的事上消磨生命

生活原则：人只能活一次，千万先娱己，后娱人。　　——亦舒

什么也不必追求的生活根本不是生活。　　——亦舒

生活是种律动，须有光有影，有左有右，有晴有雨，滋味就含在这变而不猛的曲折里。　　——老舍

人，有了物质才能生存；人，有了理想才谈得上生活。脚步不能达到的地方，眼光可以到达；眼光不能到达的地方，精神可以飞到。　　——雨果

奥运会最重要的不是胜利，而是参与；正如在生活中最重要的事情不是成功，而是奋斗；但最本质的事情并不是征服，而是奋力拼搏。　　——顾拜旦

有所作为是生活的最高境界。
　　——恩格斯

生活，就是理解。生活，就是面对现实微笑，就是越过障碍注视将来。生活，就是自己身上有一架天平，在那上面衡量善与恶。生活，就是有正义感、有真理、有理智，就是

始终不渝、诚实不欺、表里如一、心智纯正，并且对权利与义务同等重视。生活，就是知道自己的价值，自己所能做到的与自己所应该做到的。生活，就是理智。　　——雨果

只有那些从来不动脑筋想一想的人，才能心满意足地把日子过下去！
　　——莱蒙特

战士的日常生活，是并不全部可歌可泣的，然而又无不和可歌可泣相关联，这才是实际上的战士。　　——鲁迅

生活真像这杯浓酒，不经三番五次的提炼呵，就不会这样可口！
　　——郭小川

为了生活中努力发挥自己的作用，热爱人生吧。　　——罗丹

一切利己的生活，都是非理性的、动物的生活。　　——列夫·托尔斯泰

生活是欺骗不了的，一个人要生活得光明磊落。　　——冯雪峰

清贫，洁白，朴素的生活，正是我们革命者能够战胜许多困难的地方。
　　——方志敏

爱真理，忠实地生活，这是至上的生活态度。没有一点虚伪，没有一点宽恕，对自己忠实，对别人也忠实，你就

可以做你自己的行为的裁判官。

——巴金

生活于愿望之中而没有希望，是人生最大的悲哀。 ——但丁

一切事物都有使命，就连机器也是一样。钟要报时，火车要带你去往目的地。它们都在做着本职的工作。也许这就是为什么机器坏掉我会这么难过，这样它们就不能尽到自己的职责了。人也是一样，如果你的生活毫无目标，就好像你坏掉了一样。 ——雨果

感到自己是人们所需要的和亲近的人——这是生活最大的享受，最高的喜悦。这是真理，不要忘记这个真理，它会给你们无限的幸福。 ——高尔基

人生的主要问题，就是不要做妨碍自由的事情。一切人生问题，都是认识什么是真正的生活并抗拒那妨碍人生的事物。 ——佚名

生活的智慧大概就在于遇事问个为什么。 ——巴尔扎克

生活的情况越艰难，我越感到自己更坚强，甚而也更聪明。 ——高尔基

生活就像海洋，只有意志坚强的人，才能到达彼岸。 ——马克思

生活的全部意义在于无穷地探索尚未知道的东西，在于不断地增加更多的知识。 ——左拉

生活得最有意义的人，并不就是年岁活得最大的人，而是对生活最有感受的人。 ——卢梭

幸运并非没有许多的恐惧与烦恼；

厄运也并非没有许多的安慰与希望。

——培根

一个人要先经过困难，然后踏入顺境，才觉得受用、舒服。 ——爱迪生

生活最沉重的负担不是工作，而是无聊。 ——罗曼·罗兰

在世界上我们只活一次，所以应该爱惜光阴。必须过真实的生活，过有价值的生活。 ——巴甫洛夫

要解放孩子的头脑、双手、脚、空间、时间，使他们充分得到自由的生活，从自由的生活中得到真正的教育。

——陶行知

人是动物，本来是好动的；劳动不只是为着生活，也是为着健康。

——谢觉哉

我们若要生活，就该为自己建造一种充满感受、思索和行动的时钟，用它来代替这个枯燥、单调、以愁闷来扼杀心灵，带有责备意味和冷冷地嘀嗒着的时间。 ——高尔基

劳动永远是人类生活的基础，是创造人类生活和文化幸福的基础。

——马卡连柯

只有走在生活的前面，用自己的劳动创造了新的生活的人，才谈得上真正的美。 ——蒋孔阳

爱劳动是共产主义道德主要成分之一。但只有在工人阶级获得胜利以后，人类生活不可缺少的条件——劳动，才不会是沉重而可耻的负担，而成为荣誉和英勇的事业。 ——加里宁

劳动好，生活才会幸福；水草好，牛羊才会肥壮。 ——塔吉克族谚语

在人生的黄昏时，一代不幸的人在摸索徘徊：一些人在斗争中死去；一些人堕入深渊；种种机缘，希望和仇恨冲击着那些被偏见束缚着的人；在那黑暗泥泞的道路上同样也走着那些给人点亮灯光的人，每一个头上举着火种的人尽管没有人承认他的价值，但他总是默默地生活着劳动着，然后像影子一样消失。 ——普鲁斯

没有劳动的生活是盗窃，没有艺术的生活是野蛮。 ——佚名

当劳动是种快乐时，生活是美的；当劳动是一种责任时，生活就是奴役。 ——高尔基

幸福存在于生活之中，而生活存在于劳动之中。 ——列夫·托尔斯泰

在人的生活中最主要的是劳动训练。没有劳动就不可能有正常人的生活。 ——卢梭

人的幸福存在于生活之中，生活存在于劳动之中。 ——列夫·托尔斯泰

人生最有趣的事情，就是送旧迎新，因为人类最高的欲求，是在时时创造新生活。 ——李大钊

只有像我这样发疯地爱生活、爱斗争、爱那新的更美好的世界的建设的人，只有我们这些看透了认识了生活的全部意义的人，才不会随便死去，哪怕只有一点机会就不能放弃生活。 ——奥斯特洛夫斯基

生活里是没有旁观者的。 ——伏契克

这个世界既不是有钱人的世界，也不是有权人的世界，它是有心人的世界。 ——于丹

日子过得舒适是太重要的一件事，过分清苦的生活会使灵魂折堕。 ——亦舒

生活是天籁，需要凝神静听。 ——王小波

生活的主要悲剧，就是停止斗争。 ——奥斯特洛夫斯基

一个人应当好好地安排生活，要使每一刻的时光都有意义。 ——屠格涅夫

但愿每次回忆，对生活都不感到内疚。 ——郭小川

别虚掷你的一寸光阴吧，别去听无聊的话，别试图补救无望的过失，别在愚昧、平庸和猥琐的事上消磨你的生命，这些东西都是我们这个时代病态的目标和虚假的理想。生活吧！过属于你的奇妙的生活！点滴都别浪费。 ——奥斯卡·王尔德

生活总是用自己的不成文法支配着人类。 ——肖洛霍夫

生活与斗牛差不多。不是你战胜牛，就是牛挑死你。 ——海明威

很不幸的是，任何一种负面的生活都能产生很多乱七八糟的细节，使它变得蛮有趣的；人就在这种有趣中沉沦下去，从根本上忘记了这种生活需要改进。 ——王小波

生活是很可怕很丑陋的。当两个人果然在一起后，爱情就会由蜜糖化为口香糖，越嚼越淡，淡到后来竟是涩涩苦苦的，不由得你不吐掉。 ——朵拉

生活的戏剧化是不健康的。像我们这样生长在都市文化中的人，总是先看见海的图画，再看见海；先读到爱情小说，后知道爱。 ——张爱玲

生活中最大的满足就是意识到应尽的义务。 ——盖兹利特

幸福在于为别人生活。 ——列夫·托尔斯泰

生活是一种绵延不绝的渴望，渴望不断上升，变得更伟大而高贵。 ——杜·伽尔

往往活了一辈子，才知道应该怎样生活，这就是人生的困难所在。 ——佚名

为自己寻求庸俗乏味的生活的人，才是真正可怜而渺小的。 ——约尔旦

人生活在希望之中。 ——莫泊桑

人生不可无梦，世界上做大事业的人，都是先由梦想来；无梦就无望，无望则无成，生活也就没兴趣。 ——佚名

平庸的生活使人感到一生不幸，波澜万丈的人生才能使人感到生存的意义。 ——池田大作

生活中并非全是玫瑰花，还有刺人的荆棘。 ——冈察洛夫

我们不得不饮食睡眠浏览恋爱，也就是说，我们不得不接触生活中最甜蜜的事情，不过我们必须不屈服于这些事物。 ——居里

为了在生活中努力发挥自己的作用，热爱人生吧！ ——罗丹

心灵纯洁的人生活充满快乐和喜悦。 ——俄罗斯谚语

从远处看，人生的理想还很有诗意呢，一个人最怕庸庸碌碌的生活。 ——罗曼·罗兰

每个人生下来都要从事某项事业，每一个活在地上的人都有自己生活中的义务。 ——海明威

好的习惯越多，则生活越容易，抵抗引诱的力量也越强。 ——詹姆斯

生活中，谅解可以产生奇迹，谅解可以挽回感情上的损失，谅解犹如一个火把，能照亮由焦躁、怨恨和复仇心理铺就的道路。 ——穆尼尔·纳素夫

人们不能没有面包而生活；人们也不能没有祖国而生活。 ——雨果

要重返生活就须有所奉献。 ——高尔基

你们在开始一天生活的时候应该提醒自己去爱他人，应该努力去发现世间美好的事物，那么，从外界的反映中，你将发现一个可爱的自我。假如在你即将离开人世的时候，身边没有一个人紧紧握住你的手，这说明你在一生中未曾伸出友爱之手去帮助他人。 ——巴斯凯利亚

在生活的路上，将血一滴一滴地滴过去，以饲别人，虽自觉渐渐瘦弱，也以为快活。 ——鲁迅

我这一生基本上只是辛苦工作，我可以说，我活了七十五岁，没有哪一个月过的是真正舒服生活，就好像一块石头上山，石头不停地滚下来又推上去。

——歌德

怠惰是贫穷的制造厂，人不能奢望同时是伟大的而又是舒适的。重要的是要勤勉，因为只有勤勉，才不仅会给人提供生活的手段，而且能给人提供生活上的唯一价值。

——席勒

一个人不能没有生活，而生活的内容，也不能使它没有意义。做一件事，说一句话，无论事情的大小，说话的多少，你都得自己先有了计划，先问问自己做这件事、说这句话，有没有意义？你能这样做，就是奋斗基础的开始奠定。

——卡耐基

如果我们以为只有野心和爱情这类强烈的激情才能抑制其他情感，那就错了。懒惰尽管柔弱似水，却常常把我们征服：它渗透进生活中一切目标和行为，蚕食和毁灭着激情和美德。

——拉罗什富科

人只有在独身的时候，才能安静自由地过活。家庭生活好像故意使同一屋顶底下的人互相厌弃，结果大家只好分手。如果不住在一起，马上就变得无聊了。

——赫尔岑

生活不应该过于拘泥，过于刻板，只要有可能就要任其自由发挥。

——佚名

只有这样的人才配生活和自由，假如他每天为之奋斗。

——歌德

我们的青年是一种正在不断成长、不断上升的力量，他们的使命，是根据历史的逻辑来创造新的生活方式和生活条件。

——高尔基

斗争的生活使你干练，苦闷的煎熬使你醇化；这是时代要造成青年为能担负历史使命的两件法宝。

——茅盾

我凭人格发誓，我不懂这些女人！我就是不懂！她们怎么能成天价什么事也不干，光是混日子，生活的伴侣，却坐在那儿像个洋娃娃似的什么事也不干，专等机会跟丈夫吵架消愁解闷。

——契诃夫

即使是最好的儿童，如果生活在组织不好的集体里，也会很快变成一群小野兽。

——马卡连柯

不应把纪律仅仅看成教育的手段。纪律是教育过程的结果，首先是学生集体表现在一切生活领域——生产、日常生活、学校、文化等领域中努力的结果。

——马卡连柯

书是纯洁、美好的特殊世界，生活在其中，其乐无穷。

——华兹华斯

我读的书越多，就越亲近世界，越明了生活的意义，越觉得生活的重要。

——高尔基

肉太贵，黄油太贵，一双鞋太贵。她克丽丝蒂娜呢，差不多连大气也不敢出，害怕空气是否也会太贵了。那些最起码的生活必需品似乎也被吓跑了，躲

进囤积者的私窝，藏到哄抬物价者的巢穴里去了。 ——茨威格

在农村里有自己的夜生活规律，没有任何黑夜的秘密不在白天暴露的。
——沙米亚金

令人疲倦，令人衰老，乃是虚荣未遂的悲伤，乃是巴黎生活的不断的刺激，乃是和野心的敌手钩心斗角的挣扎。宁谧却是镇静的油膏。
——巴尔扎克

别墅生活是魔鬼和女人想出来的花样。魔鬼干这种事是出于恶毒，女人呢，出于极端的轻浮。求上帝怜恤吧，这不是生活而是苦役、地狱！眼下又闷又热，呼吸都困难，可是你从这个地方奔波到那个地方，像个游魂似的，怎么也找不着一个安身之处。 ——契诃夫

金钱真正是人间一切下流行为的渊薮。有了钱，那些最黑暗的勾当的沉渣往往都会在国家生活的表面浮起，并支配整个国家的命运。 ——米左琴科

目前，在我们的社会生活里，盛行着两种对待女人的态度。有些人测量女人的颅骨，打算证明女人比男人低下。他们寻找女人的缺点，以便嘲笑她们，在她们眼里显出男人高明，为男人的兽性辩护。另一些人却竭尽全力把女人提高到自己的水平上来，也就是逼她们背诵三万五千种昆虫，照男人所说和所写的那样说些和写些蠢话。 ——契诃夫

生活的本意是爱，谁不会爱，谁就不能理解生活。 ——佚名

生命是单程路，不论你怎样转弯抹角，都不会走回头，你一旦明白和接受这一点。人生就简单得多了。——穆尔

现在，我怕的并不是那艰苦严峻的生活，而是不能再学习和认识我迫切想了解的世界。对我来说，不学习，毋宁死。
——罗蒙诺索夫

我认为人生最美好的主旨和人类生活最幸福的结果，无过于学习了。
——巴尔扎克

要时常听时常想时常学习，才是人生真正的生活方式。什么事也不抱希望，什么事也不学的人，没有生存的资格。
——佚名

让我们学习如何接受自己——接受以下的事实：我们在某方面很行，在别人方面则有极限；天才稀有，而平凡几乎是所有人的命运，但是善用自己技能的仓库，便能丰富我们平凡的生活。让我们接受自己感情上的脆弱，了解人人心中都有某种恐惧潜在，而正常人则是愿意快乐而勇敢地接受生命的极限与机会的人。
——佚名

如果把生活比喻为创作的意境，那么阅读就像阳光。 ——池莉

不能把小孩子的精神世界变成单纯学习知识。如果我们力求使儿童的全部精神力量都专注到功课上去，他的生活就会变得不堪忍受。他不仅应该是一个学生，而且首先应该是一个有多方面兴趣、要求和愿望的人。
——苏霍姆林斯基

如果容许我再过一次人生，我愿意重复我的生活。因为，我从来就不后悔过去，不惧怕将来。
——蒙田

生活的目标是人类美德和人类幸福的心脏。
——乌辛斯基

启发我并永远使我充满生活乐趣的理想是真、善、美。
——爱因斯坦

人的青春时期一过，就会出现像秋天一样的优美成熟时期，这时，生命的果实像熟稻子似的在美丽的平静的气氛中等待收获。
——泰戈尔

把每一个黎明看作生命的开始，把每一个黄昏看作你生命的小结。
——罗斯金

上人生的旅路吧。前途很远，也很暗。然而不要怕。不怕的人的面前才有路。
——有岛武郎

能将自己的生命寄托在他人的记忆中，生命仿佛就加长了一些。
——孟德斯鸠

生活的真谛老躲着我，想来也将永远躲着我，不过，我还是照样爱它。
——埃尔温·怀特

生命是愉快的，恐怖的，美好的，可怕的，甘甜的，苦涩的，而那便是一切。
——佚名

让我们的生活就像我们的面孔一样吧，不要有一丝皱纹，甚至于也不要有欢笑的皱纹，只有这样我们才能够真的成为文明的人。
——高尔斯华绥

微笑着，去唱生活的歌谣。不要抱怨生活给予了太多的磨难，不必抱怨生命中有太多的曲折。大海如果失去了巨浪的翻滚，就会失去雄浑；沙漠如果失去了飞沙的狂舞，就会失去壮观；人生如果仅去求得两点一线的一帆风顺，生命也就失去了存在的魅力。
——史铁生

生活品质的高低，常与勇气的多寡成正比。
——亦舒

若要生活好，勤劳、节俭、储蓄三件宝。
——佚名

如果你们，年轻的人们，真正希望过"很宽阔、很美好的生活"，就创造它吧，和那些正在英勇地建立空前未有的、宏伟的事业的人携手去工作吧。
——高尔基

凡是伟大的人物从来不承认生活是不可改造的。他会对于当时的环境不满意；不过他的不满意不但不会使他抱怨和不快乐，反而使他充满一股热忱想闯出一番事业来，而其所作所为便得出了结果。
——麦尔顿

一个人因为看到另外一种生活方式更有重大的意义，只经过半小时的考虑就甘愿抛弃一生一事业前途，这才需要很强的个性呢，贸然走出这一步，以后永不后悔，那需要的个性就更多了。
——毛姆

对于青年期中的年轻人应以豁达的热情去激励，而且应使他们以此种热情去建设自己的生活和事业。
——罗素

可是最糟糕的还是你们男人家不愿意让女子受到能有所作为的教育，不愿意让她们凭自己的努力赚到堂堂正正的生活。她们所受的教育只是为了装装门面，好像她们一辈子只应该受人爱怜，靠男人吃饭，永远不会遭到不幸似的。

——马克·吐温

智慧与教育之间的区别是，智慧会让你过上舒适的生活。 ——佚名

当劳动是种快乐时，生活是美的；当劳动是一种责任时，生活就是奴役。

——高尔基

我们要活的书，不要死的书；要真的书，不要假的书；要动的书，不要静的书；要用的书，不要读的书。总起来说，我们要以生活为中心的教学做指导，不要以文字为中心的教科书。

——陶行知

对生活抱持全面性的好奇，仍是伟大创意人员成功的秘诀。——李奥贝纳

经验：你受的一切苦所给的报酬

经验包含着珍贵的学问。

——富兰克林

我们认识人，只不过像看一个由虚线点画而成的轮廓，也就是说，在我们认识当中，还有空缺之处，须由我们自己尽可能地予以填补。 ——泰戈尔

我有个引导我脚步的唯一油灯，那油灯叫作——经验。 ——帕特立克

一克的经验抵得上一吨的理论。

——塞西尔

一个人的经验是要在刻苦中得到的，也只有在岁月的磨炼中才能够使它成熟。 ——莎士比亚

经验是思想的结果；思想是行动的结果。 ——迪斯累利

经验丰富的人，往往只知其然而不知其所以然。 ——海德格尔

迂腐以墨守成规的错误自傲，而常识则满足于没有法式的正确。

——科尔顿

没有经验，就可能没有多少智慧。

——犹太人谚语

在实际工作中积累的经验是创造的熔炉中最珍贵的矿石。把这珍贵的矿石投入到你创造性的勇敢精神的火焰中去冶炼，剔去夹杂在里边的不需要的渣滓，这样，你就将获得新的最珍贵的金属。 ——巴尔金

经验是个宝贵的学校，而傻瓜却从中一无所得。 ——富兰克林

要善于总结属于自己的经验。一只麻雀已落在罗网里面，另一只不会飞来吃米；你应该记取前人的痛苦经验，勿作后人取得教训的前例。 ——萨迪

只有经过摔跤，才能学会走路。

——马克思

观所以失之由，知所以平之求。

——王朴

经验认识前者覆，后车戒。

——贾谊

避免的并不是后面的破损的东西，

要注意的是前面的弯路。 ——伊文思

对大多数人来说，经验犹如航船上的尾灯，只照亮已经驶过的航程。
——柯尔律治

借用经验比付出代价得到经验好得多。 ——科尔顿

一根经验的荆棘抵得上忠告的茫茫荒原。 ——洛厄尔·坎贝尔

我只有一盏灯，正是它照亮了我脚下的道路，它就是经验之灯。
——帕特里克·亨利

不经一事，不长一智。 ——曹雪芹

我们这一辈人本来谁也不曾走过平坦的路，不过，摸索而碰壁，跌倒了又爬起，迂回而前进，这却是各人有各人不同的经验。 ——茅盾

没有学识的经验比没有经验的学识好。 ——H.G.博恩页

经验是一颗宝石，那是理所当然的，因为它常付出极大的代价得来。
——莎士比亚

经验是最糟的老师，总在教课之前先举行测验。 ——维尔塔宁

经验是一面镜子；借鉴它，你能清楚地看到往事。 ——易卜生

人最大的不幸之一，就是他的优良品质有时甚至也会于他无益，正确运用这些优点的艺术常常是经验的最后果实。 ——尚福尔

一碗酸辣汤，耳闻口讲的，总不如亲口呷一口明白的。 ——鲁迅

知旱潦者莫如农，知水草者莫如马，知寒暑者莫如虫。 ——刘基

一个人应能利用别人的经验，以弥补个人直接经验的狭隘性，这是教育的一个必要的组成部分。 ——杜威

当人们年轻时，他们缺乏经验；当他们获得经验时，又缺乏精力。
——迪斯雷里

瞬间的洞察力，其价值有时相当于整个一生的经验。
——奥立弗·霍尔姆斯

经验是最佳的老师，只是授业费太昂贵了。 ——卡莱尔

经一番挫折，长一番识见。
——申涵光

经验只教导可教的人。
——赫克斯利

三折肱知为良医。 ——左丘明

从失败的经验中学习。 ——列宁

经验使你在第二次犯相同错误时及时发现。 ——琼斯

经验犹如一盏明灯的光芒，它使早已存在于头脑中的朦胧的东西豁然开朗。 ——德拉·梅尔

前事之不忘，后事之师。
——《战国策》

除非经历过，任何东西都不会变成现实——甚至格言对你也算不上格言，除非你的生活已经验证了它。——济慈

常识是最好的发言人。
——欧里比得斯

经验是智慧的源泉。 ——西塞多

当我想了解今日的情况和揣测明日

会发生什么情形时，我便回顾历史。

——霍姆斯

历史的经验能帮助人们认识现在和展望明天。老马之知可用也。——韩非

经验增加了我们的智慧，但无法减少我们的愚蠢。——乔希·比赫斯

在这个世界上，没有什么东西可以取代实际的经验。——塔弗思

一个人绝对不可能摇醒他的婴孩看他的笑容。——威廉斯

古圣梵典教导我们："认识你自己"——因为认识就是解放。

——泰戈尔

吃一次苦头抵得上听无数次警告。

——詹·拉·洛威尔

经验的所得的结果无论好坏，都要很大的牺牲，虽是小事情，也免不掉要付出惊人的代价。——鲁迅

正确的认识道路是这样的：吸取你的前辈所做的一切，然后再往前走。

——列夫·托尔斯泰

一个人对于人生越有经验，对工作就越专心。成功者和失败者之间，在能力或技术方面，并不一定有很显著的差异，如果能力相等的话，当然专心的人必定获胜。只要做事专心一意，他必定胜过能力虽强，但用心不专的人。

——姚乐丝·卡内基

这是的确的，实地经验总比看、听、空想确凿。——鲁迅

人的回忆颇似天国的炼狱，往事在回忆之中成为已经去掉愚昧无知的清明

思想而复苏过来。——赫尔岑

善于人生贵有阅历，阅历是要人能惩前毖后改过问善。能做到这样，到老了便能平安幸福。——裴斯泰洛齐

每一种挫折或不利的突变，是带着同样或较大的有利的种子。——爱默生

我的事业诞生于简单而纯正的经验之中。这种经验是真正的老师。

——达·芬奇

经验是蠢人的老师。——李维

只有书本知识，没有实际斗争经验，谓之半知；既有书本知识，又有实际斗争经验，知行合一，谓之全知。

——徐特立

尽管经验是所收费极高的学校，但笨蛋仍不想到别的学校去学习。

——富兰克林

在任何复杂的经验中，早期的经验一般会留存下来，相继进入后期的经验，这样把早期的和后期的经验连成一体，从而使相继发生的事件构成一个连续的经验。——克伯屈

经验是一个由早期一切关于实在的知识，都是从经验开始，又终结于经验。——爱因斯坦

经验能使你重犯错误时认识错误。

——琼斯

许多你自认"知道"的事情不过是你赞同或相信的罢了，很少是亲自经历或发现的。——艾尔·巴比

善琴弈者不视谱，善相马者不按图。——魏源

平时的学习和经验，是我们在危急关头最有力的支柱。　——林肯

经验最能教育人。　——马卡柯

认为唯有读书才是做学问，比以纸上空论穷理更容易出错。——平贺源内

经历一多，便能从前因而知后果，我的预测时时有验，只不过由此一端。
　　　　——鲁迅

经验是痛苦的结晶。——赫尔普斯

人类对于社会认识的发展是自我意识的一种增长，是一种解放运动。认识和行动在这儿是不可分割的，人类对其境况的认识同时也决定了他们应该怎样行动。　　　——托马斯·博物莫尔

求知可以改进人性，而经验又可以改进知识本身。　　　　——培根

年纪、工作习惯及经验，改变了许多品格。　　　　——菲拉翁

从别人的愚蠢中得益是最聪明的。
　　　　——大普林尼

经验是用无限代价买来的一颗宝石。　　　　——莎士比亚

他人的经验，传达到我们的经验中，那就属于程度最低的一种。
　　　　——雪莱

经验是从痛苦中提出的精华。
　　　　——赫尔普士

积累的经验多了就会慎虑，就像积累的学识多了就会博学一样。
　　　　——霍布斯

没有经验，任何新的东西都不能深知。　　　　——培根

长期经验给予我们普遍观察的财富，赋予我们以人性的线索，教诲我们解开人性中一切错综复杂的东西。
　　　　——休谟

经验认识"经验"是每个人给自己所犯的错误取的名字。　——王尔德

站在山的旁边，就看不到山。
　　　　——爱默生

青年的敏感和独创精神，一经与成熟科学家丰富的知识和经验相结合，就能相得益彰。　　——贝弗里奇

学无止境，而经验有涯，这正是经验的危险之处。　——谷川彻三

人变得聪明，并不是凭借经验，而是对待经验的能力。　——萧伯纳

强调未成熟的人的早期经验的价值是非常重要的。　　——杜威

一个人的早期前面吃铁，后面防滑。　　　　——金埴

百闻不如一见。　——班固

真正的经验，对所有的人都具有经久不衰的趣味。　——刘易斯

朦胧的事物我们终究会看清，但十分显而易见的事物却需要更长的时间才能认识。　　　　——默罗

不要认识不可挽回的过去全是荒废，都无收益；如果从它的废墟上崛起，我们最终能达到更美好的境地。
　　　　——朗费罗

"过去"能给我经验是知识之父，记忆是知识之母。　——托·富勒

经验越广，则其中主观的及个人的

余地便会越少，一般的意义便越庄严地显露在面前，艺术家的社会形象也就越鲜明地呈现出来。——《俄国文学史》

拥有丰富经验的我们的知识无不以经验为基础，一言以蔽之，知识全由经验而来。
——洛克

经验并非发生在人们身上的事情，而是人们利用所发生的事而做的事情。
——赫胥黎

经验是永不停歇的播种机。
——马尼里亚斯

受苦的报酬是经验。
——埃斯库罗斯

有理想的人，生活总是火热的。
——斯大林

有所作为是生活的最高境界。
——恩格斯

一个没有远大理想和崇高生活目的的人，就像一只没有翅膀的鸟，一台没有马达的机器，一盏没有钨丝的灯泡。
——张华

奋斗就是生活，人生唯有前进。
——巴金

每个人在他生活中都经历过不幸和痛苦。有些人在苦难中只想到自己，他就悲观、消极，发出绝望的哀号；有些人在苦难中还想到别人，想到集体，想到祖先和子孙，想到祖国和全人类，他就得到乐观和自信。 ——冼星海

有先于死亡的死，也有超出一个人生活界限的生。我们和虚无的真正分界

线，不是死亡，而是活动的停止。
——茨威格

爱情待在高山之巅，在理智的谷地之上。爱情是生活的升华人生的绝顶，它难得出现。
——杰克伦敦

平时我们走在森林里，可以从脚步的声音上猜到基本超级地面底下是窟窿还是大块的石头；同样用礼貌遮盖的自私和被灾难挖成的地下隧道，也会在朝夕相处的生活中发出空洞的声音。
——巴尔扎克

过放荡不羁的生活，容易得像顺水推舟，但是要结识良朋益友，却难如登天。
——巴尔扎克

生活变成了算术，不断加呀，乘呀，算来算去，算了又算，数学和数目没完没了，像一个大旋涡。这个大旋涡把人的最后一点家当也都席卷而去，吸入那永远填不满的无底深渊……
——茨威格

自满是上帝赐予平庸小人的礼物。
——佚名

我生活过，可是在那些昏天黑地的岁月里并没有感觉到我在生活。我记不起随便哪年春天的情景，也从没留意过我有妻子怎样爱我，我的孩子们怎样诞生……我驱使一切爱我的人遭到不幸。我的母亲已经为我悲伤了十五年，我那些高傲的弟兄不得不为我痛心，脸红，低头，花钱，到头来痛恨我就跟痛恨毒药一样。
——契诃夫

老人们最后的和高尚的过错就是妄

想把他们的深思熟虑、谨慎小心的美德遗赠给被生活逗得如醉如痴、被享乐引得像热锅上蚂蚁似的小辈们。

——巴尔扎克

人从生到死的生活每一步都应是一种隔着柜台的现钱买卖关系，如果我们不是这样登天堂的话，那么天堂也就不是为政治经济学所支配的地方，那儿也就没有我们的事了。 ——狄更新

确定了人生目标的人，比那些彷徨失措的人，起步时便已领先几十步。有目标的生活，远比彷徨的生活幸福。没有人生目标的人，人生本身就是乏味无聊的。 ——姚乐丝·卡内基

人生是要活的，必须活得兴致勃勃，充满好奇心，无论如何也决不要背对着生活。 ——安娜·罗斯福

不管生活多么严峻，我总是和自己在一起，我将在每天的生活中，汲取有益的东西，理解人生的意义。——佚名

没有人生活在过去，也没有人生活在未来，现在是生命确实占有的唯一形态。 ——叔本华

作为一个人，要是不经历过人世上的悲欢离合，不跟生活打过交手仗，就不可能真正懂得人生的意义。——杨朔

人生并不像火车要通过每个站似的经过每一个生活阶段。人生总是直向前行走，从不留下什么。 ——刘易斯

生命像一粒种子，藏在生活的深处，在黑土层和人类胶泥的混合物中，在那里，多少世代都留下他们的残骸。

一个伟大的人生，任务就在于把生命从泥土中分离开。这样的生育需要整整一辈子。

——罗曼·罗兰

有三件事人类都要经历：出生、生活和死亡。他们出生时无知无觉，死到临头，痛不欲生，活着的时候却又怠慢了人生。 ——拉布吕耶尔

甲之熊掌，乙之砒霜。 ——亦舒

旅行：知识最伟大的发源地

旅行绝对不是逃避问题的万灵丹，修炼心智与性情才是，获得存在感抑或安全感，靠的是内心的坚定和正直美好的梦想。当你能够微笑着坦然面对一切挑战的时候，每天都是一次美好的旅行。 ——郭子鹰

一个真正的旅行家必是一个流浪者，经历着流浪者的快乐、诱惑和探险意念。旅行必须流浪式，否则便不成其为旅行。旅行的要点在于无责任、无定时、无来往信札、无嚅嚅好问的邻人、无来客和无目的地。一个好的旅行家决不知道他往哪里去，更好的甚至不知道从何处而来。他甚至忘却了自己的姓名。 ——林语堂

旅游是知识之路。 ——麦金托什

步步寻往迹，有处特依依。

——陶渊明

知者乐水，仁者乐山。 ——孔丘

一个人在旅游时必须带上知识，如果他想带回知识的话。 ——约翰逊

没有知识的旅游者是一只没有翅膀的鸟。
　　　　　　　　——萨阿迪

旅行对我来说，是恢复青春活力的源泉。
　　　　　　　　——安徒生

旅行教给人们宽容之美德。
　　　　　　　　——爱利克

旅游使智者更智，愚者更昧。
　　　　　　　　——托·富勒

旅行是真正的知识最伟大的发源地。
　　　　　　　　——杜南

一个人抱着什么目的去游历，他在游历中，就只知道获取同他的目的有关的知识。
　　　　　　　　——卢梭

旅游的作用就是用现实来约束想象：不是去想事情会是怎样的，而是去看它们实际上是怎样的。　　——约翰逊

天朗气清，惠风和畅，仰观宇宙之大，俯察品类之盛，所以游目骋怀，足以极视听之娱。
　　　　　　　　——王羲之

在远天底下，有许多我迟早要去，也终必能去的地方——我摆脱不了在心灵中流浪，又要在天地间流浪的命运的诱惑。
　　　　　　　　——余纯顺

乘兴而行，兴尽而返。——刘义庆

行路多者见识多。　——托·富勒

旅游是获得愉悦感和浪漫性的最好媒介。
　　　　　　　　——麦金托什

临清风，对朗月，登山泛水，意酣歌。　——《南史·梁宗室萧恭传》

对青年人来说，旅行是教育的一部分；对老年人来说，旅行是阅历的一部分。
　　　　　　　　——培根

谁出门远游既有补于自己又有益于他人，谁就堪称哲人；然而谁只是受着好奇心的驱使而在外一个国家一个国家地游玩，那和流浪又有何二致？
　　　　　　——哥尔德·史密斯

财富我不乞求，也不希望得到爱情或知己朋友。头上的天堂和脚下的道路，就是我一切的追求。——斯蒂文森

作为旅人，他得有驴一样的背，以负全部行装；狗一样的舌头，以献殷勤；猪一样的耳朵，闻百而不说一。　　　　——托·纳什

旅行在我看来还是一种颇为有益的锻炼，心灵在旅行中不断地进行新的未知事物的活动。
　　　　　　　　——蒙田

旅行虽颇费钱财，却使你懂得社会。
　　　　　　　　——佚名

人出门旅行并不是为了到达某地，而是为了旅游。
　　　　　　　　——歌德

世界是一本书，而不旅行的人们只读了其中的一页。　——奥古斯狄尼斯

绝不离开自己祖国的人充满了偏见。
　　　　　　　　——哥尔多尼

人之所以爱旅行，不是为了抵达目的地，而是为了享受旅途中的种种乐趣。
　　　　　　　　——歌德

一个人到国外去以前，应该更进一步了解祖国。
　　　　　　　　——斯特思

好旅伴可以缩短旅途时间。
　　　　　　　　——沃尔顿

旅行有好多益处：新鲜满怀，见闻大开，观赏新都市的欢悦，与陌生朋友

的相遇，能学到各种高雅的举止。
　　——萨迪

　　别的国家看得越多，就越会热爱祖国。
　　——史达尔夫人

　　在海外旅行中度过自己的全部生涯的人，尽管会与很多人相识，却没有一个朋友。
　　——辛尼加

　　在令人厌倦的旅途上，一个性格明快的伙伴胜过一乘轿子。
　　——查尔斯·里德

　　旅行教人宽容。　　——迪斯累利

　　为了改良自己和别人而离开国家的人是个哲学家，但被好奇心这个盲目的冲动所驱使，从一个国家走到另一个国家的人只不过是个流浪者。
　　——歌尔密施

　　世界是本书，不从旅行获得充足，而是为了心灵获得休息。　　——西塞罗

　　旅伴好，旅途不觉长。　　——佚名

　　衣上征尘杂酒痕，远游无处不销魂。
　　——陆游

　　莫河早行奇绝处，四面八方野香味。
　　——杨万里

　　水是眼波横，山是眉峰聚。欲问行人去那边？眉眼盈盈处。
　　——王观

　　长淮忽过天远近，青山久与船低昂。
　　——苏轼

　　水枕能令山俯仰，风船解与月徘徊。
　　——苏轼

　　归棹晚，载荷花十里，一钩新月。
　　——黄裳

　　谁在旅行中注意观察并制订计划，谁就会不虚此行。　　——阿尔考特

　　荷叶似云香不断，小船摇曳入西陵。
　　——姜夔

　　高柳垂阴，老鱼吹浪，留我花间住。田田多少，几回沙际归路。
　　——姜夔

　　风日晴和人意好，夕阳箫鼓几船归。
　　——徐元杰

　　晚风吹行舟，花路入溪口。际夜转西壑，隔山望南斗。
　　——綦毋潜

　　醉后不知天在水，满船清梦压星河。
　　——唐温如

　　舟行若穷，忽又无际。　　——柳宗元

　　满眼风波多闪烁，看山恰似走来迎。仔细看山山不动，是船行。
　　——佚名

　　纵一苇之所如，凌万顷之茫然。
　　——苏轼

　　胜日寻芳泗水滨，无边光景一时新。
　　——朱熹

　　万古东南多壮观，百年豪杰几登临。
　　——周裴

　　名山如高人，岂可久不见？
　　——陆游

　　春秋多佳日，登高赋新诗。
　　——陶渊明

　　昏旦变气候，山水含清晖；清晖能娱人，游子憺忘归。　　——谢灵运

　　登高壮观天地间，大江茫茫去不还。
　　——李白

美丽：征服人心的才是真的美

人并不是因为美丽才可爱，而是因为可爱才美丽。
——托尔斯泰

形体之美要胜于颜色之美，而优雅行为之美又胜于形体之美，最多的美是画家无法表现的，因为它是难于直观的。
——培根

在夜幕下的火光中你认为美丽的东西，也应该在朝阳东升之时再冷静地看看它。
——英贝尔

心灵开朗的人，面孔也是开朗的。
——席勒

面孔是灵魂的镜子。——高尔基

美，首先征服人的感官，然后才是人心；优雅，首先征服人心，然后才是人的感官。
——汪国真

文化的纯美和高雅，可以删除我们每一个人脸上的浮躁和冷漠。——金圣

五官端正并不等于美。——吴冠中

一个人的美，其五官的位置只占其中的百分之十。
——程乃珊

漂亮不等于美，不该漂亮的漂亮是丑。
——王朝闻

美比漂亮的价值高。——吴冠中

一个品质高尚的人，永远是年轻和美丽的。
——冯雪峰

美丽是一种天赋，自信却像树苗一样，可以播种可以培植可以蔚然成林可以直到天荒地老。
——毕淑敏

人的生活经历往往烙印在外貌上。
——吴冠中

人的面孔要比人的嘴巴说出来的东西更多、更有趣，因为嘴巴说出的只是人的思想，而面孔说出的是思想的本质。
——叔本华

魅力是一种内在美，而不是妖媚的面貌和动人的体态。
——布雷默

魅力能使人认为你是既美且妙的。
——弗兰西斯

魅力是讨人喜欢和引人入胜的一种无法抗拒的力量。
——佚名

人的一切都应该是美丽的：面貌，衣裳，心灵，思想。
——契诃夫

美丽的身材可以吸引真正的倾慕者，但是要持久地吸引他们，需要有美丽的灵魂。
——科尔顿

美丽的灵魂可以赋予一个并不好看的身躯以美感。
——莱辛

服饰：文化的象征和思想的形象

衣裳是文化的象征，衣裳是思想的形象。从人们对服饰的选择，可以窥测到他的文化水平和道德修养的底蕴。
——郭沫若

不为时尚所惑，不为积习所蔽，不为浮名所累。
——乔羽

人瘦不要穿黑衣裳，人胖不要穿白衣裳。脚长的女人一定要穿黑鞋子，脚短的一定要穿白鞋子。方格子的衣裳胖子不能穿，但比横格子的要好。
——鲁迅

无论如何，一个人应永远保持有礼和穿着整齐。
——海登斯坦

仪表、衣着、装饰的美好固然可以给人以美感，而心灵的美、智慧的美、行为的美所能够激发起人们的美感，总是要比前者强烈得多。外表美的缺陷可以用内心美来弥补，而心灵的卑污却不是外表美可以抵消的。
——秦牧

衣裳常常显示人品。——莎士比亚

时髦仅是试图在生活方式和社会交往中把艺术变成现实。
——霍姆斯

时髦把低劣抬到了讨人喜欢的水平，继而把坏的和好的变得十分相像。
——本特利

制服，给人安稳的同时又给人尊敬的感觉，所有的服装或多或少都是制服。
——亚兰

服装和举止不能造就一个人，但他被造就成人时，服装和举止就会极大地改善他的外貌。
——比彻

时髦仅是试图在生活方式和社会交往中把艺术变成现实。
——霍姆斯

你们不见美貌的青年穿戴过分反而折损了他的美吗？你们不见山村的妇女，穿着朴实无华的衣服反而比盛装的妇女美吗？
——贝多芬

我们的衣着既不要过于艳丽而俗气，也不可破烂而肮脏。——塞涅卡

奇装异服并不等于穿戴时髦。
——罗·伯顿

人应当一切都美，外貌，衣裳，灵魂，思想。
——契诃夫

人应该透过衣着洞察别人，而且还要学会忽视衣着。
——卡莱尔

愉快的心情，是穿到社交界去的最好衣裳之一。
——萨克雷

太大的衣服另有一种特殊的诱惑性，走起路来，一波未平，一波又起，有人的地方时人在颤抖，无人的地方时衣服在颤抖，虚虚实实，实实虚虚，极其神秘。
——张爱玲